Baedeker

Allianz Reiseführer

Bali

www.baedeker.com

Verlag Karl Baedeker

TOP-REISEZIELE ✶✶

Saftig grüne Reisterrassen, beeindruckende Vulkanlandschaften, endlose Strände, sonnige Palmenhaine, lächelnde Menschen, mystische Tempelanlagen und Exotik pur: Dafür steht die kleine Insel im Osten Indonesiens. Erleben Sie das balinesische Schattenfigurentheater Wayang Kulit, traditionelle Tänze wie Legong und Kecak – und lassen Sie sich von den farbenfrohen Masken in den Bann ziehen.

1 ✶✶ Bali-Barat-Nationalpark
Der Nationalpark im äußersten Westen Balis will die Wildnis der Insel erhalten und bedrohte Arten schützen. ► **Seite 148**

2 ✶✶ Singaraja
In der alten Hafenstadt kann man noch viele Häuser im holländischen Kolonialstil finden.
► **Seite 221**

3 ✶✶ Kubutambahan
Blumige Ornamente im Pura Meduwe Karang ► **Seite 191**

4 ✶✶ Bedugul / Bratan-See
Idyllisches Postkartenmotiv: Einsamkeit, Stille, ein herrliches Panorama und der Tempel Ulun Danu mitten im See
► **Seite 155**

5 ✶✶ Negara
Die Wasserbüffelrennen sind die Attraktion des Ortes. ► **Seite 207**

6 ✶✶ Tampaksiring
Königliche Denkmäler Gunung Kawi und die heiligen Quelltempel Empul ► **Seite 232**

7 ✶✶ Besakih
Für die Balinesen die »Mutter aller Tempel«
► **Seite 160**

8 ✶✶ Amlapura
Einstiger Fürstenpalast und die verspielte Badeanlage Tirthagangga ► **Seite 146**

9 ✶✶ Bangli
Wunderbare Kulisse und einige sehenswerte Tempel, u. a. der Pura Kehen ► **Seite 150**

10 ✶✶ Tenganan
Hier leben die Bali Aga, Ureinwohner der Insel, und pflegen ihre Traditionen.
► **Seite 235**

11 ✶✶ Tabanan
»Balis Reiskammer« mit einmaligen Ausflugszielen wie dem Pura Luhur Batukau und

Pura Ulun Danu
In diesem Tempel wird Dewi Danu, die Göttin der Gewässer, verehrt.

dem Pura Tanah Lot, Balis bekanntestem Wahrzeichen ▸ **Seite 229**

12 ✶✶ Mengwi
Malerische Lage des Pura Taman Ayu in einem Lotussee ▸ **Seite 205**

13 ✶✶ Ubud
Künstlerisches Herz Balis inmitten sanfter Reisterrassen, tropischer Wälder und wilder Schluchten ▸ **Seite 237**

14 ✶✶ Peliatan
Maler, Holzschnitzer und das weithin bekannte Agung Rai Museum
▸ **Seite 209**

15 ✶✶ Bedulu
Besticht durch seine Ausflugsziele: die Elefantenhöhle Goa Gajah, das Quellheiligtum Yeh Pulu und die größte Bronzetrommel der Welt ▸ **Seite 157**

16 ✶✶ Gianyar
Traditioneller Palast und außergewöhnliche Tempel in Blahbatuh ▸ **Seite 184**

17 ✶✶ Klungkung
An Klungkungs einstige Bedeutung als Sitz des Obersten Gerichtshofs erinnert heute noch die Kerta Gosa mit ihren sprechenden Malereien. ▸ **Seite 188**

18 ✶✶ Candi Dasa
Beliebter Urlaubsort und die Fledermaushöhle Goa Lawah ▸ **Seite 173**

19 ✶✶ Kapal
Beeindruckender Meru des Pura Sada, Ursprungstempel der Megwi
▸ **Seite 186**

20 ✶✶ Denpasar
Turbulente Hauptstadt der Insel, wo balinesische Kultur und westliche Einflüsse aufeinandertreffen ▸ **Seite 177**

21 ✶✶ Bukit Badung
Eldorado mit Luxushotels, vielen Wassersportangeboten und dem Meerestempel Pura Luhur Ulu Watu in einzigartiger Lage ▸ **Seite 165**

22 ✶✶ Penida
Ideal für Surfer und Taucher ▸ **Seite 214**

23 ✶✶ Lombok
Balis kleine Nachbarinsel ▸ **Seite 197**

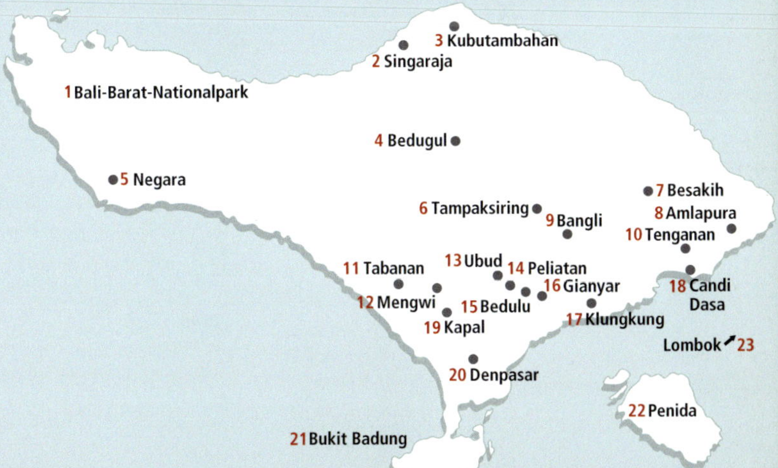

DIE BESTEN BAEDEKER-TIPPS

Von allen Baedeker-Tipps in diesem Buch haben wir hier die interessantesten für Sie zusammengestellt. Erleben und genießen Sie Bali von seiner schönsten Seite!

! Eigenen Schmuck entwerfen

Balikenner lassen sich auf der Insel Ringe, Ketten oder auch Gürtel nach eigenen Vorgaben fertigen. Man liefert eine Skizze oder verfügt über ein Foto, nach dem die Silberschmiede das Objekt herstellen. Einziges Manko: Ein Auftrag nimmt ca. 1 – 2 Wochen Zeit in Anspruch. ► **Seite 108**

! Knigge für den Tempelbesuch

Im Minirock oder in Shorts einen Tempel zu besuchen, ist unerwünscht. Die Rettung sind Tücher (selendang), die die Tempelwächter den Besuchern reichen und die diese um die Hüften wickeln. Besser ist es jedoch, stets ein eigenes, sauberes Tuch in der Tasche parat zu haben. ► **Seite 164**

Beauty-Geheimnisse
Zutaten für allerlei Wellness-Anwendungen aus der Natur

! Hummer, Garnelen & Co.

Fangfrischen Fisch und Meeresfrüchte bereitet man in Jimbaran in jedem der ungezählten Strandrestaurants zu. Man sitzt in offenen, palmblattgedeckten Hütten, edel oder rustikal, und genießt das köstliche Essen. Besonders schön ist es zum Dinner, wenn Kerzen und Lampen die Stimmung verzaubern. ► **Seite 171**

! Oase für Fahrradfahrer

Auch wenn der Verkehr auf Bali generell gewöhnungsbedürftig ist, kann man Nusa Dua als eine Oase für Fahrradfahrer bezeichnen. Auf gut ausgebauten Wegen kurvt man entspannt durch eine parkartige Gegend, vorbei an Hotelanlagen und mitunter auch kleinen balinesischen Dörfern. ► **Seite 173**

Faszinierende Tauchgründe
– doch man sollte die Gefahren nicht unterschätzen!

! Zum Tauchen nach Gili Tepekong
Gili Tepekong, Gili Biaha und Gili Mimpan: Mit einem Boot kann man sich zu den Inseln übersetzen lassen. Die Tauchgründe gelten als exzellent, doch auch etwas Vorsicht ist angebracht: Nur erfahrene Sportler sollten sich in die Tiefe wagen.
► **Seite 175**

! Alles für die Schönheit
In Kuta gibt es zahlreiche kleine Spas und Schönheitssalons. Diese bieten zu kleinen Preisen teilweise hervorragende Massagen und Verwöhnprogramme. ► **Seite 196**

! Zu Besuch im Gewürzgarten
Pfeffer, Vanille, Ingwer, Zimt und Kakao: Die balinesischen Gewürzgärten entführen in eine Welt der Gerüche. Man spaziert vorbei an exotischen Sträuchern und Gewächsen, schnuppert hier und da, probiert unbekannte Früchte, deren Namen man noch nie gehört hat, trinkt ein Tässchen frisch zubereiteten Kakaos, und anschließend kann man schön verpackte Gewürze, Kaffee und Tee auch käuflich erwerben. ► **Seite 230**

! Die Kunst der Doppel-Ikats
Einzig in Tenganan beherrschen Frauen die Kunst, Stoffe zu fertigen, bei denen vor der Verarbeitung die Fäden so gefärbt wurden, dass später auf dem Webstuhl ein traditionelles Muster entsteht. Stellen, die keine Farbe annehmen sollen, werden mit Knoten fest umbunden. Ikat-Tücher sind kostbare Meisterwerke, deren Herstellung Monate in Anspruch nimmt.
► **Seite 236**

! Yoga, Tanz oder balinesische Küche
Ubud ist die Hochburg für interessante Kurse, Workshops und Seminare zur Kultur Balis. Die Veranstaltungen werden von der hiesigen Touristeninformation aufgelistet, sind auch auf Aushängen in Cafés und Restaurants verzeichnet. Die Palette reicht vom einstündigen Vortrag zur mehrtägigen Veranstaltung bzw. dem wöchentlich besuchten Kurs. ► **Seite 241**

Wunderbare Webstoffe
Die im Doppel-Ikat-Verfahren hergestellten Stoffe sollen über magische Kräfte verfügen.

Legong-Tänzerin
– geheimnisvoll und anmutig
► **Seite 54**

HINTERGRUND

PRAKTISCHE INFORMATIONEN

Preiskategorien

Hotels
Luxus: ab 120 €
Komfortabel: 40 – 120 €
Günstig: unter 40 €
(für eine Übernachtung im Doppelzimmer)

Restaurants
Fein & teuer: ab 15 €
Erschwinglich: 7 – 15 €
Preiswert: 3 – 7 €
(für eine Mahlzeit)

TOUREN

Wohlgefühl pur
Bäder mit exotischen Blüten
▸ **Seite 122**

Fantasievolles Kunsthandwerk
erhält man im Art Market von Sukawati oder im Künstlerzentrum Ubud.
► **Seite 227, 237**

REISEZIELE VON A BIS Z

nachdenken • klimabewusst reisen

Besakih
Zu besonderen Festen werden auch die Figuren an der Treppe zur Tempelanlage geschmückt.
► **Seite 163**

Tanah Lot
Der Hindutempel liegt auf einer Felsspitze im Meer.
► **Seite 231**

Hintergrund

KURZ UND KNAPP, VERSTÄNDLICH GESCHRIEBEN UND SCHNELL NACHZUSCHLAGEN: HIER ERFAHREN SIE WISSENSWERTES ÜBER BALI, ÜBER LAND UND LEUTE, WIRTSCHAFT UND POLITIK, KUNST UND KULTUR, GESELLSCHAFT UND ALLTAGSLEBEN.

INSEL DER GÖTTER

Einmal im Jahr treffen sich am Strand von Sanur zum Sonnenuntergang Tausende von Balinesen. Die festlich gekleideten Menschen blicken auf das Wasser, hin und wieder auch auf den kleinen, von einem Baldachin gekrönten und mit Blumen geschmückten Altar.

Wenn die Sonnenstrahlen immer schwächer werden und die Menschenmenge durch die Ankunft einer weiteren Hundertschaft weiß und gelb gekleideter Menschen weiter angewachsen ist, stehen die ersten auf und gehen in Richtung Meer. Sie tragen aus Palmblättern geflochtene Schiffchen mit Opfergaben. Reis, ein paar Münzen, tropische Blüten: blaue für Vishnu, rote für Brahma und weiße für Shiva – die drei wichtigsten Gottheiten des Hinduismus. Wie auf ein Zeichen hin legen sie ihre Gaben im Sand nieder, verharren einen Moment in stiller Andacht, kehren um und setzen sich wieder an ihren Platz. Es ist der Vorabend von Nyepi, dem balinesischen Neujahrsfest, an dem sich die Menschen am Strand von Sanur versammeln, um für das kommende Jahr das Wohlwollen der Meeresgeister zu erbitten.

Freundlichkeit *Die Warmherzigkeit und Ausgeglichenheit der Balinesen ist legendär.*

Götter, Geister und Dämonen

Auf Bali lebt man nicht nur den Alltag, sondern ist sensibel für Spirituelles. Überall auf der Insel, selbst inmitten des lauten und lebhaften Touristenmekkas Kuta, leben die Balinesen in Harmonie mit dem kosmischen Mandala, huldigen den Göttern, wohl wissend, dass es viel mehr als nur die Sorgen und Freuden des jetzigen Lebens gibt. Größte Bedeutung für jeden Balinesen hat die Familie, und traditionell wohnt man in einem schmucken Gehöft, zu dem diverse Schlaf- und Wohnräume gehören wie auch ein Bereich, an dem die Dame des Hauses in aller Frühe den Göttern und Ahnen Opfergaben entbietet. Jeder, der seinen Fuß auf die Insel setzt, spürt die zauberhafte Atmosphäre der Tropeninsel. Dazu tragen auch die zahlreichen Feste und Zeremonien bei, die während des gesamten Jahres das Dorfleben bereichern und zu denen auch fremde Besucher willkommen geheißen werden. Voller Vitalität ist zudem die balinesische, oft spirituell geprägte Tanzkultur. Bali – das sind der süße Duft von tropischen Blumen

Prozessionen
Ständig begegnet man festlich gekleideten Gläubigen mit kunstvollen Opfergaben.

Reis
gilt auf Bali als Geschenk der Götter.

Gewürzparadies
Wer gerne kocht, sollte sich einen Vorrat von einer der zahlreichen Gewürzplantagen mitbringen.

Wayang Kulit
Die Figuren des indonesischen Schattenspiels sind meist aus Büffelpergament geschnitten.

Tempel
Jeder Tempel feiert an einem anderen Tag sein Odalan; irgendwo wird also immer gefeiert.

Wellness
Tun Sie sich etwas Gutes: Balinesische Spas sind ein Erlebnis!

und Räucherstäbchen, die Klänge der Gamelan-Orchester. Nicht zu vergessen seine im Sonnenlicht grün glänzenden Reisterrassen, seine Tempel und die tiefe Spiritualität der Bevölkerung, ihre überquellende Fröhlichkeit und der Wunsch der Menschen, sich unter keinen Umständen von Ärger hinreißen zu lassen. Tatsächlich hat man auf der Insel mehr Tempel als Wohnhäuser gezählt, Anlagen, die besonders an den Feiertagen zum Leben erwachen und Schauplatz diverser Zeremonien werden. Bali, das sind Vulkane und dunkle, Palmen gesäumte Strände, eine üppige tropische Vegetation und Hotels, die aus internationalen Einrichtungskatalogen entsprungen sein könnten.

Schöne Landschaften und Kunsthandwerk

Bali ist anders als die anderen rund 13 000 indonesischen Inseln, allein schon aufgrund der Religion. Als Wohnorte der Götter gelten die Vulkane Batur und Agung, die in einem landschaftlich hinreißenden Gebiet liegen, ideal zum Wandern und Trekken. Touristen schätzen die vielen Badeorte und deren Strände, von den schwarzen aus Lavasand im Norden bis zu den von Mangroven gesäumten im Süden der Insel. Tatsächlich liegen, mit Ausnahme des Künstlerdorfes Ubud, alle Touristenzentren an der Küste. Besucher sind begeistert von der Fülle der üppig wuchernden Vegetation. Dank der vielen Niederschläge gedeihen zahlreiche Palmenarten, üppig blühende Frangipani-Bäume und Orchideen in allen Größen und Farben. Dichte Wälder finden sich hingegen nur im Westen der Insel, vor allem im Nationalpark Bali Barat. Zahlreiche Flüsse durchfließen die Insel und tragen dazu bei, dass die Reisterrassen stets gut bewässert sind.

Barong *schildert den ewigen Kampf zwischen Gut und Böse.*

Balinesen sind einzigartige Kunsthandwerker, denn der Wunsch, etwas zu erschaffen, beruht auf dem Bedürfnis der Menschen nach äußerer und innerer Harmonie. Museen geben einen guten Überblick über die Verschiedenartigkeit der Kunstobjekte, doch erst die Auslagen der Geschäfte und ein Besuch in den Kunsthandwerksbetrieben machen vertraut mit der Vielfalt der Holzschnitzereien, der Malereien, der Webkunst oder Korbflechterei, der Schmuckherstellung oder der Batikkunst.

Und so wird jeder Besucher Balis feststellen: Ein Aufenthalt auf der kleinen indonesischen Insel weckt spätestens bei der Heimreise den Wunsch, möglichst schnell wieder nach Bali zu reisen.

Fakten

Balis einzigartiger Charakter fasziniert seine Besucher seit jeher: Eine üppige tropische Vegetation und kunstvoll angelegte Reisterrassen, unzählige Heiligtümer, reiches Kunsthandwerk, farbenfrohe Märkte und die berühmten Tempeltänze ziehen das ganze Jahr über Urlauber aus der ganzen Welt geradezu magisch an.

Flora

Wallace-Linie

Die nach dem britischen Zoologen **Alfred R. Wallace** (1823–1913) benannte biogeografische Trennlinie zwischen der asiatischen und der australischen Pflanzen- und Tierwelt verläuft in der tiefen Meeresstraße zwischen Bali und Lombok (Lombokstraße). Wallace hat die Inseln von 1854 bis 1862 erforscht und dabei markante Unterschiede in der Flora und Fauna festgestellt.

? WUSSTEN SIE SCHON …?

- … dass Reis viel mehr ist als das Grundnahrungsmittel der Balinesen? In den Farben rot, schwarz und weiß wird er den Göttern bei Zeremonien gereicht. Jedes Reisfeld, jede Reisterrasse besitzt zahlreiche Schreine, einige sogar einen eigenen Tempel. Die Anlage eines neuen Reisfeldes gleicht einem rituellen Fest, basierend auf traditionellen Ritualen. Die Balinesen sind glücklich darüber, dass der so bedeutsame Reis praktisch das ganze Jahr über und in einem einzigen Kreislauf gepflanzt und geerntet werden kann.

Reis und Tropenwald

Keine andere Insel Indonesiens wird landwirtschaftlich so intensiv genutzt wie Bali. Reisfelder wohin das Auge reicht. Jedes noch so kleine Fleckchen Erde wird genutzt, um **bis zu zwei Reisernten pro Jahr** hervorbringen zu können. Es gibt aber auch ein anderes Bali, das man vorwiegend im Westen der Insel im Bali-Barat-Nationalpark findet: **tropische Wälder**, die in tieferen Lagen aus Edelhölzern wie Mahagoni, in höheren Lagen aus schlanken, hoch wachsenden Pinien und verschiedenen Dipterocarpi-Arten (Zweiflügelfruchtbaum) bestehen. Im Süden dehnen sich Palmwälder aus; in der zur Inselmitte hin sanft ansteigenden, harmonisch wirkenden Landschaft weichen sie großen und kleineren Reisfeldern. Die Küstenregion im Süden mag auf den ersten Blick hingegen wenig beeindruckend erscheinen. Ostbali wiederum, wo die Berge bis dicht an die Küste reichen, besitzt noch Reserven, die sich für die Landwirtschaft eignen. In den Bergregionen wird die Flora dünner. Hier beherrschen widerstandsfähige, niedere Sträucher und Pflanzen das Landschaftsbild, das übergeht in eine kahle, von schwarzem Lavagestein bestimmte Zone.

◄ Banyanbaum

Als heilig gilt der mächtige Banyanbaum (Sanskrit: Nyagrodha), eine für Südostasien typische Feigenbaumart. Auf Bali wird der Ficus bengalensis bis zu 30 m hoch. Er besitzt eine weit ausladende Krone, deren Äste durch zahlreiche Luftwurzeln gestützt werden. Banyanbäume wachsen, weil sie andere Baumarten verdrängen, nur selten alleine, sondern bilden ganze Wälder. Als **verehrungswürdig** gilt der Banyanbaum deshalb, weil unter einem solchen Baum in Südindien Siddharta Gautama das Stadium der Erleuchtung erlangt haben und später als erster Buddha ins Nirwana eingezogen sein soll. Fast jedes Dorf auf Bali besitzt einen, wenn nicht gar mehrere Banyanbäume.

Wirtschaftspflanzen

Balis üppige Pflanzenwelt dient in erster Linie zur Versorgung der Bevölkerung mit Nahrungsmitteln. In Plantagen gedeihen Ananas, Bananen, Gemüse, Kaffee, Kokos- und Betelnüsse. Letztere sind v. a.

bei der älteren Bevölkerung als aphrodisierendes Rauschmittel beliebt. Zum Genuss werden kleine Stücke der nicht ganz ausgereiften **Betelnuss** in ein mit gelöschtem Kalk bestrichenes Betelpfefferblatt eingewickelt und dann gekaut. Als Vorteil dieses Rauschmittels gilt, dass es zwar eine euphorisierend-stimulierende Wirkung hat, die Arbeitsfähigkeit aber nicht beeinträchtigt. Ein Nachteil ist aber, dass sich bei häufigem Genuss Zähne, Speichel und Lippen rot färben und die Gerbstoffe der Betelnuss bisweilen chronische Entzündungen im Mundbereich hervorrufen. Während balinesischer **Kaffee** ein wichtiges Exportgut ist, hat der Anbau von Tabak, Tee und Gewürzen nur eine untergeordnete Bedeutung; wegen ihrer geringen Menge sind sie nur für den lokalen Markt bestimmt. Große Bedeutung kommt der Kokospalme und dem schnell wachsenden Bambus zu: Beide werden gern als Baumaterial verwendet. Seltener als in anderen südostasiatischen Ländern gibt es Orchideen, **Lotosblumen** findet man hingegen öfter.

Lotosblüte

Fauna

Landfauna

Nicht minder reichhaltig ist die balinesische Landfauna. Als ausgerottet gilt zwar der vor vielen Jahren noch zahlreich auf Bali lebende Königstiger – jedenfalls wurde seit Langem keiner mehr gesehen. Heimisch fühlen sich jedoch noch einige kleinere Krokodilarten, Warane, Leguane und Schildkröten. Vor allem in den von Dschungel bewachsenen Gebieten gibt es noch Schlangen, darunter auch giftige.

Wild lebende Affen gibt es in den balinesischen Wäldern zuhauf, außerdem zahlreiche **tropische Vögel**. Neben etlichen Papageien- und Finkenarten ist Bali die letzte Zufluchtsstätte von noch etwa 200 Exemplaren des vom Aussterben bedrohten und deshalb streng geschützten **Bali Star**, ein ca. 25 cm großer, bis auf die blaue Zeichnung um die Augenpartie sowie schwarze Flügel- und Schwanzspitzen weißer Vogel. Als heilig verehrt werden Fledermäuse und Flughunde. Ein possierliches Tierchen ist der vor allem in den Abend- und Nachtstunden zu sehende, ganz ungefährliche **Gecko** – auf Bali »Tokeh« genannt –, ein südostasiatischer Abkömmling aus der Familie der Echsen, der seine Nützlichkeit als Insektenvertilger unter Beweis stellt. Geckos versammeln sich am liebsten zu mehreren rund um Lampen und Laternen, machen mit schnatternden Geräuschen auf sich aufmerksam, verschwinden jedoch beim geringsten Versuch einer Annäherung.

Abb. S. 150 ►

Nutz- und Haustiere ►

Unter den Nutztieren wird der behäbig wirkende, domestizierte **Wasserbüffel** als Zugtier ebenso eingesetzt wie zur Bestellung der Reisfelder, auf denen Hunderte kleiner Enten gründeln. Häufig anzutreffen sind ferner **Hängebauchschweine**, das sog. **Bali-Rind** (Banteng-Rind), eine dem Wildrind verwandte Art, sowie Gänse und Hühner. Einige Bedeutung hat die Schweinezucht auf Bali; weil aber der restliche Teil Indonesiens islamisch ist, müssen Spanferkel und Schweine bis nach Hongkong exportiert werden.

Das Meer um Bali ist **fischreich**, gefangen werden vor allem Thunfische und Barsche. Die Fischerei wird nicht sehr intensiv betrieben, da nach balinesischen Glaubensvorstellungen das Meer Sitz zahlreicher böser Geister und Dämonen ist. Als heilig verehrt wird freilich ein Meeresbewohner, nämlich die schwarzweiß gebänderte Seeschlange.

Hängebauchschweine gelten auf Bali als Delikatesse.

Natur- und Umweltschutz

Erst seit kurzer Zeit wird auf Bali Umweltschutz ein **größerer Stellenwert** beigemessen. Allzu offensichtlich wurden die Probleme, die nicht zuletzt der Touristenstrom mit sich brachte. Man muss nicht einmal sehr aufmerksam beispielsweise durch Denpasar laufen, um den Widerspruch zu entdecken. Einerseits sind die Balinesen (wie die Asiaten überhaupt) auf Sauberkeit und Hygiene im privaten Bereich bedacht, andererseits lassen sie es zu, dass die Abfallberge immer höher wachsen, dass Glasscherben an den Stränden potenzielle Gefahren für Barfußläufer sind. In Ermangelung einer organisierten Abfallbeseitigung wird der Müll nach wie vor auf wilde Deponien gekippt und angezündet, Abwasser einfach ins Meer geleitet. Regierungskampagnen zeigten noch wenig Wirkung. Immerhin gibt es zumindest an den von Touristen besuchten Orten immer mehr Abfalleimer.

Straßenverkehr

Mit bloßem Auge kann man auch die Probleme erkennen, die der ständig wachsende Kraftfahrzeugverkehr auf der Insel mit sich bringt. Zeitweise dichte Abgasschwaden machen beispielsweise einen Spaziergang durch Denpasar zu einer Strapaze; dazu trägt u. a. die ausgeprägte Unsitte bei, den Motor auch beim Warten laufen zu lassen. Ein Problem für die Umwelt stellt die hohe und stark zunehmende Zahl der Motorräder dar, wichtigstes Transportmittel der Balinesen.

Das Bewusstsein für einen sensiblen Umgang mit der Natur ist nicht immer vorhanden. So denken sich viele nichts dabei, Ölwechsel ohne Auffangen des Altöls vorzunehmen. Doch allmählich findet eine Umdenkungsprozess statt, wird sogar über Müllvermeidung und fachgerechte Entsorgung nachgedacht.

Bevölkerungswachstum Ein zunächst weniger offensichtliches Problem bringt die steigende Einwohnerzahl der Insel mit sich. Großfamilien mit einem Dutzend und mehr Kindern sind auf Bali eher die Regel als die Ausnahme. Um sie alle ernähren zu können, wird immer mehr urwüchsiger Wald gerodet und dann zu landwirtschaftlichen Anbauflächen umgewandelt.

Bodenerosion Eine der unliebsamen und meist auch unbedachten Folgen ist eine zunehmende Bodenerosion; der Wald verliert einen Teil seiner Aufgabe als wichtiger Faktor für ein ausgeglichenes Klima. Glücklicherweise sind verheerende Überschwemmungen und andere Naturkatastrophen – abgesehen von den Vulkanausbrüchen – bislang ausgeblieben.

Zukunftsperspektiven Der stark gestiegene Schiffs- und Bootsverkehr zwischen Bali und Lombok sowie zu den Gili-Inseln und die damit verbundene Reinigung der Bootsmotoren stellt eine nicht unerhebliche Gefahr für die Küsten dar. Zusätzlich beschädigen Anker häufig Teile der schönen Korallenriffe.

Bevölkerung · Politik · Wirtschaft

Bevölkerung

Herkunft Indonesien ist ein **Vielvölkerstaat**, was sich allein schon in der Zahl der Sprachen und Dialekte – mehr als 250 – ausdrückt. Mehrheitlich zählt die Bevölkerung jedoch zur malaiisch-polynesischen (austronesischen) Völkerfamilie, die oft auch Proto- oder Altmalaiien genannt wird. Ursprünglich wurde Bali – wie auch einige andere indonesische Inseln – von nomadisierenden Völkern bewohnt. Ein starkes Bevölkerungswachstum setzte ein, als etwa um 3000 v. Chr. einige bis dahin im südlichen China sesshaften Völker ihre angestammte Heimat verließen und sich über große Teile des heutigen Südostasien verteilten. Im Verlauf dieser Völkerwanderung, deren Ausmaß heute nur schwer nachvollziehbar ist, gelangten jene Völker, die mit dem offenen Meer vertraut waren, unter anderem in den indonesischen Archipel. Bei ihnen handelte es sich um stark mit der Natur verbundene Menschen, die neben Geistern, Dämonen und Göttern auch ihre Ahnen verehrten – Elemente dieser religiösen Überzeugungen sind auch heute noch in der grundsätzlichen Weltanschauung der Balinesen enthalten. Eine zweite starke Zuwanderung setzte kurz vor der Zeitenwende ein. Zu den Protomalaien (Altmalaien) kamen Deuteromalaien (Jungmalaien), die sich mit den Urbewohnern der Inseln allmählich gänzlich vermischten. Andere Völker, die auf Bali und seinen Nachbarinseln sesshaft wurden (z. B. Chinesen), sind jedoch bis heute Minderheiten geblieben.

Zahlen und Fakten Bali

Lage

- Westlichste der Kleinen Sundainseln (8° 30' südlicher Breite und 115° östlicher Länge); Fläche: 5632 km²

Indonesien

- Hauptstadt: Jakarta
- Verwaltung: 30 Provinzen, 2 Sonderterritorien und Hauptstadtbezirk
- Regierungsform: Präsidialrepublik
- Parlament: Repräsentantenhaus (DPR) mit 560 Mitgliedern, daneben das Repräsentantenhaus der Provinzen (DPD). Zusammen bilden sie die Verfassungsgebende Versammlung (MPR).
- Regierungschef: Susilo Bambang Yudhoyono (seit Oktober 2004)
- Rot-weiße Nationalflagge. Das Staatswappen zeigt Sang Radja Walik (Garuda) mit ausgebreitenten Flügeln, ein Schild mit den fünf Staatsprinzipien (Panca Sila, S. 75) haltend.

Provinz Bali

- Hauptstadt: Denpasar
- Verwaltung: Bali ist in acht Regierungsbezirke (Kabupaten) gegliedert: Badung, Bangli, Buleleng, Gianyar, Jembrana, Karangasem, Klungkung und Tabanan. Kleinste Verwaltungseinheiten sind die Quartiere (Banjar), die zu Stadtbezirken oder Dörfern (Desa) zusammengefasst sind. An ihrer Spitze steht jeweils ein Bürgermeister (Walikota).

Wirtschaft

- Bedeutendster Wirtschaftsfaktor ist der Tourismus: Einnahmen ca. 1,5 Mill. US-$ / Jahr. Fast die Hälfte aller Arbeitskräfte sind hier beschäftigt.
- 65 % der Inselfläche werden landwirtschaftlich genutzt (Reis, Gemüse); exportiert wird v.a. Kaffee, Kokosnüsse, Gewürze und Schweinefleisch.

Bevölkerung

- ca. 4 Mio. Menschen
- Bevölkerungsdichte: 691 Einw./km² (ca.dreimal so viel wie in Deutschland)
- Bevölkerungswachstum: 1,8%

Religion / Sprache

- fast 95 % Hindus: Im Gegensatz zum restlichen Indonesien konnte sich auf Bali der Hinduismus bis heute gegenüber dem Islam behaupten.
- Balinesisch wird von Bahasa Indonesia, der offiziellen Amtssprache Indonesiens, zunehmend aus dem Alltag verdrängt. Englisch ist gebräuchlich.

Bali Regierungsbezirke

Werbung für die Kleinfamilie

Auf der Insel Bali leben momentan rund 4 Mio. Menschen. Durch ein von der indonesischen Regierung propagiertes Programm zur **Geburtenkontrolle** (Slogan: »Dua Anak Cupuk« = »Zwei Kinder sind genug«) ist es gelungen, das jährliche Bevölkerungswachstum auf ca. 1,8 % zu begrenzen. Ein Problem stellt jedoch die Tatsache dar, dass in der balinesischen Gesellschaft ein männlicher Nachfolger immer noch unverzichtbar ist, v. a. um vom Vater die religiösen Verpflichtungen zu übernehmen. So wächst die Inselbevölkerung nach wie vor beträchtlich, und der Zeitpunkt scheint absehbar, dass Bali übervölkert und die Landwirtschaft nicht mehr in der Lage sein wird, die Balinesen aus eigener Kraft hinreichend zu ernähren.

Landflucht Ein weiteres Problem auf Bali ist eine gewisse Landflucht, die dazu geführt hat, dass immer mehr Menschen in den Süden der Insel, besonders in den Ballungsraum der vom Tourismus stark geprägten Hauptstadt Denpasar, ziehen, weil sie hier bessere Verdienstmöglichkeiten vermuten.

Bildung In Indonesien und damit auch auf Bali besteht seit 1984 eine **allgemeine Schulpflicht** für die Dauer von sechs Jahren, an die sich bei Eignung eine höhere Schulbildung (3 Jahre Junior- und 3 Jahre Senior-Oberschule) anschließt. Die Kinder werden zwischen dem sechsten und dem achten Lebensjahr eingeschult. Der Besuch der staatlichen Schulen ist kostenlos. In Denpasar gibt es eine Universität sowie zwei polytechnische Hochschulen. Angehörige der balinesischen Oberschicht besuchen jedoch zumindest eine der Hochschulen in der indonesischen Hauptstadt Jakarta bzw. eine Bildungseinrichtung im Ausland. Durch eine verstärkte Kontrolle der Einhaltung der Schulpflicht konnte eine deutliche **Reduzierung der Analphabetenquote** erreicht werden, die 1971 in den ländlichen Gebieten noch bei etwa 40 % lag.

Gesundheitswesen Das Gesundheitswesen ist auf Bali nur recht bescheiden ausgebildet. Zwar ist es in den letzten Jahren gelungen, die Zahl der frei praktizierenden Ärzte deutlich zu steigern; Krankenhäuser gibt es jedoch nur in Denpasar. Selbst dort sind sie nur äußerst spärlich ausgestattet und allenfalls für medizinische Erstversorgung eingerichtet. Außer-

Bali Orientierung

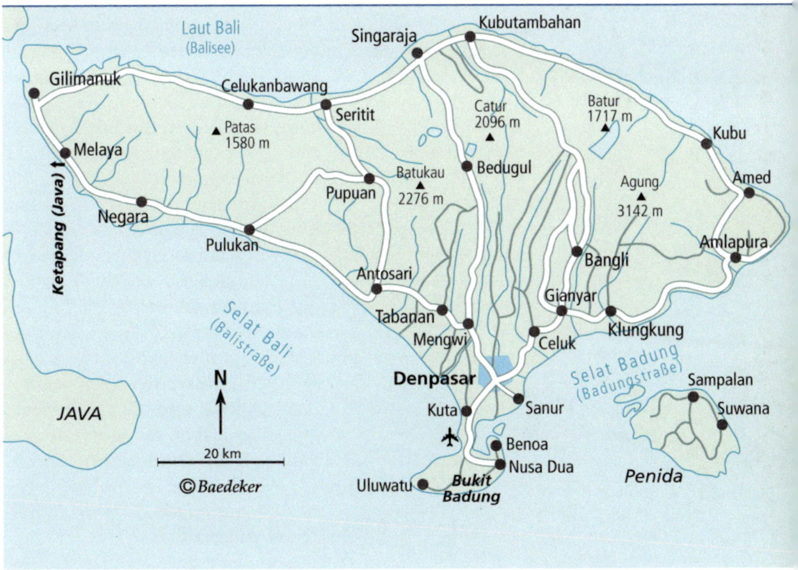

halb von Denpasar gibt es in den Städten vom Staat unterhaltene Gesundheitszentren (Puskemas) sowie medizinische Ambulanzen, in denen gängige Erkrankungen und kleinere Verletzungen behandelt werden können. Die Kosten für eine medizinische Behandlung trägt der indonesische Staat; Medikamente müssen bezahlt werden.
Die Behandlung ernster Krankheiten bzw. schwerwiegender Unfallfolgen ist auf Bali hingegen kaum möglich. Diese Kranken werden üblicherweise nach Jakarta transportiert; für Touristen kommen einige gute australische Kliniken in Denpasar in Betracht. Ein nach westlichen Maßstäben ausgebautes Rettungssystem gibt es nicht; besonders bei Unfällen im Inselinneren muss man mit langen Wartezeiten auf ein Rettungsfahrzeug rechnen.

Tsunami

An Weihnachten 2004 erlitt Indonesien die wohl größte Naturkatastrophe seiner Geschichte. Die haushohe Flutwelle nach einem gewaltigen Seebeben, ein sog. Tsunami, traf u. a. an die Küsten der indonesischen Provinzen Nordsumatra und Aceh und hinterließ Tod und Zerstörung; fast 240 000 Menschen kamen in den Fluten ums Leben, Dörfer und Infrastruktur wurden dem Erdboden gleichgemacht.

Politik

Aktuelle Lage Indonesiens

Indonesiens Staat und Gesellschaft (gegenwärtig 238 Mio. Einwohner) befinden sich seit der schweren Wirtschaftskrise, die 1997 in

Thailand begann und sich über ganz Südostasien ausbreitete, in einer grundlegenden Umbruchphase. Namentlich in Indonesien kam es zeitweise zu heftigen Unruhen unter der Bevölkerung, von denen die Insel Bali zwar weitgehend verschont blieb, indirekt jedoch davon betroffen war.

Ibrahim Suharto, seit 1967 Staatsoberhaupt und unumschränkter Herrscher, verlor nach blutigen Ausschreitungen in Jakarta sein Amt. Allerdings gelang es auch seinen Nachfolgern nicht, die wirtschaftlichen Probleme des Landes zu lösen und damit eine Befriedung der Spannungen zwischen Volk und Regierung zu bewirken.

Mit der Wirtschaftskrise ab 1997 und dem Sturz Suhartos 1998 war ein **Prozess der Demokratisierung** zu beobachten, der 2004 zu den ersten freien und demokratischen Wahlen führte. 24 Parteien hatten sich zur Wahl gestellt, stärkste Partei war mit 22 % Golkar, ein Zweckbündnis aus Interessenvertretern verschiedener Bevölkerungsschichten. Als zweitstärkste Partei ging die PDI-P (19 %) hervor und übernahm als »Demokratische Partei des Kampfes« die Opposition im Parlament. Obwohl mehr als 90 % der Bevölkerung des Landes islamischen Glaubens sind, hatten die islamischen Parteien geringeren Zulauf.

Historische Sonderrolle Balis

Seit frühester Zeit im politischen Einflussbereich von Java, erlangte Bali bereits im 16. Jh. Eigenständigkeit. Während der Islamisierung Javas (bis ins 16. Jh.) wurde die Insel **Zufluchtsort für Hindus**; im 17. Jh. herrschte Bali auch über die Insel Lombok und die Ostspitze Javas. 1839 kam es unter niederländische Oberhoheit und 1908 unter die Verwaltung des Königreiches der Niederlande. Von 1942 bis 1945 war die Insel von den Japanern besetzt, erhielt 1946 den Status eines autonomen Gebietes und wurde als einer der Schauplätze des Unabhängigkeitskampfes erst 1949 der Republik Indonesien angegliedert. 1950 wurden die erst 1938 wieder eingeführten historischen Fürstentümer aufgelöst und durch Regierungsbezirke ersetzt (► Zahlen und Fakten S. 25).

Wirtschaft

Allgemeines über Indonesien

Indonesien zählt zu den sog. Schwellenländern und partizipierte bis zum Ausbruch der schweren Finanz- und Wirtschaftskrise lange Zeit am wirtschaftlichen Aufschwung im gesamten südostasiatischen Raum. Seit Beginn des Jahres 1997, als die von Thailand ausgehenden Turbulenzen die gesamte Region schwer in Mitleidenschaft zogen, ist auch Indonesiens weitere wirtschaftliche Zukunft ungewisser denn je.

Dabei erfreute sich die indonesische Wirtschaft eines fast ungetrübten Wirtschaftswachstums. Jährliche Steigerungsraten von bis zu 8% waren die Regel, allein der Preisverfall beim Erdölexport warf einen Schatten auf die stetig nach oben zeigende Entwicklung (Indonesien als Mitglied der Gemeinschaft Erdöl produzierender Staaten, OPEC, litt darunter besonders stark). Die Weltbank knüpfte ihre Hilfszusagen an die Bedingung, das Bankenwesen – dessen ungehemmte Kreditpolitik als eine der Hauptursachen für die Entwicklung angesehen wurde – einer grundlegenden Reform zu unterziehen. Der damalige Staatspräsident Habibie sah sich jedoch nicht nur dazu gezwungen, vielmehr musste er außerdem eine Notverordnung erlassen, die eine drastische Reduzierung staatlicher Ausgaben (insbesondere die Subventionierung von Nahrungsmitteln) zur Folge hatten. Im Gegenzug wuchs das Misstrauen in der Bevölkerung; Habibie wurde nicht zuletzt wegen seiner guten Beziehungen zu Ex-Staatschef Suharto der Reformunfreudigkeit geziehen und schließlich abgewählt. Auch die Wirtschaft auf der Insel Bali litt unter der Entwicklung im übrigen Indonesien, selbst wenn die hier dominierende Landwirtschaft nicht im selben Maße davon betroffen war. Auch gab es nur zeitweise einen Rückgang der Besucherzahlen, der günstige Devisenkurs zieht wieder in verstärktem Maße Touristen auf die Insel.

Reisanbau auf Bali

Nach wie vor spielt der Reisanbau die zentrale Rolle in der balinesischen Landwirtschaft; die Entstehung eines ausgeklügelten Bewässerungssystems für die **meist in Terrassenform** angelegten Reisfelder wird in das 6. Jh. datiert. Von der gesamten indonesischen Reisernte entfallen immerhin 5 % auf Bali, eine der kleinsten Provinzen des Staates. Dabei handelt es sich vorwiegend um Nassreis, d. h. der Reis wächst zunächst auf Feldern, auf denen künstlich aufgestautes Wasser steht. Erst nachdem die von Hand gesetzten Schößlinge eine gewisse Reifung erreicht haben, lässt man das Wasser ab. Mit dem Einsetzen der Gelbreifung wird der Reis wiederum von Hand geerntet, gedroschen und in Mühlen weiterverarbeitet.

Der Reis hat die Kultur und Landschaft Balis stark geprägt.

Sekaha und Subak (Kooperativen)

Eine balinesische Besonderheit ist der Zusammenschluss der Bauern eines oder mehrerer Dorfbezirke (Banjar) in **genossenschaftsähnlichen Organisationen**, »Sekaha« genannt. Diese sind wiederum in Gruppen eingeteilt, von denen die »Sekaha menanam« für die Bepflanzung der Felder, die »Sekaha panen« für die Ernte und die »Sekaha me jukut« für Jätarbeiten zuständig sind. Eine vierte Gruppe ist für das Pflügen verantwortlich, sie wird als »Sekaha bajak« bezeichnet. Durch den Verkauf der agrarischen Produkte erwirtschaftete Gewinne werden zu gleichen Teilen an die Mitglieder der Sekaha aufgeteilt, ein Teil verbleibt als Rücklage.

Im Nassreisanbau werden die Genossenschaften »Subak« genannt. In Südbali entstanden sie vermutlich etwa im 16. Jh. auf Anregung der damals regierenden Fürsten; in Nordbali ergriffen die Bauern selbst die Initiative. Da bis dahin nicht alle Bauern eines Banjar über eigene Bewässerungskanäle verfügten, erklärten sich andere bereit, von ihrem Wasser abzugeben. Dazu kam die Verpflichtung eines jeden Subak-Mitgliedes, nicht nur Dienstleistungen (z. B. Dammbau, Überwachung und Unterhalt des Bewässerungssystems) in die Gemeinschaft einzubringen, sondern auch eine sogenannte Wassersteuer zu bezahlen.

Das Subak-Prinzip entstand also nach dem der **dörflichen Solidarität**, wobei auch heute noch nicht etwa indonesisches positives Recht, sondern Gewohnheitsrecht gilt. Allerdings ist ein Subak nicht etwa nur unter dem Aspekt der Aufgabenteilung bei der Reisanpflanzung zu sehen, es ist auch eine soziale Gemeinschaft, in die überdies die hinduistisch-religiösen Vorstellungen der Mitglieder Eingang finden. So beschließt die Versammlung aller Subak-Mitglieder z. B. auch die Terminierung religiöser Feste und Zeremonien zu Ehren der Reisgöttin Dewi Sri und des Wassergottes Vishnu (in Südbali verehrt man statt ihm den Meergott Baruna, dem die Aufgabe zukommt, Schädlinge vom Reis fernzuhalten). Jedes Subak verfügt über einen eigenen Tempel (Pura bedugul), der in den Reisfeldern oder an ihrem Rande steht. Das größte Fest im Jahreslauf der Reisbauern ist das Erntedankfest (Ngu saba), zu dem alle Subak-Mitglieder Opfergaben beisteuern. Wer sich den von der Gemeinschaft gesetzten Aufgaben und Pflichten entzieht, wird mit einer Buße in Form von Naturalien belegt (in vielen Subak muß der Betreffende 1 kg Reis an die Gemeinschaft abliefern).

An der Spitze eines Subak steht ein von der Vollversammlung gewählter Führer. Er verteilt das zur Verfügung stehende Wasser an die Mitglieder, schlichtet Streitigkeiten und leitet die Versammlungen. Eine umfassende Neuorganisation sollte es zur Zeit der niederländischen Kolonialherrschaft geben. Während die Technik der Bewässerung von den neuen Herren effizienter gemacht wurde, blieb die Organisationsform des Subak jedoch unangetastet. Seit Beginn der 1980er-Jahre gibt es ebenfalls nach dem Vorbild der Sekaha organisierte Kooperativen, die von der Indonesischen Volksbank gewährte Darlehen an Bauern verteilt.

Kuta ist bekannt ist für seinen breiten Strand und die guten Surfbedingungen.

Weitere Anbauprodukte

Weitere Anbauprodukte sind Gemüse, Kautschuk, Tee und Kaffee (auf Bali werden mehr als 10 % des gesamten indonesischen Kaffees geerntet). Ertragreich ist ferner der Anbau von **Vanille**; Indonesien gilt nach Madagaskar als zweitwichtigster Lieferant dieses Gewürzes. Im Nordosten der Insel gibt es seit Kurzem ein kleines Weinanbaugebiet, allerdings sind die Ergebnisse noch bescheiden in der Qualität.

Fischfang

Der Fischfang besitzt eher eine untergeordnete Rolle. Die Erlöse sind so gering, dass viele Fischerfamilien unter der Armutsgrenze leben und staatlicher Hilfe bedürfen. Fisch wird daher zum Großteil aus Java importiert. Einer Intensivierung steht auch der Umstand entgegen, dass nach balinesischem Glauben im Meer Dämonen leben.

Tourismus

Die Insel Bali ist wohl die für den Tourismus am besten erschlossene Region Indonesiens. Seit Mitte der 1970er-Jahre entstanden vorwiegend in Südbali für den Fremdenverkehr reservierte Enklaven mit Hotelanlagen, die internationalen Standard aufweisen (Nusa Dua, Kuta, Legian, Sanur). Die Deviseneinnahmen aus dem Tourismus spielen in der volkswirtschaftlichen Gesamtrechnung von Jahr zu Jahr eine bedeutendere Rolle. Ein Zwischenaufenthalt auf Bali ist besonders bei Flügen zwischen Europa und Australien beliebt.
Jährlich besuchen mehrere Mio. Touristen Indonesien, die genaue Zahl lässt sich wegen der darin enthaltenen vielen Verwandtenbesuche aus benachbarten asiatischen Ländern nicht feststellen. Zwischen 1,5 und 2 Millionen dieser Touristen kommen auf die Insel Bali, vor allem aus Australien, Japan, USA, Deutschland und den Niederlanden. Deutschland ist mit ca. 70 000 Besuchern pro Jahr vertreten. 2002 und 2005 gingen die Zahlen zurück, doch ist gegenwärtig wieder ein Anstieg zu verzeichnen.

Beim Gebet

Religion

Konfessionen

Schätzungsweise **95 % der Balinesen sind Hindus**; andere Religionen wie Buddhismus, Islam und Christentum spielen auf Bali nur eine untergeordnete Rolle. Bali hat somit **innerhalb Indonesiens eine Sonderstellung**, denn auf das ganze Land bezogen bekennen sich rund 87 % der Bevölkerung zum Islam sunnitischer Richtung. Allerdings fanden im Lauf der Zeit buddhistische Elemente Eingang in die hindu-balinesische Religion (Agama Hindu Dharma). Der Hinduismus gelangte im 1. nachchristlichen Jahrtausend von Indien über Java nach Bali. Die balinesische Ausrichtung unterscheidet sich von seinem indischen Vorbild aber nur marginal. Allerdings gilt auf Bali ein wesentlich **weniger strenges Kastenwesen**.

Hinduismus

Balinesische Ausrichtung der Weltreligion

Der Hinduismus ist eine der vier großen Weltreligionen; insgesamt bekennen sich ca. 850 Mio. Menschen zu diesem Glauben. Im Gegensatz zum monotheistischen Glauben an einen Gott handelt es sich beim indischen Hinduismus, wie auch beim Buddhismus, Konfuzianismus oder Taoismus, um eine monistische Religion, die sich an einem entpersonifizierten Prinzip orientiert. Auf Bali verstärkt sich jedoch seit einigen Jahrzehnten eine Glaubensrichtung, die sich zusehends dem Monotheismus nähert und einen Gott kennt, mit dem alles begann: **Sangyang Widi**, der »alles umfassende Gott«. Die Grundlagen des Hinduismus sind während Jahrtausenden gewachsen; er stellt jedoch kein fest gefügtes religiöses Prinzip dar. Eines der Urelemente, die bis heute wesentliche Bestandteile des Hinduismus sind, ist der Brahmanismus, der seine Grundgedanken wiederum aus dem Vedismus, einer Religion des alten Indien, bezog.

Ewiger Kreislauf von Geburt, Tod und Wiedergeburt

Was glaubt nun ein Hindu, der als Menschgewordener auf der symbolischen Stufenleiter den mittleren Teil einnimmt? Zunächst an den unaufhörlichen Kreislauf von Geburt, Tod und Wiedergeburt der Seele (Samsara), dem kein Lebewesen entrinnen kann, es sei denn, dass ihm nach vielen, nicht quantifizierbaren Leben der Eintritt ins Nirwana gelingt. In welcher Hülle die Seele des Hindu dabei wiedergeboren wird, ist nicht berechenbar; möglich ist eine weitere Existenz als Mensch ebenso wie als Tier, Pflanze, himmlisches oder höllisches Wesen. Man kann den Kreislauf jedoch beeinflussen, und zwar durch gute bzw. schlechte Taten (Karma), die im nächsten Leben durch eine bessere bzw. schlechtere Existenz belohnt bzw. bestraft werden. Ziel eines jeden Hindu ist es jedoch, nicht mehr wiedergeboren werden zu müssen, ins Nirwana einzugehen und damit den Kreislauf Geburt – Tod – Wiedergeburt für immer und ewig zu durchbrechen. Um dieses Ziel zu erreichen, ist die Einhaltung der **»Drei Wege des Heils«** (Tiga Marga) wichtig. Der erste schreibt Opfer für Götter und Dämonen und ihre Erscheinungsformen vor, der zweite besteht aus dem Streben nach Wissen und Erkenntnis, Ehrfurcht gegenüber anderen Menschen, insbesondere Priestern und alten Menschen. Der dritte Weg sieht über den Weg der inneren Einkehr (Meditation) die Loslösung von der Umklammerung durch die fünf Elemente vor, was erst die Vereinigung mit dem göttlichen Prinzip ermöglicht.

Kosmos

Auch vom Kosmos hat der Hindu ein relativ festgefügtes Bild, das auf mythologischen und philosophischen Vorstellungen ebenso basiert wie auf der einfachen Beobachtung natürlicher Vorgänge. Die Welt, zusammengefügt aus der Urmaterie (Prakriti), befindet sich demnach in einem stetigen Zyklus von Entfaltung und Vernichtung, die durch eine Phase des Verharrens in einem Ruhezustand voneinander getrennt sind. Der Mensch stellt sich als kleine Welt (Buwana Alit) in einer großen Welt (Buwana Acjung); er ist damit selbst ein Teil des Makrokosmos.

Hinduistisches Weltsystem

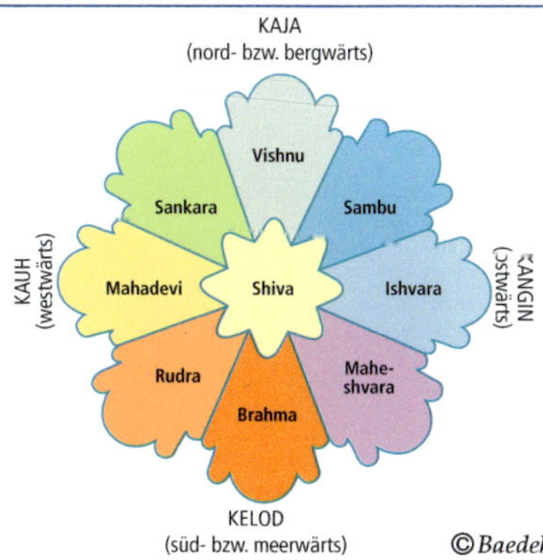

©*Baedeker*

Symbol für die Vorstellungen des balinesischen Hinduismus ist der Lotos (Lotos; Nelumbo); er gilt als Abbild der Welt. Häufiger als der vierblättrige Lotos (Panca Dewata) wird auf Bali der **achtblättrige Lotos (Padma)** dargestellt. Rings um das Zentrum mit dem Gott Shiva (Schiwa) sind im Uhrzeigersinn die acht Richtungsgottheiten angeordnet: Vishnu (Wischnu), Sambu, Ishvara (Iswara), Maheshvara (Maheswara), Brahma, Rudra, Maha-

Traditioneller Reisspeicher

GEBAUTER GLAUBE

Der kleine Junge stand in der Tür, machte eine einladende Geste, lächelte und sagte: »Come in, Mister! Please, come in!« Er trat einen Schritt zur Seite und machte so den Weg durch die schmale Maueröffnung frei, hinter der das Gehöft seiner Eltern liegt.

Möglichst eng ist der Zugang zu jedem balinesischen Gehöft, und gleich dahinter steht auch noch eine halbhohe Mauer, die zum Hindernislauf zwingt. Schmale Öffnung und Schutzmauer sind ganz wichtige Bestandteile der Hofanlage. Denn außen vor dem Areal lauern **böse Geister, Dämonen und andere angsteinflößende Gestalten.**

Zu Stein gewordener Glaube

Derlei ungebetene Gäste sollen – wenn man sie schon nicht ganz los wird – gefälligst draußen bleiben.
Gebauter und zu Stein gewordener Glaube – das mag vielleicht die passendste Erklärung für die Bauweise eines traditionellen Gehöftes auf Bali sein. Das aus verschieden großen, »Bale« genannten Häusern bestehende Anwesen – »Kampong« – ist rings von einer stabilen Außenmauer umgeben. Sie dient aber nicht nur der Abwehr unerwünschter unsichtbarer Gäste, sondern ist auch das sichtbare Symbol für den Zusammenhalt der balinesischen Großfamilie.

Uniformität balinesischer Dörfer

Möglicherweise befremdet den Betrachter die sich allerorts wiederholende Uniformität der Gebäude:
In einem balinesischen Dorf reiht sich Gehöft an Gehöft, alle Türöffnungen sind zur selben Seite hin ausgerichtet; innerhalb des mauerumfriedeten Rechtecks stehen die unverzichtbaren Familientempel stets an der gleichen Stelle und auch die Anordnung der einzelnen Gebäude wiederholt sich fast stereotyp. Wesentliche Unterschiede sind zumindest auf den ersten Blick nicht zu erkennen. Ob arm oder

reich: Familientempel, Wohn- und Schlafhäuser, Küche, Reisspeicher, der Stall für die Haustiere und ein Bale für die verschiedensten rituellen

Sichtbares Symbol für den Zusammenhalt der balinesischen Großfamilie

Anlässe finden sich nahezu gleichförmig angeordnet in jedem bäuerlichen Anwesen wieder.

Nur an einem Merkmal lässt sich der gesellschaftlich höhere Rang einer Familie ablesen: Wohlhabendere Balinesen verfügen über ein weiteres Bale, in dem die vom Hinduismus vorgeschriebenen Zeremonien abgehalten werden.

Die Anzahl der Häuser, die zum Wohnen und Schlafen dienen, richtet sich nach der Größe der Familie, die auf dem Gehöft lebt. Das repräsentativste, stets unmittelbar neben dem Familienschrein gelegene Gebäude ist den Großeltern vorbehalten, da diese allerhöchstes Ansehen genießen. Bisweilen sind die unverheirateten Mädchen und jungen Frauen im Bale der Großeltern mit untergebracht. Auf jeden Fall schläft der Nachwuchs nach Geschlechtern getrennt.

Dass die gesamte Großfamilie quasi unter einem Dach zusammenlebt, ist auf Bali zumindest in den ländlichen Gegenden der Regelfall und nicht die Ausnahme. Nicht selten wohnen drei oder gar vier Generationen auf einem Gehöft. Nach einer Hochzeit zieht das frisch vermählte Paar in das Anwesen der Eltern des Ehemannes.

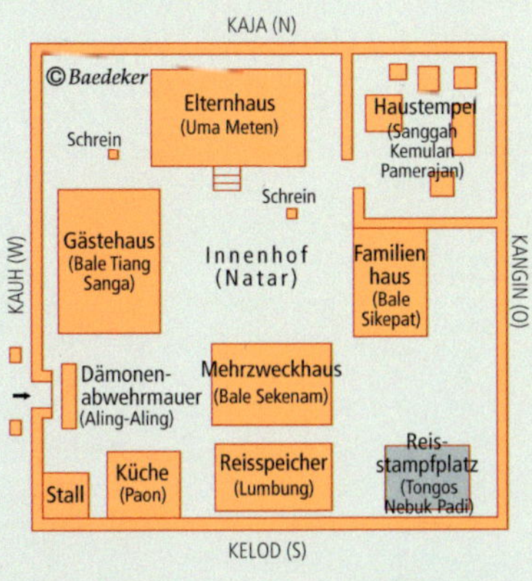

devi (Mahadewa) und San(g)kara. Die Gottheiten werden – neben vielen anderen Eigenschaften und Bedeutungen – Farben, Charaktere und Körperorgane zugeschrieben; vier von ihnen stehen für die Haupthimmelsrichtungen: Vishnu für den Norden (Kaja), Brahma für den Süden (Kelod), Mahadevi für den Westen (Kauh) und Ishvara für den Osten (Kangin).
Die Lotosblume als **Symbol für die hindu-balinesische Religion** findet man in Bali in vielgestaltiger Form, z. B. in Stein gehauen oder auch als eines der heiligsten Elemente der traditionellen Batikkunst.

Kasten Jedes Individuum gehört von seiner Geburt an zu einer Kaste (indisch »varna«); der Übergang von einer Kaste zur anderen ist grundsätzlich nur durch den Vorgang der Wiedergeburt, also im nächsten Leben, möglich. Obwohl Entstehung und Sinn des Kastensystems bis heute im Dunkeln liegen, wird vermutet, dass es den Angehörigen der ersten Kasten darum ging, ihre ethnischen, kulturellen und sozialen Traditionen innerhalb einer festgefügten Einheit (Stamm, Dorf) ungestört durch Einflüsse von außen wahren zu können. Im Laufe der Jahrhunderte entwickelte sich jedoch aus diesen vier Kasten durch Mischehen sowie die Aufnahme kastenfremder Personen ein kompliziertes System, das die traditionelle Einteilung allmählich verdrängte. Ursprünglich gab es nur vier Kasten: Brahmanen (Priester), Ksatrias (Krieger), Wesias (Bauern und Handwerker) und Shudras (Knechte). Wer nicht zu einer Kaste zählt, wird von der Gesellschaft weitgehend geächtet und gilt in Indien als »Paria«, als Unberührbarer – eine Zuordnung, die aber von den Balinesen nicht übernommen wurde. Hier sind auch nur die vier genannten Kasten bekannt. Die Einheirat in eine andere Kaste ist zwar möglich, jedoch mit Problemen verbunden. Geblieben ist das traditionell hohe Ansehen, das die Brahmanen genießen. Das liegt in erster Linie daran, dass sich Fürsten, Intellektuelle und Beamte zu dieser Kaste zählen.

Heilige Tiere Heilige Tiere wie in Indien gibt es auf Bali nicht. Auch ist den gläubigen Hindus (nicht jedoch den Brahmanen) der Verzehr von Rindfleisch gestattet.

Hinduistisches Pantheon In der hinduistischen Vorstellung nehmen alle Lebewesen (Pflanzen, Tiere, Menschen) einen Platz auf einer Stufenleiter ein. Die höchste Stufe gehört jedoch allein den Göttern und Gottheiten, die den Göttertempel (Pantheon) auf dem **Weltenberg »Meru«** bewohnen; darunter befinden sich Heilige, Könige und zuunterst Geister und Dämonen. Es gibt eine Vielzahl von Göttern und Gottheiten, als deren wichtigste die »göttliche« Trinität **(Trimurti)** Brahma, Vishnu und Shiva gilt. **Brahma**, der Schöpfer der Welt, war einst der höchste Gott im Hinduismus. Heute nimmt er etwa den gleichen Rang ein wie Shiva und Vishnu. **Vishnu** ist der Erhalter der Welt, der als Krishna menschliche Gestalt annahm. **Shiva** gilt als der Zerstörer und Auflöser der Welt; auf Bali heißt eine seiner zahlreichen Erschei-

nungsformen **Sangyang Guru**. Shiva wird oft als Lingam (Phallussymbol) dargestellt. Die Frauen von Brahma, Vishnu und Shiva heißen Sarasvati, Lakshmi und Shakti; sie stehen symbolisch für Lehre, Glück und Urkraft.
Zwischen dem traditionellen Hinduismus indischer Prägung und jenem, dem die meisten Gläubigen auf Bali huldigen, gibt es einen wichtigen Unterschied, der monotheistische Züge besitzt: Sie glauben an **Sangyang Widi**, einen Gott, der das allumfassende göttliche Prinzip in sich trägt. Er ist die höchste Gottheit im balinesischen Hinduismus und entspricht der Inkarnation aller drei Hauptgötter. Die Reisgöttin **Dewi Sri** ist eine der wichtigsten Göttinnen; ihr Name entstammt dem Sanskrit und bedeutet soviel wie »Göttin des Glanzes«. Sie nimmt zum Zeitpunkt der ersten Reisernte eines Jahres die Gestalt von Reiskörnern (Nini) an, die wiederum als Verkörperung Shivas verehrt werden. **Dewi Danu** ist ebenfalls sehr wichtig; zu ihrem Einflussbereich zählt in erster Linie der Batur-See; sie wird aber auch als Beherrscherin der anderen Seen auf der Insel verehrt. Zwei der zahlreichen Erscheinungsformen Vishnus sind der Gott **Dewa Sedana** und seine Gemahlin **Dewi**. Sie gelten als Gott bzw. Göttin des Wohlstandes und des Reichtums und werden deshalb bei Tempelfesten besonders gern verehrt.

Darstellung der Reisgöttin Dewi Sri am Feldrand

Weiter unten in der Hierarchie stehen Götter, die u. a. für Naturereignisse und Naturgewalten »zuständig« sind: Indra (Regen), Surya (Sonne), Soma (Mond), Vayu (Wind), Agni (Feuer), Varuan (Gewässer), Yama (Tod), Kama (Liebe), Kubera (Reichtum), Skanda (Krieg), Ganesha (Beseitigung von Hindernissen). Unter der Vielzahl von Göttern niederer Rangordnung gibt es etliche, die mehr oder weniger in den Lauf der Welt eingreifen und dabei eine gute oder eine böse Rolle spielen.

Geister und Dämonen

Den untersten Rang in der hinduistischen Glaubensvorstellung nehmen Geister und Dämonen ein, von denen sich eine Vielzahl weit unterhalb der Ebene der Götter und Gottheiten befindet. Geister und Dämonen sind zwar ungeliebte Erscheinungen, doch fällt einigen von ihnen beispielsweise die äußerst wichtige Aufgabe zu, noch bösere Geister etwa von Tempelanlagen fernzuhalten.

Religiöse Traditionen

Viele Feste prägen das Leben auf Bali

Auf Bali gibt es vielfältige religiöse Bräuche, die jedoch eines gemeinsam haben: Sie sind stets ein willkommener Anlass für ein Fest, das entweder im Kreis der Familie, meistens aber gemeinsam mit den anderen Dorfbewohnern gefeiert wird.

Besonders wichtig im Leben eines Balinesen sind die Rituale zumeist hinduistischen Ursprungs, die vor oder nach den Übergängen zu verschiedenen Lebensabschnitten abgehalten werden. Streng genommen entspricht der **Übergang von einer Lebensphase in die nächste** einem »kleinen Tod«, der Beginn des neuen Lebensabschnitts hingegen einer »kleinen Wiedergeburt«. Für die Wendepunkte kennen die Menschen auf Bali den Begriff »Manusia Yadnya«.

Schwangerschaft und Geburt

Böse Geister vom werdenden Leben abzuhalten und guten den Eintritt in den Körper des jungen Erdenbürgers zu verschaffen, ist der Sinn verschiedener Zeremonien, die schon in den ersten Monaten der Schwangerschaft durchgeführt werden. Dabei stehen Opfer in den Tempeln an erster Stelle, die allerdings nur von Verwandten und nahen Freunden dargebracht werden dürfen. Während der Schwangerschaft gilt die Mutter nämlich als unrein; sie darf weder Tempel noch Reisfelder betreten. Ist das Kind zur Welt gekommen, schreibt der Ritus vor, die Kanda Mpat, seine »vier mythischen Geschwister« (Fruchtwasser, Mutterkuchen, Nabelschnur und Blut) in einer bemalten Kokosnußschale an der Tür zum Schlafzimmer aufzustellen. Über dem Bett des Kindes wacht der Gott Rare Kumara, für den ein eigener Opferplatz eingerichtet wird. Um Fuß- und Handgelenke werden dem Säugling Bänder und Kettchen gelegt, die böse Geister fernhalten sollen. Am 12. und am 42. Tag nach der Geburt müssen sich Mutter und Kind weiteren Reinigungszeremonien brahmanischen Ursprungs unterziehen. Vor dem 210. Tag (nach dem balinesischen Kalender ist dies der erste Geburtstag) wird das Neugeborene ausschließlich herumgetragen, es darf den Erdboden nicht berühren. An diesem Tag findet ein großes Fest statt, während dessen das Kind zum ersten Mal auf die Erde gesetzt wird – es überschreitet damit offiziell die Grenze zwischen göttlicher Transzendenz und irdischem Dasein. An diesem Tag erhalten das Kind und seine »vier Geschwister« neue Namen, um die Geister zu verwirren.

? WUSSTEN SIE SCHON ...?

- ... dass es auf Bali üblich ist, drei Mal täglich Opfergaben darzubringen? Wenn Ihnen auf der Türschwelle eines Geschäftes oder auf dem Bürgersteig kleine, aus einem Palmen- oder Bananenblatt gefertigte Opferschalen auffallen, gefüllt mit Reis, Blumen und Salz, besprengt mit heiligem Wasser, so sind diese dazu gedacht, unsichtbare, dennoch gegenwärtige Dämonen zu besänftigen. Dass die Balinesen sich aber nicht besonders vor Dämonen fürchten, sondern eher aus Mitleid mit den dämonischen Existenzen handeln, darauf deutet der für diese Opfergaben gewählte und eher niedrig geschätzte Ort hin. Gaben für Götter werden hingegen im Tempel gereicht.

Pubertät

Knaben wie Mädchen müssen für gewöhnlich nach dem Eintritt in die Pubertät die **Prozedur des Zahnfeilens** (Matatah) über sich ergehen lassen. Dabei werden von einem brahmanischen Priester die oberen vier Schneide- sowie die beiden Eckzähne (die den Göttern gehören) abgefeilt und auf eine Linie begradigt; die unteren bleiben ungeschliffen, da sie Besitz der Dämonen sind. Durch das Feilen der Zähne werden die sechs Übel (Habgier, Eifersucht, Dummheit, Wollust, Zorn und Unbeherrschtheit) beseitigt, die man zwar einem Kind, aber nicht dem erwachsenen Menschen zugesteht.

Bei der zeremoniellen Zahnfeilung werden die Zähne auf eine Länge gebracht.

Die Prozedur des Zahnfeilens ist sehr schmerzhaft; gleichwohl gilt dieser Initiationsritus als äußerst wichtiger Schritt im Leben eines (hinduistischen) Balinesen, der gegangen werden muss. Auch gilt der junge Mensch nach Meinung der Balinesen erst dann als heiratsfähig. In manchen Regionen auf Bali wird die Zahnfeilung heute nur noch symbolisch vorgenommen.

Beschneidung

Die Zeremonie der Beschneidung wird nur noch an Knaben vollzogen, deren Eltern sich zum Islam bekennen (besonders auf der Nachbarinsel Lombok). Einige Ethnologen sind jedoch der Meinung, dass das Zahnfeilen als Initiationsritus eine ähnliche Funktion besitzt.

Heirat

Streng genommen sind Ehen nur zwischen Angehörigen derselben Kaste möglich. Es gibt jedoch eine Möglichkeit, diesem Zwang zu entgehen, indem der Mann die Braut – mit deren Einverständnis – entführt und sieben Tage lang untertaucht. Nach dieser Frist gilt der Kastenzwang als aufgehoben. Mit der Heirat erwirbt der balinesische Mann das Recht und die Pflicht, alle bis zu diesem Zeitpunkt von seinen Eltern abgehaltenen Riten in Zukunft selbst abhalten zu müssen. Zum Zeichen dafür, dass er von nun an als vollwertiges Mitglied der Gemeinschaft anzusehen ist, übernimmt er von seinem Vater die Verantwortung für das Wohlergehen der Götter, denen im Haustempel der Familie gehuldigt wird. Zu diesem Zweck versammelt sich die Familie mehrmals im Jahr; alle Familienmitglieder reisen aus diesem Anlass in ihr Heimatdorf.

Tod

Der Tod ist der wichtigste Übergangsritus der Hindus; mit ihm verlassen sie wieder die Welt des Körperlichen und Sinnlichen. Der Körper, ursprünglich von Brahma mit dem göttlichen Odem versehen,

wird nur als **Hülle für die Seele** gesehen und löst sich nach dem Tod wieder in seine fünf Bestandteile, die Elemente Feuer, Wasser, Luft, Erde und Äther, auf. Diese treten wieder in die Welt der Götter und Dämonen ein.
Friedhöfe nach westlichem Vorbild wird man auf Bali vergebens suchen, verstorbene Menschen werden nach hinduistischem Ritus verbrannt. Allerdings wird die Leiche eines Verstorbenen zunächst für die Dauer von mindestens 42 Tagen begraben; brahmanische Priester werden nach strengen Vorschriften einbalsamiert und bis zu einem von Astrologen kompliziert berechneten Tag aufgebahrt. Nach dieser Frist, oftmals aber auch erst nach einigen Monaten oder gar Jahren, werden die sterblichen Überreste wieder ausgegraben (wenn nur wenig übriggeblieben ist, wird anstelle des Leichnams eine symbolische Sandelholzpuppe verwendet) und für die Verbrennung vorbereitet. Ob die Zeit, welche die Seele noch im Leichnam verbringen muss, kurz oder lang ist, richtet sich auch nach den Vermögensverhältnissen der Angehörigen, denn eine Totenverbrennung ist eine kostspielige Sache. Übrigens: Um der Seele das Entweichen aus dem Körper zu erleichtern, steckt man ein oben offenes Bambusrohr in das Grab.

Totenverbrennung

Feierlichkeit

Die Totenverbrennung selbst ist wohl die aufwendigste Feierlichkeit auf Bali; gilt es doch, der Seele des Verstorbenen den reibungslosen Übergang in eine andere, bessere Welt zu ermöglichen. Die Vorbereitungen können Wochen oder sogar Monate in Anspruch nehmen.

Vorbereitung und Prozession

Nachdem der Leichnam drei Tage vor der Verbrennung wieder ausgegraben worden ist, wird er gereinigt und in Tücher gehüllt, in einen mit Blumen reich geschmückten, mit etlichen mythischen Zugaben versehenen Transportsarg (Bade) gelegt und in einer ungeheuer **farbenprächtigen Prozession** vom Gehöft zum Verbrennungsplatz gebracht. Sie ähnelt jedoch keineswegs einem stillen und andächtigen Trauermarsch, sondern eher einer fröhlichen Veranstaltung. Auch wenn der Tod eines nahen Verwandten Trauer und Schmerz bewirkt, lebt der Balinese in der Hoffnung, dass der Verstorbene in seinem nächsten Leben in eine bessere Existenz hineingeboren wird. Dem Transportsarg hinterhergetragen wird der Verbrennungssarg mit einem pagodenähnlichen, bis zu elfstöckigen Aufbau. Begleitet werden die Särge nicht nur von den Angehörigen, sondern von fast allen Dorfbewohnern. Für die Trauermusik sorgt ein Gamelan-Orchester, zu dessen Klängen die Menge geradezu in Ekstase gerät. Auf dem Wege zum Verbrennungsplatz drehen sich die Sargträger mitsamt der Pagode unvermittelt im Kreis oder schlagen gar plötzlich einen anderen Weg ein; hierdurch sollen die Geister irritiert werden. Manchmal sitzt der erstgeborene Sohn des Verstorbenen in einer der unteren Etagen der Pagode, was wegen der wenig stabilen Konstruktion nicht ungefährlich ist.

Die Verbrennung nach dem Tod ist eine der wichtigsten Zeremonien, sozusagen eine Vollendung der heiligen Pflichten eines Balinesen

Sargformen der verschiedenen Kasten

Am Verbrennungsplatz angekommen, wird die Leiche aus dem Transportsarg genommen und in den Verbrennungssarg umgebettet. An diesem Sarg kann man leicht erkennen, zu welcher Kaste der Verstorbene gehörte: Bei Brahmanen (z. B. Priester) ist er in der Form eines schwarz-weiß gefleckten Stieres gefertigt. Sieht er aus wie ein Löwe oder wie ein Hirsch, gehörte der Verblichene zur Jaba- oder zur Wesia-Kaste. Bei Angehörigen der Ksatria-Kaste besitzt der Verbrennungssarg die Form eines bei Männern schwarzen und bei Frauen weißen Stieres, dem oft eine prachtvolle Schlangen- oder Drachenfigur vorangetragen wird. Eine Ausnahme bilden die Kremationssärge der Angehörigen der Pasek-Kaste: Während die Särge der zuvor genannten Kasten sich in die Lüfte erheben können (der Löwe besitzt in der hinduistischen Vorstellung Flügel und der Stier gilt als Reittier des Gottes Shiva), werden sie in einem Sarg verbrannt, der dem Elefantenfisch (Gajah Minea) nachempfunden ist.

Kremation

Schließlich wird der Sarg in Brand gesteckt, und während sich die Seele durch das **reinigende Feuer** in die Lüfte erhebt, gerät die Menge an den Rand der Verzückung. Dann zündet man auch den Transportschrein an. Ist alles verbrannt, sammeln die Angehörigen die Asche und lediglich versengte Knochenteile ein, legen diese in eine kleine Sänfte, die wiederum in einer Prozession zum Meer (oder zu einem nahen Fluss) getragen und dem Wasser übergeben wird. Mit der Einäscherung ist der aufwendige Ritus jedoch längst noch nicht beendet. An genau vorgeschriebenen Tagen nach der Verbrennung folgen weitere, nicht weniger aufwendige Zeremonien, die helfen sollen, die Seele des Toten von allem Bösen und Schlechten zu reinigen.

Tempelfest

Odalan-Fest zum Tempelgeburtstag

Jeder Tempel auf Bali feiert einmal im Jahr seinen Geburtstag, d. h. die Wiederkehr des Tages der ersten Weihe. Am Odalan-Fest nimmt das ganze Dorf teil; die Vorbereitungen nehmen in der Regel Wochen oder gar Monate in Anspruch. Wann jedoch etwa mit der Zubereitung der Opfergaben begonnen werden darf, ist Gegenstand höchst kunstvoller Berechnungen, die ein Brahmane nach dem javanisch-balinesischen Kalender vornimmt. Zum Tempelfest **werden symbolisch die Götter eingeladen**, die vom Pantheon herabsteigen und im heiligen Tempelbezirk (Bale paruman) einen für sie vorbereiteten und besonders gereinigten Sitzplatz einnehmen; von dort überwachen sie die genaue Einhaltung der vorgeschriebenen Riten.

Festlichkeiten

Das Tempelgeburtstagsfest **dauert drei Tage**, wobei jeder Tag der Erfüllung einer bestimmten Aufgabe dient. Am ersten und wichtigsten Festtag werden in dem mit Aufwand gereinigten und mit bunten Tüchern geschmückten Tempel die Götter empfangen und mit Opfergaben bedacht. Damit die Götter nicht von möglicherweise herumgeisternden Dämonen belästigt werden, schlachten die Dorfbewohner am ersten Morgen ein Schwein; das Fleisch wird an einer passenden Stelle für sie bereitgelegt. Dann nimmt der Brahmanenpriester kleine Figuren aus Sandelholz aus dem Gedong, einem kleinen, geschlossenen Gebäude im Innenhof des Tempels, bringt sie würdigen Schrittes zu einem kleinen Pavillon, wo auch sie mit Weihwasser (Tirtha) gereinigt, bekleidet und aufgestellt werden. Wenn der Zeitpunkt naht, zu dem die Götter eintreffen, entzündet der Priester einen Weihrauchkessel; der aufsteigende Rauch soll den Göttern als eine symbolische Himmelsleiter dienen.
Begleitet vom Dröhnen eines immer lauter tönenden Gongs beginnen die Götter den Abstieg; die Menschenmenge, die zuvor mit kunstvoll aufeinander gestapelten geschichteten Opfergaben im Tem-

pelbezirk eingetroffen ist und nun fasziniert an diesem absoluten Höhepunkt teilnimmt, verstummt ehrfürchtig. Die Götter sind nun bereit, verehrt zu werden. Sie bedienen sich dabei der Hilfe des Priesters. Die Menge wird mit geweihtem Wasser besprenkelt; Lotosblüten werden zwischen die Fingerspitzen genommen, drei Mal über die Stirn gehoben und schließlich fallen gelassen. Es folgen symbolische Waschungen von Gesicht und Oberkörper. Frauen tragen Opfergaben in Form von kunstvoll aufgeschichteten Früchten und Speisen in den Tempel, wo sie von den Priestern entgegengenommen und symbolisch den Göttern überreicht werden. Diese Opfergaben werden in aller Regel am Abend wieder abgeholt; dann haben ihnen die Götter die spirituelle Essenz entnommen.
Die Götter haben dann Gelegenheit, das drei Tage währende Fest zu beobachten, das mit großer Ausgelassenheit begangen wird. Hahnenkämpfe, Schattenspiele (Wayang) und die Tonkulisse der Gamelan-Orchester sind für sie ebenso unterhaltend wie für die Bewohner. Am zweiten Tag wird das Dorf von allem Schlechten und Bösen gereinigt, das vom vergangenen Jahr übrig geblieben ist. Am dritten Tag vertreibt man, natürlich mithilfe der Götter, die bösen Geister und bereitet Tempel und Dorf auf das neue Jahr vor. Am späten Abend werden die Götter verabschiedet. Man entkleidet die Sandelholzfiguren und bringt sie wieder zum Gedong zurück. Das Fest endet mit dem Verschließen des inneren Tempeltores; der innere Bezirk wird erst wieder zum nächsten Tempelgeburtstag zugänglich gemacht.

Prächtige Opfergaben beim Tempelgeburtstag

Geschichte

Wann kamen Hinduismus und Islam nach Bali? Welche Folgen hatte der Einfluss der Ostindischen Handelskompagnie? Wer war der erste indonesische Präsident nach der Unabhängigkeit des Landes? Und wie viele Opfer forderte der Tsunami 2004 in Indonesien?

Vor- und Frühgeschichte

vor 500 000 Jahren	Älteste menschliche Zeugnisse auf Java (Homo erectus)
200–100 v. Chr.	Einwanderung vom südasiatischen Festland

Die ältesten Zeugnisse menschlichen Lebens in Indonesien sind auf der Insel Java gefunden worden. Es handelt sich um Relikte von Frühmenschen (**Java-Mensch**; vor ca. 500 000 Jahren), die dem Homo erectus zugeordnet werden. In den 1930er-Jahren hat man einige Schädel des so genannten Solo-Menschen gefunden, der dem Neandertaler ähnelt.

Spuren altsteinzeitlicher Kulturen auf Sumatera (Sumatra), Kalimantan (Borneo) und Sulawesi (Celebes) zeigen Ähnlichkeit mit solchen auf dem hinterindischen Subkontinent, mit dem weite Teile Indonesiens während der Eiszeit eine Landverbindung hatten. Im zweiten und ersten Jahrhundert vor der Zeitenwende wandern in mehreren Wellen Völkerschaften vom südasiatischen Festland ein.

Einflüsse aus Indien

6./7. Jh.	Das hinduistische Srivijaya-Reich hat die Kontrolle über einen großen Teil des heutigen Indonesien.
9./10. Jh.	Die hinduistische Religion gewinnt auf Bali immer mehr an Bedeutung.
ab 1037	Javanisierte Fassungen der beiden epischen Hindu-Schöpfungsdramen Ramayana und Mahabharata werden während der Regierung von Raja Erlangga geschaffen.

Hindu-Reich Srivijaya

Im siebten nachchristlichen Jahrhundert besteht im südöstlichen Sumatra das Hindu-Reich Srivijaya. Sein Zentrum liegt bei der heutigen Stadt Palembang und es kontrolliert den Handelsverkehr in der Malakkastraße und in der Sundastraße.

Indische Kultur und Religion beeinflussen die führenden Schichten auf den indonesischen Hauptinseln. Auf Bali entsteht ein **ausgeklügeltes Bewässerungssystem**. Neben der in Bali verbreiteten Sprache verbreitet sich Sanskrit.

← *Eine Wassernymphe verführt einen Dämon (Szene aus dem hinduistischen Epos Ramayana; Tuchmalerei)*

Dynastien Mataram und Singharasi

Um 1000 heiratet die javanische Prinzessin Mahendratta aus der Mataram-Dynastie den balinesischen Fürsten Udaya. Unter ihrem gemeinsamen Sohn Erlangga (1016–1042) werden **Bali und Java vereint** und erleben eine kulturelle Blüte. 1284 erobert Kertanagara, der letzte ostjavanische Herrscher der Singharasi-Dynastie, Bali; er verliert es aber bald darauf wieder. Der Regierungssitz des hinduistischen Reiches wird von Mataram (Zentral-Java) nach Ost-Java verlegt. Von dort aus gewinnt **hinduistisches Gedankengut** immer mehr an Geltung auf Bali.

Majapahit-Reich

Das Majapahit-Reich, das letzte große javanische Reich, dehnt sich zwischen dem 13. und dem 16. Jh. über weite Teile Indonesiens aus. Auf Bali werden erste Grundlagen für ein Verwaltungssystem geschaffen. Seit dem 15. Jh. breitet sich unter dem Einfluss von Kaufleuten aus Vorderasien der **Islam** aus. In der ersten Hälfte des 16. Jh.s setzt der Verfall des Majapahit-Reiches ein. Der Sohn des letzten Fürsten flieht mit Gefolgsleuten nach Bali, wo er die **Gelgel-Dynastie** begründet. In West-Java und Demak in Ost-Java kommt es zur Gründung der Sultanate Bantam.

Kolonialisierung

1487	Mit der Entdeckung des Seeweges nach Indien dringen Europäer erstmals nach Südasien vor.
1602	Die von Holländern gegründete Vereinigte Ostindische Kompagnie beginnt mit der Kolonialisierung der indonesischen Inselwelt.
1839	Bali wird niederländischer Oberhoheit unterstellt.
um 1900	Die Niederländer erlangen die Oberhoheit über ganz Indonesien.

Einfluss der Europäer

Nach der Entdeckung des Seeweges nach Indien (1487) dringen auch Europäer nach Südasien vor. Die Portugiesen bauen, nicht zuletzt um den Orientalen den lukrativen Gewürzhandel streitig zu machen, seit dem frühen 16. Jh. Festungen im Osten des indonesischen Archipels. Rund hundert Jahre später fassen die Holländer hier Fuß, die zunächst Stützpunkte auf Java einrichten. 1602 erfolgt die **Gründung der holländischen Vereinigten Ostindischen Kompagnie**, die unter Generalgouverneur Jan Pieterzoon Coen, dem Gründer der Stadt Batavia (1619, heute Jakarta), ihren Wirkungsbereich stark ausweitet. Nach dem Niedergang der Gelgel-Dynastie auf Bali zerfällt die Insel in ein Dutzend selbstständige Fürstentümer. Zwischen den einzelnen Regenten kommt es immer wieder zu kriegerischen Auseinandersetzungen. 1686 entsteht Klungkung: Die unabhängigen balinesischen Rajas erkennen den zeremoniell höchsten Rang des Dewa Agung von

Balinesischer Fürst mit Gefolge (um 1888)

Klunkung an. Während der Napoleonischen Kriege in Europa fällt Niederländisch-Ostindien an Großbritannien. Von 1811 bis 1816 hat Stamford Raffles, der Gründer Singapurs, die Macht auf Java inne; 1816 kommt Ostindien wieder an die Niederlande zurück. Die Kolonialmacht wird in erbitterte Kämpfe mit Aufständischen verwickelt.

Folgen der Plantagenwirtschaft

In den 1830er-Jahren geht die Kolonialverwaltung dazu über, anstatt der bis dahin üblichen Zwangsarbeit eine ausgeklügelte Plantagenwirtschaft mit Naturalabgaben aufzubauen. Auch auf Bali wird den Bauern vorgeschrieben, was sie vordringlich anzubauen haben, nämlich **Kautschuk, Kaffee und Tee**. Vernachlässigt wird hingegen der traditionelle Reisanbau, was in der Folgezeit zu Hungersnöten führt.

Niederländische Oberhoheit

Nachdem Bali 1839 niederländischer Oberhoheit unterstellt wird, landet 1846 ein niederländisches Expeditionskorps und stellt einen Teil der Insel unter seine Verwaltung. Nach 1870 wird Indonesien für europäisches Kapital und Unternehmertum geöffnet. 1882 wird Singaraja offizielles holländisches Administrationszentrum.
Am 26. August 1883 bricht der Vulkan Krakatau (Inselgruppe zwischen Sumatra und Java) aus. Dieser gewaltigen Naturkatastrophe fallen Zehntausende von Menschen zum Opfer. Die **Entdeckung von**

Erdöl auf Sumatra (1885) führt zum Aufbau der »Royal Dutch Shell« (später einer der größten Mineralölkonzerne der Welt). Um 1900 haben die Niederländer die Oberhoheit über ganz Indonesien gewonnen. Die Plünderung eines Schiffes, nämlich eines chinesischen Handelsseglers, liefert den Niederländern einen willkommenen Anlass zur Ausweitung ihrer Macht über Bali. Man verhängt eine Blockade über den südlichen Teil der Insel, unterstellt auch diesen der Kolonialverwaltung und erklärt dem Fürsten von Badung den Krieg. Im September 1906 unternehmen niederländische Soldaten eine weitere Strafexpedition gegen Bali, in deren Verlauf sie auch die Zivilbevölkerung angreifen. Die fürstliche Familie entschließt sich, gemeinsam mit weiteren Mitgliedern der balinesischen Oberschicht, in einem rituellen Amoklauf (Puputan genannt) gegen die Niederländer den Tod zu finden. Zwei Jahre später wird ganz Bali als **niederländische Kolonie** deklariert.

Unabhängigkeitsbewegung

Gegen die niederländische Kolonialmacht kämpfen im frühen 20. Jh. mehrere vom Islam beeinflusste Unabhängigkeitsbewegungen, so die »Budi Utomo« (»Edle Bemühung«) und die »Sarekat Islam« (»Islamische Vereinigung«). Um 1920 etabliert sich die Kommunistische Partei Indonesiens. Danach sammeln sich Unabhängigkeitskämpfer in der 1927 von **Raden Ahmed Sukarno** (► Berühmte Persönlichkeiten) gegründeten »Partai Nasional Indonesia« (PNI).

Asiatischer Einfluss

In der ersten Hälfte des 20. Jh.s gelingt es chinesischen Einwanderern, Schlüsselstellungen in Handel und Wirtschaft einzunehmen. Dies führt in der Folgezeit zu Auseinandersetzungen mit der malaiischen Bevölkerung. 1938 werden die historischen Fürstentümer auf Bali wieder hergestellt, dennoch erreichen diese nicht mehr ihre einstige Bedeutung. Während des Zweiten Weltkrieges besetzen japanische Truppen Niederländisch-Ostindien – die Vormachtstellung der Europäer ist gebrochen.

Unabhängiger Staat

1945	Einseitige Ausrufung der Republik Indonesien durch Raden Ahmed Sukarno und Mohammed Hatta
1946	Bali wird Schauplatz eines erbitterten Widerstandskampfes zwischen Niederländern und Indonesiern.
1950	Auflösung der historischen Fürstentümer und Etablierung von Regierungsbezirken. Sukarno wird Präsident der neuen Republik Indonesien.
1959	Denpasar wird Hauptstadt Balis.
1966	Machtübernahme General Suhartos

Der indonesische Präsident Achmed Sukarno (r.) und General Suharto (l.) nach einer Sitzung mit zivilen und militärischen Führern des Landes (1966)

Unabhängigkeit Indonesiens

Die indonesischen Nationalisten können ein Staatswesen organisieren und rufen am 17. August 1945 die Unabhängigkeit Indonesiens aus. **Sukarno wird erster Präsident** der neuen Republik; Hauptstadt ist zunächst Yogyakarta (später Jakarta). 1947 und 1948 versuchen die Niederländer mit Waffengewalt, ihre Vormacht zurückzugewinnen. Auf Druck von UNO und USA müssen sie jedoch auf der Haager Konferenz von 1949 die Unabhängigkeit Indonesiens (zunächst als »Republik der Vereinigten Staaten von Indonesien«) anerkennen. Bis 1954 bleibt Indonesien aber mit der niederländischen Krone verbunden.

»Gelenkte Demokratie«

Mitte 1959 institutionalisiert Sukarno sein System der »gelenkten Demokratie«. Er ist bestrebt, das innenpolitische Kräftegleichgewicht (religiöse Gruppen, Parteien, Militär) auszubalancieren. Auch die Wirtschaft wird staatlich gelenkt, wobei man darauf achtet, den Einfluss ausländischer Konzerne nicht zu stark werden zu lassen. Dennoch wird das Land von inneren Auseinandersetzungen erschüttert, die in der **Daruf-Islam-Rebellion** ihren Höhepunkt erreichen.
1963 kommt Niederländisch-Neuguinea unter indonesische Kontrolle. Wenig später lässt sich Sukarno auf eine Konfrontation mit dem Nachbarstaat Malaysia ein (vorübergehender UNO-Austritt 1965 / 66), arbeitet zunehmend mit Kommunisten zusammen und sucht Anlehnung an die Volksrepublik China. Im Herbst 1965 kommt es

zu einem von den Kommunisten initiierten Aufstand, der jedoch von General Suharto niedergeschlagen wird: Mehrere Monate lang wurden Kommunisten und Chinesen Opfer blutiger Verfolgungen.

Machtübernahme Suhartos

Im März 1966 übernimmt die Militärregierung unter Suharto die Staatsgewalt und entmachtet Sukarno. Sie beendet die Konfrontationspolitik und versucht, soziale wie wirtschaftliche Missstände mithilfe westlicher Länder zu beseitigen. Die Beziehungen zur Volksrepublik China werden 1967 eingefroren. Indonesien beteiligt sich an der Gründung der »Association of South Asian Nations« (ASEAN). 1968 lässt sich Suharto zum **Staatspräsidenten** wählen.
Die indonesische Regierung propagiert für das gesamte Land ein nationales Familienplanungsprogramm, das unter der Devise »Dua Abb. S. 26 ► Anak Cukup« (»Zwei Kinder sind genug«) läuft und das dazu beitragen soll, die Geburtenrate zu senken. 1969 erfolgt die umstrittene Einverleibung von West-Neuguinea, der heutigen Provinz Iran Jaya. Die allgemeinen Wahlen der Jahre 1971, 1977, 1982 und 1993 bringen Siege der regierungstreuen »Sekber Golkar«, einer Gruppierung von Sozialpolitikern, Technokraten und Militärs. Ungeachtet internationaler Proteste annektiert Indonesien 1976 das bis zu diesem Zeitpunkt portugiesische Ost-Timor. Im Juli 1990 vereinbart man mit China die Wiederaufnahme diplomatischer Beziehungen.

Wirtschaftskrise

Anfang 1997 wird der gesamte südostasiatische Raum – ausgehend von Thailand – von einer Wirtschaftskrise erfasst. Die indonesische Rupiah verliert annähernd zwei Drittel ihres ursprünglichen Werts. In der Bevölkerung brechen erneut die alten Ressentiments gegen die chinesischstämmigen Indonesier auf. Ein zweiter Grund für die schweren Unruhen, die in der Hauptstadt Jakarta ausbrechen und schon bald das gesamte Inselreich erfassen, ist eine dramatische Preiserhöhung für Grundnahrungsmittel.
Auf Bali ist davon nur wenig zu spüren. Zwar kommt es in Denpasar zu einigen Demonstrationen, diese bleiben aber folgenlos. Im Mittelpunkt der Kritik steht auch das überkommene System Suhartos, der sich zunächst weigert, die von der Weltbank geforderten Staats- und Sozialreformen durchzusetzen. Erst nach teils blutigen Auseinandersetzungen zwischen Studenten und dem Militär sieht sich Suharto am 21. Mai 1998 gezwungen, seinen Rücktritt bekannt zu geben. An seine Stelle tritt sein enger Vertrauter **Bacharuddin Jusuf Habibie**, der sich bereit erklärt, Reformen durchzuführen und so der maroden Wirtschaft wieder auf die Beine zu helfen. Die Opposition sichert zwar ihre Unterstützung zu, macht jedoch keinen Hehl daraus, dass sie Habibie nur als Übergangspräsidenten betrachtet. Als die Reformen nicht schnell genug das gewünschte Ergebnis zeigen, kommt es ab November 1998 erneut zu Unruhen. Wiederum ist Jakarta der Mittelpunkt der Auseinandersetzungen. Bei Neuwahlen im Oktober 1999 verzichtet Habibie überraschend auf eine Kandidatur und wird daraufhin von Abdurrahman Wahid abgelöst.

Präsidentschaft Abdurrahman Wahids

Der islamische Gelehrte Wahid (auch Gus Dur genannt) ernennt kurz darauf **Megawati Sukarnoputri**, die Tochter des Staatsgründers Sukarno, zur Vizepräsidentin und verspricht einen radikalen Neuanfang. Eines der Zeichen, die diesen Vorsatz glaubhaft erscheinen lassen, ist die Zustimmung zur Unabhängigkeit des lange umstrittenen Ost-Timor.

Der günstige Devisenkurs 1999 beschert Bali einen **Besucherzuwachs** von etwa vier Prozent. Auf der Nachbarinsel Lombok hingegen kommt es zu teils heftigen Auseinandersetzungen zwischen religiösen und ethnischen Minderheiten. Diese münden in Straßenkämpfen und Plünderungen. Die auf der Insel noch verbliebenen Touristen werden daraufhin nach Bali evakuiert.

Auf Bali bricht 1999 der Gunung Batukau aus. Die Eruptionen sind allerdings weniger heftig als befürchtet, Menschen kommen nicht zu Schaden.

Megawati Sukarnoputri bei einer Wahlkampfveranstaltung (1999)

Gegenwart

2002	Ein Bombenanschlag auf Bali kostet 202 Menschen das Leben.
2004	Erste freie und geheime Wahlen
2004	Ein Tsunami verwüstet Südostasien.
2005	Erneuter Anschlag auf Bali (22 Tote)
2006	Ein Erdbeben und eine weitere Flutwelle bringen auf Java mehreren Tausend Menschen den Tod.

Unabhängigkeit Ost-Timors

Das 21. Jahrhundert wird auf Bali mit der Hoffnung auf innenpolitische Stabilität in Indonesien sowie ein weiteres Anwachsen des Devisenbringers Tourismus begrüßt. Ausgesprochen positiv nehmen die internationalen Medien die Nachricht auf, dass im Jahr 2002 Ost-Timor die Unabhängigkeit erhält und die Insel von nun an als selbstständige »República Democrática de Timor-Leste« eine eigene Nation bildet.

Terroranschlag in Kuta

Einen gewaltigen Schock löst weltweit ein verheerender islamistischer Terroranschlag aus. Am 12. Oktober 2002 explodiert in Kuta in einer Bar eine Bombe, Sekunden später detoniert eine zweite Bombe vor dem beliebten Sari Club, einer überwiegend von Australiern besuchten Diskothek. 202 Menschen werden getötet, über 200 schwer verletzt. Zu den Opfern zählen hauptsächlich Touristen. Bereits 2003 werden drei Mitglieder der **Terrororganisation Jemaah Islamiyah** für schuldig befunden und im November 2008 durch ein Erschießungskommando hingerichtet.

238 000 Indonesier werden Opfer eines Tsunamis

Im Jahr 2004 geschieht kaum Fassbares: Am 26. Dezember ereignet sich **das größte Seebeben der indonesischen Geschichte**. Die Flutwellen eines bis zu 15 m hohen Tsunamis treffen auf die Küsten, vor allem Sumatra in der Region um Banda Aceh ist betroffen. In Indonesien sterben etwa 238 000 Menschen.

Unvergessen – Blumengruß für die Opfer des Tsunamis

Doch das ist noch nicht alles. Ein erneuter Bombenanschlag islamistischer Terroristen kostet am 1. Oktober 2005 22 Menschen das Leben, als in Jimbaran und Kuta drei Sprengsätze explodieren. Einige als Drahtzieher der Bombenanschläge identifizierte Extremisten befinden sich nach wie vor auf freiem Fuß. Nach Einschätzung des Auswärtigen Amtes muss deshalb auch in Zukunft mit solchen Attentaten gerechnet werden. Als gefährdet gelten Orte, die bevorzugt von Ausländern frequentiert werden.
Auch Java trifft eine Katastrophe: Im Mai 2006 bebt die Erde bei Yogyakarta. In der Folge werden Hunderttausende obdachlos, fast 6000 Menschen sterben.

Anerkennung Indonesiens als demokratischer Staat

In dieser äußerst schwierigen Zeit erfreut die Menschen eine positive politische Entwicklung ganz besonders: Seit 2004 wird der indonesische Präsident vom Volk gewählt – Indonesien wird nunmehr offiziell als demokratischer Staat anerkannt. Erster direkt gewählter Präsident wird der ehemalige General **Susilo Bambang Yudhoyono**, der die Tochter von Staatsgründer Sukarno, Megawati Sukarnoputri, die seit 2001 regiert, ablöst. Bei der Präsidentschaftswahl im Juli 2009 wird SBY in seinem Amt bestätigt, da er neben einer geschickten Wahlkampagne auch eine erfolgreiche Innen- und Wirtschaftspolitik aufweisen konnte.

Kunst und Kultur

Wie können Dämonen von einer Tempelanlage ferngehalten werden? Was muss man bei der Herstellung einer Rangda-Maske beachten? Wie entsteht ein Doppel-Ikat? In welchem der typisch balinesischen Tänze werden Gefühle und Handlungen eines Kriegers dargestellt? Und was zeichnet ein Gamelan-Orchester aus?

Kulturelle Eigenständigkeit

Innerhalb der indonesischen Völkergemeinschaft spielen die Balinesen eine besondere Rolle. Dies rührt in erster Linie daher, dass es ihnen trotz etlicher Anfechtungen von außerhalb gelang, ihre religiösen Traditionen und damit ihre kulturelle Eigenständigkeit zu bewahren. Dies bedeutet jedoch nicht, dass Bali im Lauf der Jahrhunderte eine von fremden Kulturen völlig unbeeinflusste Insel geblieben ist.
Bestimmend blieb jedoch stets der Hinduismus, auch wenn er in seiner heute auf Bali praktizierten Form eher einer monotheistischen Religion, also der Hinwendung zu einer Gottheit, entspricht. Vor diesem Hintergrund gab es selbstverständlich auch Veränderungen im kulturellen Leben, die sich letztlich auch in der künstlerischen Darstellung auswirkten. Verglichen mit der Vielfalt der darstellerischen Mittel, wie sie beispielsweise im benachbarten Java vor der Islamisierung verwendet wurden, mag die balinesische Kunst, namentlich die der früheren Jahrhunderte, volkstümlich, ja beinahe bescheiden anmuten. Andererseits beeindrucken balinesische Tempel gerade durch die Schlichtheit in Gestaltung und Verzierung. Die flächige oder plastische Darstellung von Motiven und Inhalten ist stets nur Mittel zum Zweck; sie hat allein die Aufgabe, Religion und religiöse Anschauungen fassbar zu machen.

Tempelarchitektur

Reich geschmückt zu Tempelfesten

Verglichen mit der farbenfrohen Pracht thailändischer Tempel sind die religiösen Stätten auf Bali eher nüchterne Zweckbauten. Wird jedoch ein Fest abgehalten, werden die balinesischen Tempel auf das Prächtigste mit Blumen, bunten Bändern und Tüchern geschmückt. Ein Tempel, in dem kein Fest bevorsteht oder schon gefeiert wurde, liegt still und verlassen da; nicht selten ist er abgesperrt.
Die Insel Bali wird oft als ein einziger großer Tempel gesehen. In diesem Bild steht die westliche Inselspitze mit der Hafenstadt Gilimanuk für das Eingangstor, die Berge im Osten (Gunung Agung und Gunung Batur) sind Symbole für den Götterberg Meru. Auf diese Berge sind im Übrigen die meisten der Tempel auf Bali ausgerichtet (kaja = bergwärts), während die Eingänge zum Meer hin liegen (kelod = meerwärts). Auf Bali stehen mehr als 20 000 Tempel (landessprachlich Pura). In diese Zahl nicht eingerechnet sind die Familientempel (Sanggah), die es in jedem Pekarangan oder Kampong (Gehöft) gibt. Den höchsten Rang nehmen die (nach inoffizieller Zählung) **sechs »Reichstempel«** ein, von denen der Pura Besakih der wichtigste ist. Weitere hoch verehrte Tempel sind der Meerestempel Pura Tanah Lot und der Bergtempel Pura Batukau.

← *Bis die Legong-Tänzerinnen aussehen wie Prinzessinnen, ist ein aufwendiges Schmink- und Ankleideritual notwendig.*

Hoch verehrt werden außerdem einige Naturheiligtümer, die den Göttern der Berge, der Meere und der Flüsse und Quellen gewidmet sind. Eine Sonderrolle nehmen Tempel ein, die mit Badeplätzen nicht nur für Götter, sondern auch für Menschen ausgestattet sind (z. B. der Pura Tirtha Empul bei Ubud).

Drei Tempel

Für gewöhnlich besitzt eine Dorfgemeinschaft nicht etwa nur einen Tempel, sondern deren drei: Der **Pura Puseh** ist der dem Gott Brahma (dem Gott der Schöpfung) geweihte Haupttempel und immer an der dem heiligen Berg Gunung Agung zugewandten Seite des Dorfes errichtet. Im **Pura Desa** (zuweilen auch Pura Bale Agung genannt und Vishnu, dem Erhalter der Weltordnung, geweiht) versammelt sich die Dorfgemeinschaft zur Abhaltung der allgemeinen religiösen Zeremonien, während der **Pura Dalem**, der meist außerhalb des Dor-

Typischer Dorftempel

fes in der Nähe des Verbrennungsplatzes liegt, der Göttin Durga (einer Inkarnation Shivas, die für Tod und Zerstörung steht) geweiht ist und zur Abhaltung der Zeremonien anlässlich einer Verbrennung dient. Seine Anlage ist stets zum Meer hin gewandt.
Die Tempelanlagen auf Bali dienen nicht etwa allen Bewohnern der Insel, sie gehören vielmehr entweder einer Familie, der ganzen Dorfgemeinschaft, einer Berufsgruppe oder einer Kaste. Eine Ausnahme bilden die zuvor genannten Staats- oder Reichstempel; diese werden von allen Inselbewohnern gemeinsam genutzt.

Tempelanlage

Ein Tempel auf Bali entspricht meist der Anlage eines typischen Gehöfts, er ist stets zum Berg hin ausgerichtet und besteht in der Regel aus drei Höfen. Sie gelten nicht nur als Symbol für die drei Welten (Ober-, Mittel- und Unterwelt), sondern sind auch beispielhaft für den Weltenzyklus, den fortwährenden Kreislauf von Geburt, Tod und Wiedergeburt. Über den ersten Hof (Jaba Sisi), in dem meist nur Profanbauten stehen, gelangt man in den Jaba Tengah (mittlerer Hof), in dem sich während eines Tempelfestes die Gläubigen versammeln, um sich auf die Ankunft der Götter vorzubereiten und einzustimmen. Der Jeroan, der heiligste Bezirk des Tempels, ist fast ausschließlich den Göttern und ihren irdischen Stellvertretern, den Priestern vorbehalten. Gewöhnliche Menschen dürfen ihn nur betreten, um Opfer darzubringen.

Aufbau des balinesischen Tempels

Candi Bentar

Man betritt den ersten Hof einer Tempelanlage fast immer durch ein meist reich geschmücktes so genanntes **Gespaltenes Tor** (Candi Bentar), dessen Durchgang relativ eng ist. Seine Form geht auf eine Legende zurück: Als der Berg Mahameru, Sitz aller hinduistischen Götter, auf die Insel Bali transportiert wurde, fiel er in zwei Teile auseinander, aus denen die Berge Gunung Agung und Gunung Batur entstanden. Das Candi Bentar symbolisiert nun diese beiden Hälften des Berges Meru.

Candi Korung

Vom zweiten Hof geht es durch das kunstvoll und reichhaltig verzierte **Gedeckte Tor** (Candi Korung oder Kori Agung) in den dritten Teil des Tempels. Der innerste Hof der Tempelanlage symbolisiert den Berg Meru und damit die in der hinduistischen Vorstellung höchste aller Welten.

Aling-Aling

Hinter dem Tor ist eine Aling-Aling genannte **Dämonenschutzmauer** errichtet. An ihr sollen böse Geister, die sich nur geradeaus bewegen können, abprallen – wenn sie überhaupt so weit kommen. Denn vor dem Tor befindet sich eine Anzahl schrecklich aussehender Dämonen (Raksasa), die allein die Aufgabe haben, ihre Artgenossen derart zu erschrecken, dass sie sich erst gar nicht trauen, den Tempelbezirk zu betreten.

Bale Ein Bale, innerhalb einer Tempelanlage oft mehrfach vorhanden, ist ein an den Seiten offener **Pavillon**. Steht das Bale in einem Pura Desa (einem der drei Dorftempel), wird es Bale Agung genannt und dient den Dorfältesten als Versammlungsort. Innerhalb größerer Tempelanlagen gibt es mehrere Bales, in denen u. a. die Opfergaben für ein Tempelfest vorbereitet werden.

Gedong Ein Gedong ist entweder ein geschlossenes kleines Gebäude (Gedong Penimpanan) oder ein großes Gebäude (Gedong Agung). In einem Gedong Penimpanan wird alles aufbewahrt, was geeignet ist, Göttern und Gottheiten während ihres Besuches auf der Erde Unterschlupf zu gewähren. Das kann eine kleine Statue ebenso sein wie eine kunstvoll geschnitzte Maske oder auch ein Kris (Dolch). In einem Gedong Agung werden hingegen die Ahnen verehrt.

Padmasana Unterschiedlich ist die Anordnung der Sitzgelegenheiten für die Götter. Während der steinerne, reich verzierte Thron in Südbali in der nordöstlichen Ecke steht, befindet er sich in Nordbali an zentraler Stelle. Das ergibt sich aus der Tatsache, dass die Rückenlehnen stets in Richtung des heiligen Berges Gunung Agung ausgerichtet sein müssen.
Auch der **Götterthron** ist dreiteilig: Die unterste Ebene symbolisiert die Unterwelt, die mittlere die Mittelwelt und die oberste den Berg Meru. Der höchste Thron im Jeroan gehört Gott Shiva, der auf Bali den Namen Sangyang Widi trägt und als solcher die Erde besucht. Sind weitere Sitzgelegenheiten vorhanden, gehören sie verschiedenen Gottheiten unterschiedlichen Ranges. Sitzgelegenheiten für Götter bzw. Gottheiten sind übrigens nicht etwa Symbole für den Gott oder die Gottheit, sondern deren Eigentum.

Meru Als Symbol für den Weltenberg Meru, den Sitz aller hinduistischen Gottheiten, dient die gleichnamige **Stufenpagode** im innersten Tempelbezirk. Sie besitzt stets mehrere Dächer (Tumpang), die entweder mit Palmblättern, Reisstroh oder manchmal auch nur mit Wellblech gedeckt sind.

Pelinggih Nur einmal im Jahr, nämlich am Odalan-Fest (s. S. 42), verlässt der Gott, der den Tempel ständig bewohnt, das Pelinggih, einen **Götterschrein** mit einem oder zwei Dächern. Über ihm erheben sich bis zu elf Stufendächer (Tumpang); auch diese symbolisieren den Berg Meru. Weitere Pavillons, Schreine, Opferaltäre und Pagoden in unterschiedlicher Zahl vervollständigen die Anlage.

Kulkul Der **Glockenturm** befindet sich in der Regel im ersten Hof einer Tempelanlage. Von hier werden die Gläubigen zu Versammlungen und Festen in das Heiligtum gerufen. Dabei schlagen zwei Männer, manchmal auch Knaben, im Takt mit Klöppeln auf längliche Klangkörper aus Holz (seltener auf einen Gong oder ein Metallofon).

Plastik · Malerei

Vom Hinduismus belebt

Ob es auf Bali in vorhinduistischer Zeit ausgeprägte Formen einer plastischen Kunst gegeben hat, ist nicht sicher. Forscher waren bislang der Meinung, dass altbalinesische Kultstätten eher schmucklos waren. Fundstücke aus neuerer Zeit beweisen jedoch, dass es die Bewohner der Insel durchaus verstanden, verehrungswürdige Personen zunächst der buddhistischen, später der hinduistischen Religion in plastischer Form, vorwiegend als Reliefs, darzustellen. Mit dem Einfluss des Hinduismus auf die balinesische Kunst – auf der Nachbarinsel Java verfolgte Hinduisten, unter ihnen auch Priester und Künstler, suchten im 15. und 16. Jh. auf Bali Zuflucht – stieg die Vielfalt der gestalterischen Mittel und die Verwendung javanischer Elemente nahm zu.

Seit jener Zeit tritt die Darstellung der Gottheiten in den Vordergrund; in der plastischen Kunst Balis bedeutet dies eine höchst kunstvolle Ergänzung des Flach- und Hochreliefs durch die Vollplastik nach indischem Vorbild. In der konsequenten Weiterentwicklung des Reliefs wird die Liebe der Balinesen zur üppig wuchernden Ornamentik deutlich. Erst in der Wiederholung des Details wird das javanisch-hinduistische zum eindeutig klassifizierbaren balinesischen Relief.

Im Dorf Batubulan werden Skulpturen in einer immensen Vielfalt an Formen und Größen für Hindutempel gefertigt.

Waren bis zur Übergangszeit zum Hinduismus z. B. die Tuffmauern um einen Tempel recht schlicht gehalten, werden sie jetzt an den Frontflächen und Ecken mit kunstvoll und detailreich gearbeiteten Versatzstücken verziert. Diese bestehen in erster Linie aus Dämonen- und Hexenfratzen, denen die Aufgabe zukommt, ihresgleichen zu erschrecken und vom heiligen Bezirk fernzuhalten. An anderen Stellen werden Szenen aus den Epen Ramayana bzw. Mahabharata, aber auch aus dem Leben der balinesischen Bevölkerung dargestellt.
Die Plastik der Neuzeit lehnt sich eng an die Vorbilder aus früheren Jahrhunderten an. Eine künstlerische Weiterentwicklung findet allein schon deshalb kaum statt, weil es gilt, vom Zahn der Zeit zerstörte Statuen und Skulpturen durch neue zu ersetzen.

Altbalinesische Malkunst

Die Malerei auf Bali weist nach wie vor volkstümlich-schlichte Züge auf. Nur wenige Zeugnisse sind aus alter Zeit erhalten, da die Balinesen vorwiegend wenig haltbares, textiles Material bemalten. Als Vorlagen dienten Szenen, die auch beim balinesischen **Schattenfigurenspiel** (Wayang Kulit) Verwendung fanden. Die verwendeten Farben (warme Töne wie Rot, Orange, Ocker, Gelb und ein lichtes Weiß) waren rein organischer Herkunft. Eines der schönsten Beispiele findet man in der Gerichtshalle Kerta Gosa in Klungkung.

Europäische Einflüsse

Mit dem Eintreffen zahlreicher nach europäischen Vorbildern malender Künstler auf Bali um 1930 ist ein Wandel in Stil, Ausdruck und Bildinhalt unverkennbar. Eine der wichtigsten Neuerungen, die Maler wie beispielsweise **Walter Spies** (► Berühmte Persönlichkeiten), Le Mayeur, Rudolf Bonnet, Rudolf oder W. O. J. Nieuwenkamp anregten, war die Einführung der Zentralperspektive. Beschränkten sich die balinesischen Maler bis dahin auf maximal zwei Dimensionen, kam nun eine dritte hinzu. Etwa gleichzeitig wird ein Wandel beim Bildinhalt deutlich: Konnte man bis dahin Vorder- und Hintergrund kaum voneinander unterscheiden, so treten nun handelnde Personen oder Gestalten in den Mittelpunkt.
Die europäischen Maler begründeten Malschulen, in denen sie junge Balinesen zwar im Gebrauch europäischer Malutensilien unterrichteten, sie jedoch in Ausdruck und Stil nur behutsam beeinflussten. So ist zu erklären, warum die balinesische Malerei kaum etwas von ihrer gewachsenen Ausdrucksstärke und Ursprünglichkeit eingebüßt hat.

Kunsthandwerk

Holzschnitzereien

Auch die Kunst des Holzschnitzens hat auf Bali einen religiös-kulturellen Hintergrund, selbst wenn viele Gegenstände (z. B. Gefäße und Schalen) in erster Linie einen gewissen Gebrauchswert im Alltag hatten. Bekanntheit in aller Welt erreichten jedoch die überaus **kunstfertig geschnitzten Holzmasken**, die man in zwei Gruppen einteilen kann, und zwar in solche, die einen hohen religiösen Wert besitzen und schon allein deshalb kaum verkäuflich sind, und solche, die eigens für den Souvenirhandel hergestellt werden. Einen Unterschied merkt der Laie jedoch nicht, da die Bezeichnungen (z. B. Rangda-Maske) für beide Formen gilt. Außerdem gibt es eine Vielzahl verschiedener Tanzmasken, die bei der Aufführung balinesischer Tänze Verwendung finden.

Die Herstellung einer Rangda-Maske, die bei religiösen Festen, insbesondere bei Tänzen, eingesetzt wird, ist an eine Vielzahl von Bedingungen geknüpft. So darf sie beispielsweise ausschließlich aus dem Holz des Pohon-Pule-Baumes gefertigt werden; wann der Stamm aus dem Wald geholt wird, bestimmt ein Priester aufgrund einer Berechnung. Ist die Maske fertig und (ausschließlich mit organischen Farben) bemalt, sagt man ihr nach, dass alle 32 Tage heiliges Wasser (Tirtha) aus ihr fließt.

Aus Holz werden aber auch viele andere schöne Dinge hergestellt. Ganze Familien von Holzschnitzern leben von der Fertigung von zeitlos-modernen Holzfiguren. Seit den 1920er-Jahren findet man vielfach eine überschlanke Form der Figurendarstellung. Qualitätvolle Holzschnitzerei hat übrigens ihren Preis; denn die balinesische Mentalität gebietet die ausschließliche und zeitaufwendige Herstellung von Hand.

Textilien

Auch wenn die Ursprünge der **Batikherstellung** vermutlich auf Java zu suchen sind, wo heute noch die künstlerisch hochwertigsten Batiken überhaupt gefertigt werden, haben die Balinesen darin eine außerordentliche Kunstfertigkeit entwickelt. Mittlerweile gibt es in den Touristenorten auf Bali sogar Schulen, in denen man in speziellen Kursen die Herstellung einer Batikarbeit erlernen kann.

Auf Bali gibt es jedoch ein spezielles Verfahren, das zwar auf der Grundlage der Batik entstand, mit diesem aber nur wenig gemeinsam hat. Verarbeitet werden Baumwollfäden, die erst nach dem Weben gefärbt werden. Um eine differenzierte Färbung zu erreichen, werden die Partien, die keine Farbe annehmen sollen, abgebunden. Aus dieser sehr komplizierten Technik entstand auch der Name **Ikat**, es bedeutet soviel wie »abbinden« oder »knüpfen«. Man unterscheidet zwischen Kett-Ikats und Schuss-Ikats. Der Unterschied liegt darin, ob der Kettfaden (der fest auf den Webstuhl bzw. Webrahmen gespannt ist) oder der Schussfaden (den man mit dem Schiffchen durch die Kettfäden schießt) abgebunden wird.

Kunstvolle Muster werden aufgezeichnet.

Schöne Textilien bekommt man in Hülle und Fülle angeboten.

Einzig in dem balinesischen Dorf Tenganan, aber auch auf der Nachbarinsel Lombok wird ein noch komplizierteres Ikat-Verfahren angewandt, das man **Doppel-Ikat** nennt. Abgebunden werden hierbei Kett- und Schussfäden. Die Herstellung eines Doppel-Ikat-Webstückes dauert Monate, wenn nicht gar Jahre. Doppel-Ikat-Stoffen schreiben die Insulaner magische Kräfte zu.

Tanz · Musik

Ausdruckstanz

Die balinesischen Tänze sind ein überaus wichtiger Bestandteil des profanen wie des religiösen Lebens. Die vielfältigen Arten des zumeist in Form eines Ausdruckstanzes gebotenen Tänze könnte man als »gelebte Religion« bezeichnen. Kein Tempelfest findet ohne mehrere Tanzdarbietungen statt.

Balinesische Tänze werden heute auch touristen- und kameragerecht aufbereitet dargeboten. Ob das mit der Tradition noch etwas zu tun hat, mag jeder für sich selbst entscheiden. Allerdings gestaltet es sich zunehmend schwieriger, einer vom Kommerz unbeeinflussten Tanzvorführung beizuwohnen, da diese oft in eher privatem Rahmen abend oder nachts stattfinden. Eine Chance, balinesische Tänze unverfälscht zu sehen, haben Reisende, die sich abseits der Touristenpfade bewegen und etwa in einem Dorf den prinzipiell problemlosen Kontakt zu den Einheimischen aufnehmen. Oft wird man dann zu einem gerade stattfindenden Fest eingeladen. Die Termine der zahlreichen Feste und Feierlichkeiten erfährt man bei den Reiseveranstaltern bzw. an den Hotelrezeptionen.

Barong-Tanz

Der Barong-Tanz ist wohl der berühmteste unter den balinesischen Tänzen und auch der am häufigsten gezeigte. Von ihm gibt es mehrere Versionen, die sich jedoch nur in Nuancen unterscheiden. Eigentlich ist der Barong-Tanz wegen der vollständigen Geschichte, die dabei erzählt wird, eher als Drama in mehreren Akten zu sehen. Begleitet von einem Gamelan-Orchester treten nacheinander die handelnden Personen – mit Tiermasken verkleidet – auf die Bühne. Zu Anfang wird ein **Legong-Tanz** (s. S. 64) in Form eines Solos gezeigt. Die Hauptpersonen sind die **Hexe Rangda**, die mit einer handgeschnitzten und möglichst furchterregenden Fratzenmaske auftritt, und der **Barong**, eine Figur in der Gestalt eines Löwen, die von zwei Tänzern bewegt wird. Während die Hexe Rangda für das Böse steht, symbolisiert der Barong das Gegenteil – zu wessen Gunsten der Kampf ausgeht, bleibt freilich offen.

Baris-Tanz

Der Baris-Tanz wird ausschließlich von Männern aufgeführt, die dabei verschiedene Waffen tragen. Aus der ursprünglichen Form, in der es keine tragende Rolle gab, entwickelte sich im Lauf der Zeit eine Form, die das solistische Können eines einzelnen Tänzers betont. Im Mittelpunkt des Tanzes stehen die unterschiedlichen Gefühle und

Der ewige Kampf von Gut und Böse wird im Barong-Tanz dargestellt.

Regungen, die in einem Krieger vorhanden sind: Mut und Angst, Mitleid und Gefühllosigkeit gegenüber dem Feind, Freude über Sieg und Trauer über die Niederlage usw. Die begleitende Gamelan-Musik folgt beim Baris-Tanz den Bewegungen des Tänzers – nicht etwa umgekehrt.

Kebyar-Tanz Unter den Solistentänzen Balis ist der Kebyar-Tanz vielleicht der symbolhafteste; er entstand in der heute gezeigten Form etwa um 1915. Obwohl er von einem erwachsenen Mann getanzt wird, hat er die Verlockungen und Launen eines pubertierenden Jungen zum Inhalt. Dabei kommt es weniger auf das Kostüm an (in der Regel genügt ein um die Hüfte geschlungenes Tuch mit langer Schleppe), sondern mehr auf die Mimik und Gestik des Tänzers, der mit übereinandergeschlagenen Beinen auf dem Boden sitzt und nur mit dem Oberkörper und den Armen bzw. Händen »tanzt«.

Kecak-Tanz Der nur von Männern vorgetragene Kecak-Tanz ist wohl einer der eindrucksvollsten Ritualtänze, die ein Bali-Besucher erleben kann; in jedem Fall ist er der geräuschvollste. Außerdem gilt er als jüngster unter den balinesischen Tänzen; in der heute getanzten Form entstand er erst in den 1930er-Jahren. Damals wurden in die Handlung Elemente des Ramayana-Epos eingebaut. Die Anregung dazu gab vor den Dreharbeiten zu dem Film »Bali – Insel der Dämonen« der deutsche Maler **Walter Spies** (► Berühmte Persönlichkeiten). Ursprünglich wurde der Kecak-Tanz aufgeführt, um böse Geister und Dämonen auszutreiben. Dabei sitzen zwischen 70 und 100 Männer mit bloßem Oberkörper in einem spiralförmig gebildeten Kreis; sie symbolisieren das Gefolge des Affen Hanuman. Von dem Geräusch, einem durchdringenden »Tschak-tschak«, das die Männer, begleitet von beschwörenden Arm- und Oberkörperbewegungen, erzeugen, hat der Kecak seinen Namen erhalten.

Legong-Tanz Wenn der Kebyar-Tanz die Launen eines pubertierenden Jungen zum Inhalt hat, so könnte man den Legong-Tanz als das weibliche Pendant dazu verstehen. Allerdings spielt die körperliche Reifung dabei nur insoweit eine Rolle, als mit dem Eintritt der ersten Menstruation das Mädchen die Befähigung verliert, als Legong-Tänzerin agieren zu können. Ein makelloser Körper und die Jungfräulichkeit sind die Voraussetzungen dafür, dass ein Mädchen etwa im Alter von fünf Jahren den Legong-Tanz erlernen darf. Als Lehrerin fungiert dabei eine ausgebildete Tänzerin.

Wie bei vielen asiatischen Tänzen spielt beim Legong die **»Sprache der Hände und Finger«** eine wichtige Rolle. Jede Körperbewegung, jede Handstellung und jede Fingerbewegung hat ihre Bedeutung. Der Legong wird von drei Mädchen getanzt, wobei eines zunächst als Solistin auftritt. Es erzählt die Geschichte des Fürstensohns Raja Lasern, der letztlich vergeblich um die Gunst des Mädchens Rangkesari wirbt und am Ende in einer Schlacht den Tod findet. Während des Tanzes wechseln die agierenden Mädchen zwar die Rollen, jedoch nicht die Kostüme. Das ist der Grund, warum der Legong-Tanz für kulturfremde Zuschauer zwar ausgesprochen schön, jedoch nur schwer verständlich ist.

Kris-Tanz

Das wichtigste Utensil bei diesem Tanz ist der Kris (Dolch), die mit magischen Kräften versehene, von einem Schutzgeist beseelte und deshalb **»heilige« Waffe der Indonesier**. Stets handgefertigt, meist überaus fantasievoll geschmückt und verziert, ist der Kris der Stolz eines jeden Mannes auch auf Bali und ein Symbol für dessen vollwertige Mitgliedschaft in der Dorfgemeinschaft.

Kunstvoll verzierter Kris

Auf seine Herstellung spezialisierte Handwerker gehören zu den angesehensten Berufsgruppen auf Bali. Wie man einen Kris korrekt anfertigt, wird von Generation zu Generation nur mündlich überliefert. Doch selbst dann kann der angesehenste Schmied nicht tätig werden, ohne einen Brahmanen nach dem günstigsten Zeitpunkt für das Schmieden des Rohlings gefragt zu haben.

Gamelan

Typische indonesische Musikrichtung

Auf Bali gibt es kein Dorf, das nicht über ein Gamelan-Orchester verfügt, viele besitzen sogar mehrere. Unter dem Begriff Gamelan werden allerdings unterschiedlich zusammengesetzte Musikgruppen zusammengefasst. So wird beispielsweise ein nur aus wenigen Spielern bestehendes Ensemble (Gamelan Legong) ebenso als Gamelan bezeichnet wie ein vielköpfiges, manchmal **bis zu 30 oder 40 Spieler** umfassendes Orchester (Gamelan Gong). Das Gamelan findet seine Verwendung bei allem, was auf Bali gefeiert wird, ebenso bei Tanz, Drama und Schattenspiel.
Die Wurzeln der balinesischen Musik sind auf der Nachbarinsel Java zu suchen. Allerdings entwickelten sich auf Bali im Lauf der Jahrhunderte unterschiedliche Zusammenstellungen, Ausformungen und Benennungen der Instrumente.
Das Wort »Gamelan« kommt aus der altjavanischen Sprache und bedeutet soviel wie »anfassen«. Es scheint gesichert, dass etwa zum gleichen Zeitpunkt, als die Menschen in Asien die Herstellung von Bronze erlernten (etwa im 1. Jahrtausend v. Chr.), auch erste Instrumente aus diesem Metall gebaut wurden.

Musikalische Grundlage

Im Gegensatz zu der in der westlichen Musik gebräuchlichen Oktave, die in sieben Halb- und Ganztöne bzw. in zwölf Halbtonschritte unterteilt ist, basiert, wird die Oktave in der balinesischen Gebrauchsmusik in den meisten Fällen aus fünf Tönen gebildet (javanisch: Slendro). Es gibt drei Tonleitern zu je fünf Volltönen; diese fünf Töne nehmen zueinander annähernd die gleichen Abstände ein, d.h. es gibt keine Halbtöne. Außerdem gibt es Tonskalen mit sieben, sechs oder vier Tönen, die je nachdem, zu welchem Anlass das Gamelan spielt, Verwendung finden. So benutzt das bei Totenfeiern eingesetzte Ensemble Anklung eine Tonleiter mit nur vier Tönen.
Auch in der Metrik unterscheidet sich die balinesische Musik von der westlichen; im Regelfall ist das Metrum gerade und wird nur durch unterschiedliche Tempi differenziert.

Ensembles und Instrumente

Allen Formen des Gamelan ist gemein, dass die Musiker nicht nur auf einem Instrument, sondern gleich auf mehreren spielen, so etwa beim Gamelan Gong, bei dem die 30 bis 40 Spieler auf **bis zu 80 Instrumenten** musizieren. Das Instrumentarium ist sehr reichhaltig. Zu den Melodieinstrumenten zählen u.a. die Gender Panembung (bronzene Platten, die über gestimmten Röhren aufgehängt sind), Gongs in den Stimmungen hoch, mittel und tief, Bonangs (kleine, in hölzernen Rahmen aufgehängte Kessel), Bambusflöte und das Rebab (ein mehrsaitiges Streichinstrument mit gewölbtem Resonanzkörper). Der Rhythmus wird von Trommeln verschiedener Größe und Stimmung (Gendang) vorgegeben. Die Variation der von den Melodieinstrumenten vorgegebenen Tonfolgen ist Aufgabe des Gender Barung (ähnlich wie das Gender Panembung, es verfügt jedoch über mehr Oktaven) und des Tilempang, einer Art Zither.
Damit ist das zur Verfügung stehende Instrumentarium freilich längst noch nicht ausgeschöpft. Je nach Größe des Gamelan kommen die verschiedensten Instrumente hinzu, sie basieren jedoch alle auf den Materialien der zuvor genannten Instrumente.
Die Herstellung der Instrumente erfolgt stets von Hand; auch sind dabei zahlreiche von der Tradition vorgegebene Regeln einzuhalten. Besonders hoch geachtet werden alte Instrumente, die sogar als geheiligt gelten können und deshalb auch nur von wenigen auserwählten Musikanten und dann auch nur zu hohen Feiertagen und Festen bespielt werden dürfen.

Heutige Situation

Über Jahrhunderte hinweg wurden die Melodien von Generation zu Generation weitergegeben; auch heute noch pflegt man – freilich auf der Basis formaler Regeln – die freie Improvisation und das Musizieren aus dem Gedächtnis.
Zwar wurden in früherer Zeit einige Kernmelodien auf Palmblättern festgehalten, doch erst dem deutschen Maler und Musiker Walter Spies (►Berühmte Persönlichkeiten) sowie dem US-Amerikaner Colin McPhee, die sich in den 1920er- bzw. 1930er-Jahren intensiv mit der balinesischen Musik beschäftigten, ist es zu verdanken, dass etli-

Ein Gamelan-Orchester besteht zum Großteil aus Instrumenten wie Gongs, Metallofonen und Glockenspielen.

che Musikstücke für Gamelan-Orchester in einer eigens für diesen Zweck entwickelten Notenschrift niedergeschrieben wurden. Dies macht sie seither auch einem interessierten westlichen Publikum zugänglich.

Wayang · Literatur

Schattenfigurenspiel Wayang Kulit

Wenn das Schattenfigurenspiel (Wayang Kulit) auch fast über den ganzen asiatischen Kontinent verbreitet ist, so hat sich auf Bali doch eine relativ eigenständige Form entwickelt. Im Mittelpunkt des manchmal stundenlangen Spiels hinter einer weißen Leinwand, die vom flackernden Schein einer Petroleumlampe ausgeleuchtet wird, steht der Dalang genannte Akteur. Er hat die Aufgabe, die zumeist **aus gegerbtem Büffelleder gefertigten, flachen Figuren** zum Leben zu erwecken. Dabei entwickelt er eine außerordentliche Kunstfertigkeit und hantiert gleichzeitig mit bis zu zehn Figuren. Die Handlung beim Wayang Kulit fußt auf Motiven aus den indischen Epen Ramayana und Mahabharata (s. S. 70). Es ist fester Bestandteil eines

Als Schatten erscheinen die Geister der Ahnen, mythologische Helden, Götter und Dämonen beim traditionellen balinesischen Schattenspiel.

Tempelfestes, wird aber manchmal auch während der Feierlichkeiten anlässlich eines Durchgangsritus aufgeführt. Vor der Leinwand sitzt das von der Erzählung in den Bann geschlagene Publikum aller Altersstufen und folgt fasziniert, zuweilen in atemloser Spannung, den Bewegungen und zumeist in monologisierender Form gehaltenen Texten. Für die musikalische Begleitung sorgt ein Gamelan-Ensemble mit sparsamer Instrumentierung.

Maskenspiel Wayang Topeng

Topeng bedeutet Maske, und damit ist eigentlich schon gesagt, dass beim Wayang Topeng die Maske und weniger die sie tragende Person im Mittelpunkt der Handlung steht. Wenn der Tänzer die Maske aus dem Tuch nimmt, in dem sie aufbewahrt wird und sie aufsetzt, nimmt er die Rolle an, die die Maske vorgibt. Dem Moment des Aufsetzens geht deshalb eine gewisse Zeit der inneren Einkehr, der Meditation, voraus, während der sich der Maskenträger vollkommen in die Rolle einfindet. Topeng-Masken gibt es zwar auch im Souvenirhandel, doch kämen solche Masken für die Aufführung eines Wayang Topeng keinesfalls in Frage. Solche Masken gelten als beseelt und heilig, ihre Herstellung ist deshalb an streng vorgegebene Rituale geknüpft. Die Handlung eines Wayang Topeng besteht aus Geschichten aus der Zeit, als Bali noch von Fürsten regiert wurde.

Literatur

Ursprung in Indien

Die balinesische Literatur findet ihren Ursprung in der indischen Dichtung. Wie in vielen anderen asiatischen Ländern sorgten Missionare dafür, dass Geschichten, Erzählungen, Märchen und Legenden aus Indien – nicht selten freilich nur in fragmentarischer Form – auch nach Bali gelangten und von den dort lebenden Menschen nach ihrem Verständnis abgeändert wurden. Die Grundlagen des jeweiligen Werkes sind aber meist noch erkennbar.

Ramayana

Das Ramayana ist die **bedeutendste Erzählung indischer Herkunft**; bei ihr handelt es sich um eine Art ritterlicher Dichtung. Zentrales Thema der Erzählung ist der immerwährende Kampf zwischen Göttern und Dämonen. Erste Teile wurden möglicherweise schon im 3. Jh. v. Chr. aufgezeichnet; insgesamt umfasste das Werk damals 24 000 Verse. Später fügten unbekannte Chronisten zwei weitere Bücher hinzu; darin wird der Held der Erzählung zu einer Inkarnation des Gottes Vishnu. Das Ramayana gestattet jedoch nicht etwa nur eine einzige Deutung; diese sind – je nach religiöser Auffassung – regional unterschiedlich und erlauben eine Vielzahl von abweichenden Interpretationen, die oft nur noch einen Teil des ursprünglichen Handlungskerns erkennen lassen. Im Folgenden wird die auf Bali gebräuchliche Handlung erzählt.

Vishnu kommt in der Person des Rama zum siebten Mal auf die Erde und wird als einer der drei Söhne von Rajah Desarata, des Königs von Ayodhaya (einer Stadt am Fluss Sarayu in Nordindien), geboren. Rama verliebt sich in die Königstochter Sita (auch Sinta genannt) und erlangt die Gunst ihres Vaters, da er als Einziger in der Lage ist, dessen Bogen zu spannen.

Doch stellt sich nun das Problem, dass Rajah Desarata vor Jahren seiner ersten Frau versprach, ihr zwei Wünsche zu erfüllen. Obwohl er seinen Lieblingssohn Rama gern zum Nachfolger gemacht hätte, muss er sein Versprechen halten und erklärt stattdessen seinen zweiten Sohn Betara zum Thronfolger.

Noch härter trifft ihn aber die zweite Forderung, er müsse Rama auf die Dauer von 15 Jahren verbannen. Als Desarata stirbt und Betara den Thron besteigt, verlassen Rama und Sita mehr oder minder freiwillig ihre Heimatstadt, obwohl Betara zugunsten seines Stiefbruders auf Amt und Würden verzichten will.

Die schöne Sita wird aber vom Dämonenkönig Rawana entführt, der sie zwingen will, bei ihr zu leben. Rama erinnert sich nun an seine von Brahma gestellte Lebensaufgabe, den Dämonenkönig zu vernichten. Brahma hatte Rawana nämlich einst zugesichert, dass kein Gott ihn besiegen könne. Als Ausweg besann er sich jedoch auf die List, Vishnu als wiedergeborenen Menschen auf die Erde zurückkommen zu lassen.

Der Sieg über Rawana gelingt Rama nach etlichen mit Unterstützung des Affenkönigs Sukriwa und dem Affen Hanuman bestandenen

Abenteuern. Hanuman gelingt es zwar zunächst, sich in Sitas Gefängnis einzuschleichen und ihr die Nachricht zu überbringen, dass Rama unterwegs sei, um sie zu befreien. Rawana nimmt Hanuman gefangen; der kann sich aber befreien und mit seinem brennenden Schwanz den Palast anzünden. Mit Unterstützung des Meeresgottes Waruna baut einer der Affen eine Brücke vom indischen Festland zur Insel Ceylon (Sri Lanka), wohin Rama mit Sita und seinem Gefolge auch fliehen kann. Rawana verfolgt ihn jedoch und verwickelt ihn in ein sechs Tage und sechs Nächte dauerndes Gemetzel, an dessen Ende freilich Rama als strahlender Sieger feststeht. Rama und Sita kehren in ihre Heimatstadt zurück, wo sein Stiefbruder Betara ihm erneut das Amt des Herrschers anbietet. Das Volk aber ist gegen diese Verbindung, solange Sita nicht bewiesen hat, dass Rawana sie während des Kampfes nicht mit seinen schlechten Gedanken beeinflusst hat. Sie besteht die Prüfung: Zum Zeichen ihrer Unschuld entsteigt sie unverletzt einem brennenden Scheiterhaufen.

Mahabharata

Noch umfangreicher als das Ramayana ist die indische Erzählung Mahabharata. Sie umfasst 110 000 Doppelverse und **hat vermutlich einen historischen Kern**: den Kampf der Pandava (fünf Söhne des

Balinesische Tänzer während des International Ramayana Festival in Denpasar, an dem Indien, Thailand, Kambodscha, Singapur, Indonesien und die USA teilnehmen.

Königs Pandu, Herrscher über das Gebiet um das heutige Delhi). Freilich wird auch hier die eigentliche Handlung von einer großen Zahl anderer Dichtungen, Götter- und Heldensagen, Liebesgeschichten, religiösen und philosophischen Abhandlungen umrankt, die mit der Kernhandlung nur noch in losem Zusammenhang stehen.
Das Mahabharata entstand etwa zwischen dem vierten vorchristlichen und dem vierten nachchristlichen Jahrhundert. Im Hinduismus spielt der Teil des Gesamtwerkes, in dem die Geschehnisse vor der entscheidenden Schlacht zwischen den Pandava und den Kaurava erzählt werden, die wichtigste Rolle.

Berühmte Persönlichkeiten

Welchen Deutschen verschlug es nach Bali, wo er alle Instrumente eines Gamelan-Orchesters spielen lernte und später die Kunstszene stark beeinflusste? Was besagen die »Fünf Prinzipien« (Panca Sila), die Sukarno als Grundlage für die Politik Indonesiens formulierte?

Vicki Baum (1888 – 1960)

Österreichische Schriftstellerin und Musikerin

Die in Wien geborene Schriftstellerin und Harfenistin Vicki (auch Vicky) Baum kam 1935 nach Bali, als die Niederländer die Insel nach jahrelangen Auseinandersetzungen fast vollständig unter Kontrolle gebracht hatten. Fasziniert von den Menschen, die unbeeindruckt von den fremden Herren ihre eigenständige Kultur bewahrten, ließ sie sich während ihres neunmonatigen Aufenthaltes auf Bali zu dem Buch »Liebe und Tod auf Bali« inspirieren, das 1937 erschien. Es gelang ihr nicht nur, tief in die Geschichte der Insel und ihrer Bewohner einzudringen, sie **verstand auch die Mentalität der Balinesen**. Am Beispiel eines balinesischen Dorfes schildert sie, welchen Einfluss die niederländischen Kolonialherren auf das traditionell dörfliche Leben der Menschen auszuüben versuchen, was ihnen jedoch nur höchst oberflächlich gelingt. Vicki Baum starb am 29. August 1960 in Hollywood.

Antonio Maria Blanco (1926 – 1999)

Spanischer Maler

Zu den bedeutendsten Malern, die Bali zum Ort ihres künstlerischen Wirkens erkoren haben, zählte der Spanier Antonio Maria Blanco. Nach dem Schulbesuch in der philippinischen Hauptstadt Manila studierte er an der Kunstakademie in New York und lebte dann in Florida, Kalifornien, Honolulu, Oahu, Hawaii und Japan. 1952 kam Blanco zum ersten Mal nach Bali, wo sein künstlerisches und mit vielen Preisen ausgezeichnetes Werk, in dem sich **skurril-impressionistische mit erotischen Elementen** vermischen, den Sohn des Fürsten von Ubud stark beeindruckte. Dieser überließ ihm eine ehemalige Sommerresidenz inmitten einer großzügigen Gartenanlage als Wohnsitz und Atelier. Anfang der 1950er-Jahre verließ Blanco Bali, um wenige Jahre später endgültig dorthin zurückzukehren. Der Maler, der die Kunst der Selbstdarstellung geradezu meisterhaft beherrschte, war mit einer Balinesin verheiratet und hatte noch vor seinem Tod 1999 den größten Teil seines Wohnsitzes in Ubud zu einem Museum ausgestaltet.

Walter Spies (1895 – 1942)

Deutscher Maler und Musiker

Der in Moskau als Sohn einer reichen und angesehenen Kaufmannsfamilie geborene Walter Spies gehört zu den Malern, deren Werk durch den Aufenthalt auf der Insel Bali stark beeinflusst wurde. Spies lebte bis zu seinem 15. Lebensjahr in der russischen Hauptstadt und siedelte dann mit seiner Familie nach Dresden um, wo er das Gymnasium besuchte. In Berlin fand Spies Anschluss an Maler wie die Expressionisten Oskar Kokoschka oder Otto Dix, einen der berühm-

← *Mit ihrem Roman »Liebe und Tod auf Bali« eröffnete Vicki Baum einen Blick auf die exotische Kultur und Geschichte der Insel.*

testen Vertreter der Neuen Sachlichkeit, sowie an den Komponisten Ernst Krenek. 1923 verließ er Deutschland und fuhr auf einem Frachter von Hamburg nach Java, wo er in den ersten Wochen nach der Ankunft seinen Lebensunterhalt als Barpianist verdiente. Am 1. Januar 1924 ernannte ihn der Sultan von Yogyakarta zum Dirigenten seines nach westlichen Maßstäben gebildeten Hoforchesters, doch schon bald machte sich Spies einen Namen als Musikforscher. Er lernte nicht nur, alle im Gamelan-Orchester gebräuchlichen Instrumente zu spielen, sondern sammelte auch eifrig altjavanische (später auch balinesische) Kompositionen, um sie vor dem Vergessen zu bewahren. Außerdem machte er sie auf nach europäischer Tonart gestimmten Instrumenten auch der westlichen Welt zugänglich.

1925 kam Spies zum ersten Mal nach Bali, wohin er zwei Jahre später endgültig übersiedelte. Dort lebte er, fasziniert von der Landschaft und den Menschen, im Palast der kunstsinnigen Fürsten von Ubud. Später baute er ein eigenes Haus, nannte es »**Campuan**« und machte es zum **Treffpunkt zahlreicher Künstler**, die ganz oder zeitweise auf Bali lebten (u. a. wohnte ► Vicki Baum in »Campuan« und schrieb dort ihren Roman »Liebe und Tod auf Bali«). Spies beeinflusste einheimische Maler, lernte aber auch von ihnen, insbesondere von ihrer mentalen Einstellung zur Kunst.

Als 1940 deutsche Truppen in die europäischen Niederlande einmarschierten, wurden auch die deutschen Staatsbürger im damaligen Niederländisch-Indien interniert, unter ihnen Walter Spies. Als sie im Januar 1942, nur wenige Tage vor der japanischen Invasion, nach Britisch-Indien verlegt werden sollten, versenkte eine japanische Fliegerbombe das Schiff; es gab nur wenige Überlebende, Spies war nicht unter ihnen. Walter Spies wird auf Bali bis heute hoch verehrt. Einige seiner schönsten Werke sind im Neka-Museum in Ubud zu sehen.

Raden Ahmed Sukarno (1901 – 1970)

Indonesischer Politiker

Der Gründer des souveränen Staates Indonesien, Raden Ahmed Sukarno, wurde am 6. Juni 1901 in Blitar auf Java als Sohn eines javanischen Vaters und einer balinesischen Mutter geboren. Nach Schulbesuch in Surabaya und anschließendem Ingenieurstudium wandte sich Sukarno schon im Alter von 26 Jahren einer nach Unabhängigkeit strebenden Politik zu, gründete 1927 die »Partai Nasional Indonesia« (PNI) und stellte sich an ihre Spitze.

Von 1929 bis 1932 war Sukarno inhaftiert und wurde 1933 von der niederländischen Kolonialregierung auf die Insel Flores, 1938 nach Sumatra verbannt; 1942 von den Japanern befreit, arbeitete er mit diesen zusammen für die Unabhängigkeit seines Landes: Sukarnos erklärtes Ziel war es, **das Joch der Kolonialherrschaft abzuschütteln**. Die größte Schwierigkeit bestand darin, alle Provinzfürsten davon zu überzeugen, dass ein gemeinschaftliches Handeln zur Gründung eines einheitlichen Staatsgebildes notwendig war. Dies gelang ihm am 17. August 1945, als er gemeinsam mit Mohammed Hatta, einem

Weggefährten aus der gegen die Niederländer kämpfenden Untergrundbewegung, den Staat Indonesien ausrief, der jedoch erst 1949 von den Niederlanden anerkannt wurde. Während Sukarno das Prinzip der »gelenkten Demokratie« mit einem mächtigen Mann an der Spitze verwirklichen wollte, bevorzugte Hatta eine Demokratie nach westlichem Vorbild.

Sukarno bei einer Vorlesung an der TU Berlin (1956)

Sukarno war stets darum bemüht, zwischen den politischen und gesellschaftlichen Gruppierungen Indonesiens ein gewisses Gleichgewicht zu schaffen und zu erhalten. Die Grundlage hierfür bildeten die von ihm formulierten Fünf Prinzipien (**Panca Sila**), in denen er eine Verbindung zwischen hindu-javanischen, islamischen und sozialistischen Wertvorstellungen herzustellen versuchte (Glaube, Nationalismus, Demokratie, Menschlichkeit, eine gerechte und wohlhabende Gesellschaft).Diese Basis einer dynamischen Gesellschaft, die ihre Grundsätze immer wieder diskutieren und neu festlegen soll, ist auf unzähligen Denkmälern, Mauern und Plakaten im ganzen Land zu sehen und soll alle Indonesier an die gemeinsame Nation erinnern.

Während Sukarnos Regierungszeit nahm der Einfluss der kommunistischen Parteien in vielen asiatischen Ländern zu. Gegen Ende der 1950er-Jahre näherte sich Sukarno der Volksrepublik China an und ging etwa ab 1963 auf Distanz zum westlich orientierten Malaysia. Undurchsichtig blieb seine Rolle während eines von den Kommunisten inszenierten und blutig niedergeschlagenen Putschversuches 1965, was dann auch eine der Ursachen für Sukarnos Sturz zwei Jahre später war.

Zunächst beschnitt man seine Rechte als Staatspräsident, 1967 setzte ihn General Suharto ab und stellte ihn unter lebenslänglichen Hausarrest. Raden Ahmed Sukarno starb am 21. Juni 1970 in Djakarta.

Praktische Informationen

WAS IST JAMU? WIE VERHALTE ICH MICH IN EINEM TEMPEL? WANN BEGEGNET MAN EINEM OGGO-OGGO? WAS ÜBERRASCHT BEIM VERZEHR EINER DURIAN? HERRSCHT AUF BALI LINKSVERKEHR? ZU DIESEN UND VIELEN ANDEREN FRAGEN BIETET DAS FOLGENDE KAPITEL AUSKÜNFTE.

Anreise · Vor der Reise

Nach Bali

Mit dem Flugzeug aus Europa

Die Anreise von Mitteleuropa nach Bali erfolgt üblicherweise mit dem Flugzeug. Flugverbindungen bestehen u. a. von Frankfurt a. M., München, Wien, Zürich, Amsterdam und London nach Denpasar; die wichtigsten Luftfahrtunternehmen sind Qatar Airways, Cathay Pacific, Malaysia Airlines, Singapore Airlines, KLM, Thai Airways und Qantas. Die Gesamtentfernung beträgt rund 13 500 km Luftlinie; die Distanz wird in etwa 14 Stunden reiner Flugzeit bewältigt. Dabei sind meist Zwischenlandungen in Doha, Bangkok, Kuala Lumpur, Singapur oder Jakarta vorgesehen, die bisweilen zu (preisgünstigen) kurzfristigen Aufenthalten, sog. **Stopovers**, genutzt werden können. Die zuvor genannten Fluggesellschaften verkehren auf zahlreichen Strecken im asiatischen Raum, sodass die Anreise nach Bali auch von allen großen Städten in Ost-, Süd- und Südostasien möglich ist. Die Preise für einen Linienflug von Mitteleuropa nach Bali und zurück in der Economy-Klasse betragen ungefähr 850 Euro. Als deutlich günstiger erweisen sich neben kompletten Pauschalreisen diverse Spartarife, über die die Webseiten der einzelnen Fluggesellschaften informieren. Eine Flughafensteuer von 150 000 Rp. muss bei der Ausreise bezahlt werden.

Mit Bahn und Fähre von Java

Die Anreise nach Bali ist (weitgehend) auf dem Landweg von der indonesischen Insel Java her möglich, jedoch mit erheblichem Zeitaufwand verbunden. Von Jakarta und Yogyakarta verkehren regelmäßig Züge bis zum Fährhafen Ketapang (unweit nördlich von Banyuwangi) am Ostende von Java (Fahrtzeit ca. 16 Std.). Dort muss man umsteigen auf die täglich in kurzen Abständen verkehrende Autofähre nach Gilimanuk an der Westspitze von Bali (Überfahrt in ca. 30 bis 45 Min.). Da es auf Bali keine Bahn gibt, geht es weiter per Bus.

Nach Lombok

Mit dem Flugzeug

Die Anreise nach Lombok erfolgt am besten von Bali. Zwischen dem Flughafen Ngurah Rai (auf Bali; südwestlich von Denpasar) und jnem auf Lombok (nordwestlich von Mataram) verkehren täglich mehrmals Flugzeuge der Regionalgesellschaft »Merpati«. Die Flugzeit beträgt nur ca. 25 Minuten, der Flugpreis ist sehr niedrig.

Auf dem Seeweg

Zwischen Padang Bai (auf Bali; östlich von Klungkung) und Lembar (auf Lombok; südlich von Mataram) verkehren tgl. dreimal Fähren. Die Überfahrt dauert ca. vier Stunden. Schneller sind die Mabua-Express-Jumbofähren, die nur die Hälfte der Zeit benötigen.

← *Buntes Fischerboot am Strand von Sanur*

Reisedokumente

Reisepass

Deutsche, österreichische und schweizerische Staatsangehörige benötigen für Indonesien einen Reisepass, der über den Zeitpunkt der Einreise hinaus noch sechs Monate gültig sein muss. Es empfiehlt sich, von den Reisedokumenten Fotokopien anzufertigen und diese getrennt aufzubewahren. Im Verlustfall erleichtern diese Kopien die Beschaffung von Ersatzpapieren wesentlich.

Aufenthaltsgenehmigung

Die Aufenthaltsgenehmigung (Visum) wird bei der Einreise in den Reisepass eingestempelt; sie gilt für 30 Tage, Kosten zurzeit 25 US-$ (bar zu zahlen in US-$, Euro können getauscht werden). Ein Visum für einen längeren Aufenthalt muss vor der Reise bei der Botschaft beantragt werden. Darüber hinaus verlangen die indonesischen Behörden den Nachweis, dass man über eine bezahlte Flug- oder Schiffspassage für die Rück- oder Weiterreise verfügt.

Impfvorschriften

Ein Nachweis von Schutzimpfungen (Impfpass) ist bei der direkten Einreise von Westeuropa derzeit nicht notwendig. Bei Zwischenaufenthalten in Infektionsgebieten – verschiedene afrikanische Länder sowie Indien, Nepal, Myanmar, Sri Lanka u. a. – sollte man sich vorher bei den indonesischen Botschaften bzw. Konsulaten (►Auskunft) nach den aktuellen Bedingungen erkundigen. Gelegentlich wird – auch nachdem die Weltgesundheitsorganisation die Erde für pockenfrei erklärt hat – eine Pockenschutzimpfung verlangt, die nicht älter als drei Jahre sein darf. Eine Impfung gegen Cholera und die Einnahme eines Medikamentes zur Vorbeugung gegen Malaria empfehlen sich bei Reisen außerhalb der Touristengebiete (Rundreisen) sowie bei einem Aufenthalt in der Regenzeit.

Zollbestimmungen

Einreise nach Indonesien

Zollfrei dürfen eingeführt werden: Güter des persönlichen Bedarfs in angemessenem Umfang, Zigaretten (höchstens 200 Stück), 50 Zigarren, 100 g Tabak, 2 l Wein oder Spirituosen, zwei Fotoapparate samt Filmen, eine Film- bzw. Videokamera. Die Einfuhr von Drogen, kommunistischer Literatur und pornografischem Schriftgut ist grundsätzlich verboten, ebenso der Import von Jagdwaffen und Munition. Die Zollabfertigung von Bali-Besuchern wird im Allgemeinen zügig durchgeführt.

Ausreise aus Indonesien

In Indonesien gekaufte Verbrauchsgüter und Souvenirs dürfen in beliebigem Umfang ausgeführt werden. Der Export von Antiquitäten unterliegt besonderen Bedingungen (►Shopping). Beschränkt ist die Ausfuhr von indonesischer Währung (►Geld).

Wiedereinreise nach D und A

Verboten ist die Einfuhr von Pflanzen, Tieren bzw. Produkten aus Pflanzen und Teilen von Tieren, die nach dem CITES-Abkommen

Zu den beliebtesten Reiseandenken gehören neben Schattenspielfiguren, Ikat- und Batikstoffen die kunstvollen Holzschnitzarbeiten.

(auch bekannt unter dem Begriff »Washingtoner Artenschutzabkommen«) geschützt sind. Dazu zählen – Bali und Indonesien betreffend – Korallen (insbes. die Schwarze Koralle), Reptilien (bes. Geckos), Schildkröten (auch Schildpatt), Vögel sowie Produkte aus geschützten Pflanzen. Wer mit dem Flugzeug oder Schiff aus Nicht-EU-Staaten in die Europäische Union (EU) einreist, kann Reiseandenken und Geschenke bis zu einem Gesamtwert von 430 € einführen, ohne zusätzlich Mehrwertsteuer zu bezahlen. Ferner können Personen über 15 Jahre 500 g Kaffee oder 200 g Pulverkaffee, 50 g Parfüm und 0,25 l Eau de Toilette sowie Personen über 17 Jahre 1 l Spirituosen mit mehr als 22 Vol.-% Alkoholgehalt oder 2 l Spirituosen mit maximal 22 Vol.-% Alkoholgehalt oder 2 l Schaumwein und 2 l Wein sowie 200 Zigaretten oder 100 Zigarillos oder 50 Zigarren oder 250 g Rauchtabak mitbringen.

Wiedereinreise in die Schweiz

Abgabenfrei sind Reiseproviant sowie gebrauchtes persönliches Reisegut; außerdem an Tabakwaren (für Personen ab 17 Jahre) 200 Zigaretten oder 50 Zigarren oder 250 g Rauchtabak, an alkoholischen Getränken (ebenfalls nur für Personen ab 17 Jahre) 2 l mit bis zu 15 Vol.-% Alkoholgehalt und 1 l mit mehr als 15 Vol.-% Alkoholgehalt; ferner Geschenke im Gegenwert von bis zu 300 (bzw. bei Personen unter 17 Jahre bis zu 100) Schweizer Franken.

Auskunft

Seit Kurzem ist Indonesien wieder durch eine Repäsentanz im deutschsprachigen Raum vertreten. Eine Fülle von Informationen, persönliche Reiseberichte und Hotelverzeichnisse über bzw. in Indonesien und Bali findet man auch im Internet.

WICHTIGE ADRESSEN

INFORMATIONEN

► **Visit Indonesia Tourism Office**
Postfach 221308, 80503 München
Goethestr. 66, 80336 München
Tel. 089/590 439 06
www.tourismus-indonesien.de
www.my-indonesia.info

► **für D, A und CH**
Hotline Tel. (0049 89) 59 04 39 06
indonesien@mkadvertising.de

► **Bali-Website auf Deutsch**
www.balitourismboard.de

AUSKUNFTSSTELLEN AUF BALI BZW. LOMBOK

► **Bali Tourism Board**
Jl. Raya Puputan 41
Renon, Bali 80235
Tel. (03 61) 22 56 49
Fax 23 92 00
www.balitourismboard.org

► **Bali Government Tourism Office**
Jl. Bana Sari 7, Niti Mandala
Renon, Denpasar 80235
Tel. (03 61) 75 40 92

► **Provincial Culture and Tourism office of West Nusa Tenggara**
Singosari 2, Ampenan, Mataram
Tel. (03 70) 63 27 23
Fax 63 58 74
www.visitlomboksumbawa.net

DIPLOMATISCHE UND KONSULARISCHE VERTRETUNGEN

► **Vertretungen der Republik Indonesien in Deutschland**
Botschaft:
Lehrter Str. 16–17, 10557 Berlin
Tel. (030) 47 80 70
www.indonesian-embassy.de
Generalkonsulate:
Zeppelinallee 23, 60325 Frankfurt
Tel. (069) 247 09 80
www.indonesia-frankfurt.de
Bebelallee 15, 22299 Hamburg
Tel. (040) 51 20 71, Fax 511 75 31
Weitere Konsulate unter:
www.indonesian-embassy.de

► **in Österreich**
Botschaft:
Gustav-Tschermak-Gasse 5–7
1180 Wien, Tel. (043-1) 47 62 30
www.kbriwina.at

► **in der Schweiz**
Botschaft:
Elfenauweg 51, 3006 Bern
Tel. (03-1) 352 09 83
www.indonesia-bern.org

► **Vertretungen auf Bali**
Die offiziellen Vertretungen Deutschlands (www.jakarta.diplo.de), Österreichs (www.bmeia.gv.at) und der Schweiz (www.eda.admin.ch/jakarta) befinden sich in Jakarta.

In Notfällen kann man auf Bali mit einem der folgenden Konsulate in Kontakt treten:

Deutsches Honorarkonsulat
Jl. Pantai Karang 17
Batujimbar-Sanur
Tel. (03 61) 28 85 35
germanconsul@bali-ntb.com

Konsulat (Schweiz und Österreich)
Kompleks Istana Kuta Galleria
Blok Valet 2 No. 12
Jl. Patih Jelantik, 80361 Kuta
Tel. (03 61) 75 17 35

Mit Behinderung unterwegs

Große Reiseveranstalter erteilen Auskunft über die Reisemöglichkeiten für Behinderte. Verkehrsmittel auf Bali sind nur in Ausnahmefällen behindertengerecht ausgerüstet; man kann jedoch mit der Hilfe Einheimischer rechnen. Die meisten Sehenswürdigkeiten, insbesondere die Tempelanlagen, können im Regelfall auch von Rollstuhlfahrern besichtigt werden.
Vor allem die größeren Hotels sind auf die Bedürfnisse behinderter Personen vorbereitet. Eine Aufstellung von Unterkünften, die das Prädikat »behindertengerecht« verdienen, gibt es aber nicht.

► **BSK-Reise-Service**
Postfach 20
74236 Krautheim / Jagst
Tel. (062 94) 42 81-0
Fax 42 81 79
www.bsk-ev.de

► **Verband aller Körperbehinderten Österreichs**
Schottenfeldgasse 29
1170 Wien
Tel. (01) 914 55 62
www.wien.gv.at

► **Mobility International Schweiz**
Amtshausquai 21
4600 Olten
Tel. (062) 2 12 67 40, Fax 212 67 39
www.mis-ch.ch

► **BAG des Clubs Behinderter und ihrer Freunde e. V.**
Langenmarckweg 21
51465 Bergisch Gladbach
Tel. (022 02) 989 98 11
Fax 989 99 10
www.bagcbf.de

Elektrizität

Das Stromnetz auf Bali führt überall 220 Volt Wechselspannung (50 Hertz). Mit Stromschwankungen ist zu rechnen. Adapter sind nicht erforderlich.

Essen und Trinken

Indonesische Küche

Die indonesische Küche ist recht **abwechslungsreich und voller Überraschungen**. Obwohl sie seit langer Zeit kulinarische Eigenständigkeit erlangt hat, vereinigen sich in ihr deutlich erkennbare chinesische, malaiische und indische Einflüsse. Bei der Zubereitung der Speisen wird eine **breite Palette von Gewürzen** (Chili, Koriander, Kreuzkümmel, Curry, Ingwer, Knoblauch) verwendet, wobei die Geschmacksrichtungen von mild über süß-sauer bis zu äußerst scharf reichen. Weit verbreitet ist eine Art Gewürzpaste (**Sambal**) aus getrockneten und dann zerriebenen roten Pfefferschoten, Tomaten, Chilis, Zwiebeln, Knoblauch und Salz sowie Speiseöl als Bindemittel.

Restaurants

Neben der indonesischen Küche, die in zahllosen Restaurants (»Rumah Makan«) angeboten wird, hat sich v. a. in den von Touristen frequentierten Orten auf Bali und Lombok die internationale Küche etabliert. Ob ein »Wiener Schnitzel« freilich so schmeckt wie in der österreichischen Hauptstadt selbst, ist fraglich. Die indonesische Küche ist jedoch so vielfältig und gut, dass man auch ohne europäische Gerichte auskommt. In Restaurants der gehobenen Klasse ist es empfehlenswert, einen Tisch im Voraus zu bestellen. Es ist üblich, dass man nach dem Betreten des Lokales darauf wartet, vom Kellner einen Platz zugewiesen zu bekommen. Die für viele Länder Asiens typischen **Garküchen** werden auf Bali »Warung« genannt. »Warung Makan« ist eine einfache, zur Straße hin offene Gaststätte, wo kleine Gerichte, v. a. Suppen, angeboten werden. Hygiene ist dort allerdings nicht immer gewährleistet.

i Preiskategorien Restaurants

- Fein & teuer: ab 15 Euro
- Erschwinglich: 7 – 15 Euro
- Günstig: 3 – 7 Euro (für eine Mahlzeit)

Speisen

Reis, Gemüse, Fisch und Fleisch

Wichtigster Bestandteil der Hauptmahlzeiten ist der Reis (gekocht: Nasi Putih; gebraten: Nasi Goreng), zu dem stets frisches, variantenreich zubereitetes Gemüse, Fisch, Meeresfrüchte und/oder gebratenes Fleisch (Rind, Schwein, Geflügel) gereicht wird. Manchmal gibt es Nudeln; eher selten – und in der indonesischen Küche eigentlich unbekannt – sind Kartoffeln, die nur bei Gerichten der sog. internationalen Küche vorkommen.
Berühmt ist die **Indonesische Reistafel**, eine Zusammenstellung mehrerer Gerichte, die im häuslichen Kreis nur zu hohen Feiertagen aufgetragen wird. Die Speisenfolge beginnt stets mit einer Gemüsesuppe. Basis der Tafel ist der Reis; dazu gibt es verschieden zubereitetes Fleisch, Gemüse, Fisch, Meeresfrüchte und Eier mit scharfen bis süß-sauren Saucen, ferner Obst, Nüsse, Kokosmark, Kroepoek und vieles mehr.

Suppen

Baso heißt eine Suppe, die aus einer scharfen Brühe besteht, in die Reisnudeln, Gemüse und Fleischstückchen gegeben werden. **Bubur Ayam** ist eine gebundene Reissuppe mit Hühnerfleisch, **Bakmi Kuah** eine einfache (meist scharfe) Brühe mit Gemüse und Nudeln, **Soto Babad** eine Suppe mit Rindfleisch und Gemüse. Bei großer Hitze genügt als Tagesmahlzeit oft aber schon eine Portion **Capcay Kuah** (Kohlsuppe).

Die leckeren Satayspießchen werden meist mit einer würzigen Erdnusssauce serviert.

Fleischspießchen Eine kleine Zwischenmahlzeit, aber auch ein wichtiger Bestandteil der Indonesischen Reistafel sind die **Satay** (Sate) genannten Fleischspießchen: Rind-, Lamm- und Schweinefleisch (zuweilen auch Innereien) wird auf einen Holzspieß gesteckt und über einem Holzkohlenfeuer gegrillt. Ist das Fleisch gar, taucht man den Spieß kurz in eine Sauce, der gemahlene Erdnüsse beigegeben werden.

Hauptgerichte Gut und nahrhaft ist das **Nasi Goreng** genannte Hauptgericht, dessen Herstellung einfacher ist, als es der exotische Name vermuten lässt: Gekochter Reis wird gebraten; dazu gibt man Gemüse, in Öl gedünstete Zwiebeln sowie Streifen von Rind- oder Schweinefleisch; gewürzt wird mit klein geschnittenen Pfefferschoten und Chilis. Auf Java ist eine Abwandlung des Nasi Goreng unter dem Namen Bami Goreng bekannt; statt Reis werden dort Nudeln verwendet.
Beliebt sind auch gebratenes Huhn (**Ayam Goreng**), Schweinefleisch (**Kolo Bak**) oder Spanferkelfleisch (**Babi Kecap**) in süß-saurer Sauce. Sehr schmackhaft ist **Babi Guling**, eine balinesische Spezialität: Ein Spanferkel wird über offenem Feuer gegrillt; als Beilage gibt es Reis. Recht schmackhaft ist **Bebek Betutu** (in Bananenblättern gegartes Entenfleisch) oder **Bebek Panggang** (gegrilltes Entenfleisch). Inspiriert von der chinesischen Küche ist das **Cap Cai**, eigentlich eine Abwandlung des weltbekannten Chop Suey: Fleisch und Gemüse wird in mundgerechte Portionen geschnitten, in einer Pfanne kurz angebraten und mit Reis serviert.

Unter Martabak versteht man Pfannkuchen, die mit Lammfleisch, Zwiebeln und Gewürzen gefüllt, zusammengelegt und auf beiden Seiten kurz angebraten werden. Eine Spezialität der indonesischen Küche ist Kroepoek: Das sind in Öl kross gebackene Fladen aus Tapiokamehl und Fisch oder Krabbenfleisch.

Pfannkuchen und Kroepoek

Zum Nachtisch werden gern panierte und gebratene Bananen (Pisang Goreng) oder Reispudding gereicht. Acar ist ein saures Dessert aus Cornichons, kleinen Zwiebeln, süß-sauer eingelegtem Ingwer und gerösteten Erdnüssen.

Dessert

Früchte

Auf Bali ist die **Kunst der Obst- und Gemüseschnitzerei** weit verbreitet. In den Küchen großer Hotels gibt es spezialisierte Mitarbeiter, die wahre Meister im Gestalten von Früchten und Gemüse sind.

Kunstvolle Präsentation

Aromatische Früchte

Ananas (Nanas) gibt es frisch von April bis Juli. Einige Sorten werden vor Ort üblicherweise in angegorenem Zustand verzehrt, was abführende Wirkung haben kann. **Bananen** (Pisang) gibt es das ganze Jahr über. Sie werden mit süßer Kokosmilch getränkt und gegrillt. Tipp: Je kleiner die Banane, desto süßer schmeckt sie.

Wenn auch für Europäer etwas gewöhnungsbedürftig, gilt doch das etwas mehlige Fleisch der **Durianfrucht** – wegen ihres unangenehm strengen Geruches auch Stinkfrucht genannt – bei den Asiaten als Delikatesse (reif von April bis Juni).

Dagegen ist die **Jackfrucht** (Nangka), eine bis mehrere Kilogramm schwere, rundliche Frucht, süß und aromatisch. Sie wird in Scheiben geschnitten und auf Eis serviert (August bis September). Verbreitet ist auch die gelbgrüne bis dunkelblaue, ovale **Passionsfrucht** (Grenadille; bis 20 cm lang). Ihr saftiges, geleeartiges Fruchtfleisch wird ausgelöffelt und schmeckt säuerlich-süß.

Das Fruchtmark der hartschaligen **Kokosnuss** (Kelapa) wird nach dem Abgießen der Kokosmilch (s. Getränke: Fruchtsäfte) mit einem schmalen Löffel herausgelöst. **Limonen** sind die einheimische Alter-

native zur Zitrone; es gibt sie das ganze Jahr über. Die größeren, gelben Zitronen müssen importiert werden und sind daher recht teuer. **Lychees** werden weniger auf Bali, eher in anderen Landesteilen Indonesiens angebaut. Das helle Fleisch der – wenn reifen – außen rötlichen Frucht schmeckt süß und frisch (Mai bis August). Neben Ananas ist die **Mango** (Mangga) bei Touristen wohl die beliebteste Tropenfrucht; nur bei voller Reife (gelbe Schale; begrenzt haltbar) ist sie süß, saftig und aromatisch. Sie wird in der Mitte zerteilt, das Fruchtfleisch ausgelöffelt oder ausgesogen (März bis Juni).
Orangen haben in Indonesien eine dünne, grüne Schale; bei gelber Färbung sind sie besonders süß. **Grapefruits**, meist mit dem wohlschmeckenden rosa Fruchtfleisch und das ganze Jahr über frisch, werden gern mit einer Prise Salz gegessen. **Papaya**, die Frucht des Melonenbaumes, beim Hotelfrühstück in Hälften mit einer halben Zitrone serviert, ist die billigste aller asiatischen Früchte und an jedem Marktstand das ganze Jahr über zu haben. – Vorsicht! In größeren Mengen genossen ist die Papaya ein sicheres Abführmittel. Die kleine, rote und außen mit langen Härchen besetzte **Rambutanfrucht** eines Seifenbaumgewächses schmeckt ähnlich wie ein Weintraube. Der **Rosenapfel** hat oft die Form einer Birne mit einer rostfarbenen, wachsartigen Schale und porösem, hellem Fruchtfleisch; beides ist essbar. Da die Frucht einen etwas säuerlichen Geschmack hat, wird sie vorzugsweise mit Zucker und einer Prise Salz gegessen (Januar bis März).

Getränke

Bei den hohen Temperaturen auf Bali empfehlen Tropenmediziner, **täglich mindestens zwei bis drei Liter Flüssigkeit** zu sich nehmen. In welcher Form man die durch Transpiration verlorene Flüssigkeit dem Körper wieder zuführt, sei jedem selbst überlassen. Absolut falsch wäre es aber, dies mit alkoholhaltigen Getränken zu tun. Die tropische Hitze verstärkt die unliebsamen Nebenwirkungen des Alkohols. Als Durstlöscher bieten sich Mineralwasser, Tee oder Fruchtsäfte an. Besonders erfrischend sind die Säfte von Ananas (Air Jeruk) und Kokosnuss (Es Kelapa Muda).

Tee und Kaffee

Das indonesische Nationalgetränk ist der Tee. Er wird zur Erfrischung eisgekühlt (Teh Es) oder zum Essen warm (Teh Panas) gereicht. Vorsicht: Manchmal wird Tee mit Eiswürfeln gekühlt; bei Bedenken hinsichtlich der Hygiene empfiehlt es sich, auf das Eis zu verzichten. Kaffee wird auf türkische Art zubereitet und als Mokka samt dem Kaffeesatz serviert.

Bier

Bier (Bir) wird in Indonesien u. a. in deutscher, niederländischer und dänischer Lizenz gebraut und trägt die entsprechenden international bekannten Namen. Im Lokal heißt ein großes Bier »Bir Besar«, ein kleines »Bir Kecil«; in Supermärkten wird Bier in großen und kleinen Flaschen verkauft. Verglichen mit den von zu Hause gewohnten Preisen ist Bier – wie auch die nachstehend genannten alkoholischen Getränke – relativ teuer.

Spirituosen

Typisch indonesisch und hochprozentig ist der Branntwein Arak, der sich allerdings eher als Mischgetränk eignet, z. B. als Longdrink mit Reiswein oder Limonensaft und Honig. In Hotels sind alle gängigen internationalen Spirituosen erhältlich (oft sehr teuer).

Wein

In den ländlichen Gegenden trinkt die Bevölkerung Reiswein, Brem genannt, oder leicht säuerlichen Palmwein (Tuak) aus vergorenen Palmfrüchten.

Feiertage, Feste und Events

Feiern ist Alltag

Es ist kaum möglich, während eines Bali-Aufenthaltes keines der zahlreichen Feste miterleben zu können. Irgendwo auf der Insel findet sicherlich gerade eine Tempelgeburtstagsfeier (Odalan-Fest) statt.

Kleine Tänzerinnen am Melasti-Tag, der immer kurz vor Neujahr mit Reinigungszeremonien und Opfern am Strand oder am Ufer eines Gewässers begangen wird

Furcht erregender Oggo-Oggo

OGGO-OGGO AN NYEPI

Mit bunten Raketen, krachenden Böllern, Sekt oder Champagner – so begeht man in westlichen Ländern den Jahreswechsel. Das alte Jahr wird fröhlich verabschiedet, das neue lautstark begrüßt. Nicht so auf Bali.

Und es dürfte wohl kaum einen anderen Platz auf der Erde geben, wo der Übergang vom einen zum anderen Jahr so gefeiert wird wie auf der Insel der Götter, Geister und Dämonen. Die Balinesen begehen ihr **Neujahrsfest (Nyepi) im Frühjahr**, und zwar zum Zeitpunkt der Tagundnachtgleiche. Mit den Vorbereitungen beginnt man aber schon Wochen vor dem Kalenderdatum. Eigentlich ist es ein Wetteifern der balinesischen Jugend, ausschließlich der männlichen, untereinander. Gilt es doch, auf einem Bambusholzrahmen aus Holz und Pappmaché mit Kleister und Farbe ein noch furchterregenderes, **überdimensionales Monster (Oggo-Oggo)** zu bauen als die Burschen im Nachbardorf. Geister sind nun mal an Schreck gewöhnte Elemente; also muss der von Menschenhand geschaffene Dämon natürlich noch wilder und schrecklicher aussehen als der allerböseste Geist selbst.

Traditionen um Neujahr

Drei Tage vor dem Neujahrsfest ziehen am **Saka-Tag** Tausende von festlich gekleideten Balinesen an die Küsten der Insel und legen dort Opfer nieder, um die im Meer wohnenden Geister und Dämonen für das kommende Jahr gnädig zu stimmen. Besonders schön ist dieses Fest am Strand von Sanur zu beobachten; den Sarong zu tragen ist dem Anlass angemessen.

Am **Pengerupuk-Tag**, dem letzten Tag des Jahres, bringen die Insulaner in ihren Tempeln Reinigungsopfer dar, auf dass Bali blitzsauber werde. Schon einige Tage zuvor werden an den Straßenrändern lange, mit gelben und weißen Bändern geschmückte Bambusstangen aufgestellt, die den Göttern zeigen sollen, dass sie willkommen sind. Vor allem die Konstrukteure der Monsterfiguren fiebern schon Tage vorher den überall auf der Insel in der Neujahrsnacht angesetzten Umzügen entgegen. In Kuta und Denpasar, wo große Menschenmassen die Straßen säumen, sind diese Umzüge am größten und farbenprächtigsten. Nicht minder sehenswert und vielleicht sogar noch ein bisschen ursprünglicher sind jene in den Dörfern im Inselinneren.

In der **Neujahrsnacht** erreicht das Nyepi-Fest seinen Höhepunkt. Nach Einbruch der Dunkelheit werden, unserem Fastnachtstreiben nicht unähnlich, die zuweilen recht wackligen Oggo-Oggo-Figuren von ihren Erbauern selbst herumgetragen; voran gehen Musikanten, die ihre Instrumente ohrenbetäubend laut erschallen lassen. Der böse Geist, der davon nicht aufwacht, erschrickt und schleunigst das Weite sucht, muss schon ziemlich hartgesotten sein ...

Für gewöhnlich sind die Balinesen aber äußerst misstrauische Menschen. Weil nämlich nicht ausgeschlossen werden kann, dass der eine oder andere besonders hartnäckige Geist diese Austreibungen ignoriert, täuscht man am nächsten Tag vor, dass Bali eigentlich **gänzlich unbewohnt** sei. Deshalb darf an diesem Tag nirgends auf der ganzen Insel Feuer entzündet oder Licht gemacht werden und jedwede sichtbare menschliche Bewegung hat zu unterbleiben; jegliche Arbeit ruht. Übrigens: Auch Touristen dürfen an »Nyepi« das Hotel nicht verlassen!

Bei einer Fahrt ins Inselinnere erkennt man dies unschwer an den bunt geschmückten und geöffneten Tempeln sowie an den davor abgehaltenen Jahrmärkten.
Das ganze Jahr werden auf Bali Feierlichkeiten religiöser Art abgehalten, wobei die Gläubigen der verschiedenen Religionen tolerant und Fremden gegenüber aufgeschlossen sind. Auch die Feste und Feiertage der Andersgläubigen geben schließlich Gelegenheit zu ausgelassenem Feiern, aber auch Anlass zu innerer Einkehr. Schließlich kann der Langzeitbesucher der Insel gleich dreimal Neujahr feiern, und zwar nach westlichem, nach chinesischem und nach balinesischem Ritus.

Veranstaltungsprogramme

Einer inoffiziellen Zählung zufolge werden auf Bali das ganze Jahr über weit **mehr als tausend (!) Feste und Feiern** begangen. Da die Feste auf Bali und Lombok nach den dort gebräuchlichen drei unterschiedlichen Kalendern abgehalten werden und sich die Termine deshalb von Jahr zu Jahr verschieben, ist es praktisch unmöglich, im Voraus verbindliche Daten zu nennen.
Die Touristeninformationen sowohl in Denpasar als auch in Mataram (►Auskunft) halten aber jährlich neu erscheinende Broschüren (in englischer und deutscher Sprache) mit aktuellen Festkalenderdaten bereit. Diesbezügliche Fragen beantworten auch die Mitarbeiter an den Hotelrezeptionen. Außerdem erscheint regelmäßig das Touristenmagazin »Bali Echo« (in englischer Sprache), mit den aktuellen Veranstaltungsterminen.

Kalender

Vier Kalendersysteme

Neben dem gewohnten Gregorianischen Kalender gibt es auf Bali drei weitere Kalendersysteme: Der Uku-Kalender und der Saka-Kalender spielen eine wichtige Rolle bei der Terminierung von religiösen Festen. Aufbau und Handhabung sind jedoch so kompliziert, dass nur Brahmanen und spezielle Astrologen in der Lage sind, die mit westlicher Systematik und Logik kaum vergleichbaren Kalender zu interpretieren. Hinzu kommt der hier weniger bedeutsame islamische Kalender.
Nach dem javanisch-balinesischen Kalender – **Uku** – wird fast alles berechnet, was im Jahreslauf der Balinesen von Bedeutung ist; v. a. die »Geburtstage«: Landwirtschaftliche Geräte feiern einen solchen ebenso wie Waffen, Autos, Maschinen – und natürlich auch die Menschen. Auch die einzelnen Berufsgruppen

? WUSSTEN SIE SCHON ...?

- ... dass das balinesische Jahr nur 210 Tage hat? Die Einteilung des Jahres nach dem javanisch-balinesischen Kalenders sieht sechs Monate mit jeweils 35 Tagen vor, aufgeteilt in 30 Wochen zu sieben Tagen. Die Wochen werden Wuku genannt und jede Woche eines Jahres erhält einen eigenen Namen. In Buchläden erhältlich sind schön gestaltete Kalender, für Besucher ein exotisches und preiswertes Souvenir. Die auf den linken Seiten verzeichneten Namen geben die Wochentage wieder.

Gläubige beim Bhatara Turum Kabek in Besakih, von dem es heißt, die Götter aller balinesischen Tempel würden sich hier versammeln.

begehen ihre Geburtstagsfeste – Reisbauern wie Künstler, Handwerker wie Intellektuelle. Auf ein Segen versprechendes Datum werden zudem solche Ereignisse gelegt, die für die nach wie vor traditionell landwirtschaftlich tätige Bevölkerung von elementarer Wichtigkeit sind; so etwa der Tag, an dem die Reisernte beginnen darf, und auch jener, an dem sie enden muss. Selbstredend werden auch die günstigsten Termine für die Tempelfeste errechnet; das große Fest der Reichstempel ist das wichtigste.
Die Geburtstage lassen sich jedoch nur durch langwierige Berechnungen und Beobachtungen auf einen bestimmten Tag festlegen, der im darauf folgenden Jahr schon wieder ein ganz anderer sein kann.

Hindu-balinesischer Kalender

Der hindu-balinesische Kalender – **Saka** – ähnelt schon eher dem Gregorianischen, richtet sich aber nach dem Lauf des Mondes: Das Jahr (Caka) hat zwölf Monate zu je 29 oder 30 Tagen. Da sich aus dieser Jahresrechnung eine Differenz zum astronomischen Jahr ergibt, fügt man alle 30 Monate einen zusätzlichen Schaltmonat ein.
Die hinduistische Glaubensüberzeugung kennt eigentlich keine Zählung der Jahre, denn für den Hindu ist alles Geschehen unaufhörlich und in einen ewig wiederkehrenden Kreislauf eingebunden; also gibt es auch kein »Jahr 0«.

Islamischer Kalender Ferner gibt es auf Bali auch noch den islamischen Kalender, der dort allerdings nur eine untergeordnete Rolle spielt (eher auf Lombok). Er richtet sich ebenfalls nach dem Lauf des Mondes. Das islamische Jahr zählt 354 Tage und ist in 12 Monate zu je 29 bzw. 30 Tagen gegliedert. Auch hier wird die Differenz zum astronomischen Jahr durch die Einfügung eines Schalttages, bei dem der 12. Monat 30 statt 29 Tage hat (in 11 von 30 Jahren) ausgeglichen. Die islamische Zeitrechnung beginnt mit dem Jahr der Flucht des Propheten Mohammed aus Mekka (»Hedschra« oder »Hidschra«; 622 n. Chr. = Jahr 1).

Westliche Zeitrechnung Durchaus gebräuchlich ist im öffentlichen Leben Indonesiens – also auch auf Bali und Lombok – neben der zentralindonesischen Zeit die westliche Zeitrechnung.

VERANSTALTUNGSKALENDER

FESTE FEIERTAGE

► **1. Januar**
Neujahrstag (nach westlichem Vorbild)

► **21. April**
Kartini-Tag
(etwa vergleichbar mit dem Muttertag)

► **17. August**
Indonesischer Nationalfeiertag (Proklamasi Kemerdekaan = Erklärung der Unabhängigkeit 1945). An diesem Tag werden auf der ganzen Insel lokale Feste gefeiert.

► **1. Oktober**
Panca-Sila-Tag (Tag der Fünf Grundpfeiler). Man gedenkt der von Staatsgründer Sukarno (►Berühmte Persönlichkeiten) gehaltenen Rede, die die Präambel der indonesischen Verfassung bildet.

► **5. Oktober**
Tag der indonesischen Streitkräfte (Militärparaden u. a.).

► **25. / 26. Dezember**
Erster und Zweiter Weihnachtsfeiertag (nach westlichem Vorbild)

BEWEGLICHE FEIERTAGE

► **Januar / Februar**
Chinesisches Neujahr (erster Tag des ersten chinesischen Mondmonats).

► **März**
Nyepi (►Baedeker-Special, S. 88)

► **März / April**
Christi Himmelfahrt (bei Christen)
Große Tempelgeburtstagsfeiern (Odalan-Feste) im Pura Besakih und im Pura Batu von Kintamani

► **Juli**
Kite Festival: Drachenflugwettbewerb in Padang Galak bei Denpasar

► **September / Oktober**
Odalan-Fest im Pura Kehen von Bangli

► **Oktober / November**
Odalan-Fest im Pura Jagat Natha von Denpasar

FEIERTAGE AUF LOMBOK

Im Gegensatz zu den Verhältnissen auf Bali ist die Zahl der Feste auf der Nachbarinsel Lombok recht gering. Das liegt an dem hier dominierenden Islam, der weniger Anlässe zu fröhlicher Ausgelassenheit bietet als der Hinduismus auf Bali.

► **Weihnachten und Neujahr**
Nach westlichem Vorbild werden Weihnachten (25. Dezember) und Neujahr (31. Dezember) begangen.

► **Nationalfeiertag**
Der indonesische Nationalfeiertag wird am 17. August gefeiert (vgl. Bali).

► **Bewegliche Feste**
Islamische Feste sind Mohammeds Geburtstag und das Ende des Fastenmonats Ramadan. Einmal im Jahr treffen sich die Inselurbewohner (Sasak) in Kuta (auf Lombok) zu einem Fest, um den sagenhaften Nyale-Wurm aus dem Meer zu holen. Außerdem gibt es auf Lombok etliche Feiern, die nur im kleinen Rahmen, also in der Familie oder innerhalb der Dorfgemeinschaft stattfinden. Ein solches Fest ist z. B. angesagt, wenn ein Mädchen seine erste Menstruation hat oder ein Junge beschnitten werden soll. Die Kinder werden dann auf Holztieren durchs Dorf getragen; für die nötige Geräuschkulisse sorgen Trommeln, Pfeifen und andere Lärminstrumente.

► **Hahnenkampf**
Trotz der Tierquälerei sind auf Lombok Hahnenkämpfe (samt Wetten) sehr beliebt. Dabei werden den besonders trainierten Hähnen an den Beinen rasiermesserscharfe Klingen befestigt. Der Kampf dauert nicht selten so lange, bis einer der beiden Kontrahenten tot ist.

Geld

Währung

Die indonesische Währungseinheit heißt Rupiah (Rp.). Im Umlauf sind Münzen zu 50, 100 und 500 Rupiah sowie Banknoten im Wert von 1000, 5000, 10 000, 20 000, 50 000 und 100 000 Rupiah.

Wechselkurs

Der Wechselkurs für Banken ist amtlich festgelegt. Er gilt bei den offiziellen Wechselstellen der Bank Negara Indonesia (BNI) auf den Flughäfen genauso wie bei den Zweigstellen im Inselinneren. Hingegen ist es durchaus möglich, dass andere Wechselstuben (Money Changer) einen etwas günstigeren Wechselkurs bieten. Das wird schon nach der Ankunft am Flughafen Ngurah Rai deutlich, wo die Wechselstuben im Flughafen mitunter einen deutlich schlechteren

i Wechselkurse

- 1000 Rupiah = 0,08 Euro
  1 Euro = 12 400 Rupiah
- 1000 Rupiah = 0,11 CHF
  1 CHF = 9200 Rupiah

Kurs bieten als jene vor der Ankunftshalle. In Hotels sollte man nur im Notfall Geld umtauschen, da die Wechselkurse dort generell ungünstiger sind. Der Rücktausch von Rupiah ist übrigens nur möglich, wenn man dazu die Quittung für einen zuvor erfolgten Umtausch vorlegen kann. Nicht vergessen: Bei der Ausreise ist eine **Flughafensteuer** (Ausreisesteuer) von 150 000 Rp. (ca. 12 €) fällig.

Devisenbestimmungen ► Ausländische Zahlungsmittel können bei der Einreise in unbegrenzter Höhe mitgeführt werden. Landeswährung darf ohne Genehmigung bis höchstens 500 000 Rupiah pro Person ein- bzw. ausgeführt werden.

Zahlungsmittel Es empfiehlt sich, **Bargeld** von zu Hause mitzunehmen, um die ersten Ausgaben vor Ort (Taxi, Bus, Trinkgelder etc.) in Landeswährung begleichen zu können. Man muss jedoch unbedingt darauf achten, von der Bank im Heimatland, aber auch am Reiseziel, wirklich einwandfreie Banknoten zu erhalten, da beschädigte oder stark verschmutzte Geldscheine aller Währungen allgemein nicht akzeptiert werden.

Zudem empfiehlt sich die Mitnahme von **Reiseschecks**. Die darin eingeschlossene Versicherung hilft schnell bei Verlust oder Diebstahl, allerdings nur bei umsichtiger Handhabung (vor allem getrennte Aufbewahrung von Schecks und Kaufbestätigung).

Mit einer **Bankcard** mit einem darauf abgebildeten Maestro-Symbol erhält man überall auf Bali an Geldautomaten (Automatic Teller Machine; ATM) Bargeld.

Gängige **Kreditkarten** wie American Express, BankAmericard/Visa, Mastercard/Eurocard oder Diners Club werden auf Bali und Lombok vorwiegend in den von Touristen besuchten Gegenden akzeptiert.

Bei Verlust von Kreditkarten wendet man sich unverzüglich entweder an die Karten ausgebende Stelle im Heimatland oder an die jeweilige Vertretung.

i Kartenverlust

- Tel. (00 49) 18 05 02 10 21 (alle Bankkarten sowie Karten mit Maestro-Zeichen)
- Tel. (00 49) 11 61 16 (Bankkarten, Karten mit Maestro-Zeichen, Kreditkarten der Sparkassen und Sparda-Banken)
- Internationale Kreditkarten-Sperrnummern
  - American Express Tel. (00 49) 11 61 16
  - Diners Club Tel. (00 49) 18 05 / 33 66 95
  - Mastercard (EuroCard) Tel. (001) 63 67 22 71 11
  - Visa Tel. (001) 41 05 81 99 94
- Ansprechpartner auf Bali
  - American Express: Pacto Tour, Jl. Raya Ngurah Rai, Tel. (03 61) 28 82 47
  - Mastercard: Bank Central Asia, Jl. Raya Kuta 55, Kuta, Tel. (03 61) 76 22 47
  - Diners: Jl. Diponegoro 45, Denpasar, Tel. (03 61) 23 55 59

Banken Auf Bali und Lombok empfehlen sich die Banken Negara Indonesia (BNI), Niaga und Dagang Negara zur Erledigung aller üblichen Geldgeschäfte. Sie verfügen zumindest in den größeren Orten über Zweigstellen.

Der telegrafische Transfer von Geld zwischen Europa und Indonesien ist möglich, nimmt jedoch mindestens zwei Tage in Anspruch. Bei der Abholung des Geldes ist der Reisepass vorzulegen.

◄ Telegrafische Überweisungen

Gesundheit

Gesundheitsvorsorge

Ein Urlaub in den Tropen erfordert einige Vorbereitungen und ein bestimmtes Verhalten vor Ort, damit die Reise zu einem positiven Erlebnis wird. Generell sollte man sich rechtzeitig vor Reisebeginn mit dem Hausarzt beraten, um Risiken für die Gesundheit zu vermeiden.

Reiseapotheke

Eine weit größere Rolle als bei Reisen innerhalb Europas spielt auf einer Asienreise die Reiseapotheke, da das Infektionsrisiko höher ist. Sie sollte Schere, Splitterpinzette, Watte, zwei Mullbinden, ein Päckchen Verbandstoff, zwei Päckchen Schnellverband, Wund- und Heftpflaster, Desinfektionslösung, Medikamente gegen Fieber, Schmerzen, Durchfall, Verstopfung, Reisekrankheit, Kreislaufstörungen und Infektionen enthalten. Neben Sonnenschutzcreme ist ein Insektenabwehrmittel, das auf die Haut aufgetragen wird, wichtig.

Schutzimpfungen

Die indonesischen Behörden verlangen von europäischen Besuchern, sofern sie nicht aus Infektionsgebieten einreisen, keine Schutzimpfungen. Empfohlen ist auf jeden Fall ein ausreichender Schutz gegen Tetanus (Wundstarrkrampf) und Poliomyelitis (Kinderlähmung). Einen Impfausweis, aus dem auch eventuelle Allergien oder Unverträglichkeiten sowie die Blutgruppe hervorgehen, sollte man dabei haben. Empfehlenswert ist ferner eine Schutzimpfung gegen Hepatitis A, deren Erreger durch die unhygienische Zubereitung von Speisen und Getränken (insbesondere Eis!) übertragen werden. Empfindliche Touristen sollten sich vor dem Reiseantritt mit Gammaglobulinen immunisieren. Auskünfte erteilen die Tropeninstitute in Hamburg, Berlin, Leipzig, Heidelberg, Tübingen, München, Wien und Basel.

◄ Malariaprophylaxe

In Südostasien gibt es in jüngster Zeit wieder vermehrt Malariaerkrankungen. Darum ist die Einnahme prophylaktisch wirkender Medikamente besonders bei Besuchen außerhalb der Touristenzentren empfehlenswert.

Klimaumstellung

Das tropische Klima verlangt eine gewisse Umstellung, zu der man dem Körper Zeit lassen sollte. Man tut gut daran, in den ersten Tagen körperliche Anstrengungen zu vermeiden und sich nicht zu lange der intensiven Sonnenstrahlung auszusetzen. Sonnenschutzmittel mit hohem Lichtschutzfaktor muss ins Gepäck: Bali liegt nicht weit vom Äquator entfernt! Bei Klimaanlagen ist Vorsicht geboten: Wenngleich die künstlich erzeugte Abkühlung gegenüber den tropischen Außentemperaturen zunächst als angenehm empfunden wird, so besteht bei längerem Aufenthalt in »klimatisierten« – d. h. meist unterkühlten – Räumen akute Erkältungsgefahr. Während der Nachtruhe sollte man die Klimaanlage drosseln.

Bali-Fieber Berüchtigt ist bei Bali-Reisenden das mysteriöse »Bali-Fieber«. Es tritt unvermittelt auf; die Körpertemperatur steigt auf über 39 °C, während weitere Beschwerden normalerweise ausbleiben. Als hilfreich hat sich hier ein fiebersenkendes Mittel sowie eine zweitägige Bettruhe erwiesen. Klingt das Fieber nicht ab, sollte man einen Arzt konsultieren.

AIDS Die Gefahr, sich mit AIDS (HIV) zu infizieren, ist auch in Indonesien relativ groß. Gegen die Übertragung der tödlichen Immunschwäche können nur die bekannten Vorsichtsmaßnahmen helfen: Benutzung von Kondomen bei Geschlechtsverkehr zwischen Hetero- wie Homosexuellen und ausschließliche Verwendung von Einwegspritzen bei Injektionen.

Sonnenschutz auf balinesisch

IN DEUTSCHLAND

- **Deutsche Rettungsflugwacht**
  Rita-Maiburg-Str. 2
  70794 Filderstadt
  www.deutsche-rettungswacht.de
  Tel. aus Indonesien:
  (00 49 / 711) 700 70
  Alarmzentrale:
  Tel. (00 49 / 711) 70 10 70
  Fax (00 49 / 711) 70 10 71

- **ÖAMTC Notrufzentrale Wien**
  Tel. (00 43 / 1) 251 20 20
  www.oeamtc.at

- **Schweizerische Rettungsflugwacht (Rega)**
  Tel. 00 41 333 333 333
  www.rega.ch

ZAHNARZT

- **Nusa Dua Dental Clinic**
  Jalan Pratama 81A, Nusa Dua
  Tel. (03 61) 77 13 24

KRANKENHÄUSER AUF BALI

Eine medizinische Erstversorgung ist in folgenden Hospitälern möglich:

- **Bali International Medical Center**
  Jalan Bypass Ngurah Rai, Kuta
  Tel. (03 61) 76 12 63
  www.bimcbali.ccom

- **Dharma Ushada Hospital**
  Jl. Panglima Sudirman, Denpasar
  Tel. (03 61) 22 75 60

- **Kuta Clinic**
  Jl. Raya Kuta 100, Kuta
  Tel. (03 61) 75 32 68

- **Ubud Clinic**
  Jalan Ubud 36, Campuhan
  (24-Stunden-Ambulanz)
  Tel. (03 61) 97 49 11
  www.ubud-clinic.com

Essen Das Essen aus Garküchen ist im Allgemeinen auch für Europäer verträglich; doch muss man unbedingt auf Sauberkeit achten. Obst muss vor dem Verzehr in jedem Fall gründlich abgewaschen werden. Grundsätzlich verzichten sollte man auf den Verzehr von rohen Speisen, ungeschälten Früchten, Speiseeis sowie offenen Getränken, in die gewöhnlich viele Eiswürfel gegeben werden. Zurückhaltung empfiehlt sich in den Tropen auch in puncto Alkohol: Hitze verstärkt die bekannten unliebsamen Nebenwirkungen.

Krankheitsfall

Apotheken Vor allem in den von Touristen frequentierten Orten gibt es zahlreiche Apotheken, die man an der Aufschrift »Apotik« oder »Toko Obat« erkennt. Sie halten eine Auswahl gängiger Medikamente bereit, manche jedoch unter Bezeichnungen, die nur in Asien gebräuchlich sind. Wer auf ein bestimmtes Medikament (auch Kontrazeptiva) angewiesen ist, sollte dies von zu Hause in ausreichender Menge mitnehmen bzw. sich anhand der Originalpackung versichern, ob das in Indonesien erhältliche Präparat mit dem benötigten identisch ist. Im Zweifelsfall sucht man einen Arzt auf. Medikamente sind – wie überall in Asien – deutlich billiger als in Europa.

Früchte nie ungewaschen oder ungeschält probieren!

Ärzte und Krankenhäuser

Die ärztliche Versorgung ist auf Bali und Lombok insbesondere in den Touristenzentren gewährleistet; in den Städten und Dörfern gibt es zumindest frei praktizierende Mediziner, von denen allerdings nur wenige über ausreichende Englischkenntnisse verfügen. Für die großen Hotels arbeiten Englisch sprechende Ärzte, die über die Rezeption herbeigerufen werden können. Im Notfall sind auch die örtlichen Vertreter der Reiseveranstalter bereit, einen geeigneten Arzt bzw. Zahnarzt zu vermitteln.

Auf Bali gibt es kein Krankenhaus, in dem ganz schwere Verletzungen oder lebensbedrohende Erkrankungen behandelt werden könnten. Deshalb empfiehlt es sich, in solchen Fällen einen Transport nach Jakarta oder Singapur in Erwägung zu ziehen. Bei schwerwiegenden Erkrankungen sollte unbedingt das Konsulat oder die Botschaft des Heimatlandes (►Auskunft) verständigt werden.

Rettungsdienst

Das Rettungswesen auf Bali und Lombok ist nach westlichen Maßstäben nur notdürftig organisiert. Bei Unfällen außerhalb der Touristenzentren ist mit längeren Wartezeiten zu rechnen. Auf die Hilfsbereitschaft der Balinesen kann man sich jedoch im Allgemeinen verlassen. Sollte aus medizinischen Gründen ein vorzeitiger Rückflug geboten sein, muss ein Rettungsflugzeug im Heimatland angefordert werden. Da der Rücktransport sehr teuer ist, sollte man vor Reiseantritt eine Reisekrankenversicherung, die auch einen eventuellen Rettungsflug abdeckt, abschließen.

Mit Kindern unterwegs

Für Kinder ist Bali geradezu ein Paradies: Sie sind überall herzlich willkommen. Allerdings sollten im Vorfeld Dinge wie Impfungen, der lange Flug, die Zeitumstellung oder auch ausreichender Sonnenschutz bedacht werden. Als Ausflugsziele für die ganze Familie eignen sich neben den Stränden natürlich Tierparks; Elefantenritte gehören zu den Highlights für die Kleinen. Im Internet findet man unter **www.travelforkids.com** allerlei Tipps für Aktivitäten mit Kindern auf Bali. Wenn man aber doch einmal eine längere Besichtigung von Tempelanlagen plant oder einfach einen Ausflug ohne Kinder machen möchte, bieten etliche der größeren Hotels ein sehr gutes, abwechslungsreiches Kinderprogramm samt Betreuung an, das auch Nicht-Hotelgäste (gegen Gebühr) in Anspruch nehmen können.

ATTRAKTIONEN FÜR KINDER

▸ **Bali Bird Park**
Jl. Serma Cok Ngurah Gambir (2 km nördlich von Batubulan)
www.bali-bird-park.com
Inmitten der exotischen Landschaft gibt es vielerlei fremde Vögel zu entdecken; direkt nebenan wohnen Schlangen, Krokodile, Schildkröten und einige Komodowarane.

▸ **Elephant Safari Park**
Taro (ca. 20 km nördl. v. Ubud)
www.baliadventuretours.com
Hier darf man die Dickhäuter nicht nur streicheln und füttern, sondern kann auch die Gegend auf dem Rücken eines Elefanten kennenlernen. Zudem kann man den Tieren beim Malen zusehen und ein Museum über Elefanten besuchen.

▸ **Waterbom Park**
Jl. Kartika Plaza, Tuban, Kuta
www.waterbom.com
Kinder sind im beliebtesten Wasser- und Freizeitpark auf Bali den ganzen Tag lang beschäftigt. Hier haben sie acht verschiedene Becken und mehr als ein Dutzend Wasserrutschen zur Auswahl. Außerdem gibt es ein umfangreiches Sportangebot und ein Spa zum Entspannen.

▸ **Pondok Pekak Bücherei und Lernzentrum**
Monkey Forest Road, Ubud
In dem Kulturzentrum werden nicht nur Kurse für Erwachsene angeboten. Es gibt auch Angebote (Tanz, Gamelan) für Kinder, zudem gibt es eine gut sortierte Kinderbibliothek.

▸ **Bali Zoo**
Jl. Raya Singapuda, Sukawati
www.bali-zoo.com
Riesige Komodo-Warane, Menschenaffen aus Borneo und andere exotische Tiere Indonesiens leben hier in gut gestalteten Gehegen zwischen Denpasar und Ubud. Als Bonus darf man sich mit einer um den Hals gehängten Riesenschlange fotografieren lassen und andere wilde Tiere streicheln.

Knigge

Betteln Bettelnde Kinder, manchmal auch kranke und behinderte Menschen, gibt es auch auf Bali, vor allem. in den von Touristen frequentierten Orten. Besonders bei Kindern (die immer öfter von Erwachsenen zum Betteln bzw. zum Anbieten oft stark überteuerter Waren missbraucht werden) sollte man auf das Geben von Geld verzichten, um ihre soziale Verwahrlosung nicht zu unterstützen. Kinder freuen sich auch über Kleinigkeiten wie z. B. ein Stück Seife oder einen Kugelschreiber.

Drogen Wie in fast allen asiatischen Staaten wird in Indonesien – und damit auch auf Bali – der Konsum von Drogen, insbesondere aber der Drogenhandel mit harten Strafen belegt. Ein- und Ausfuhr jedweder Rauschmittel sind streng verboten; auch ihr Besitz ist strafbar.
Vergehen gegen die Drogengesetze werden auch bei Ausländern im Regelfall mit langjährigen Gefängnisstrafen geahndet, in schweren

Die Kleiderordnung für Balis Tempelfeste gilt auch für Touristen.

Fällen droht sogar die Todesstrafe. Von den Konsulaten der Heimatländer ist bei Drogendelikten keine Hilfe zu erwarten.
Man hüte sich davor, für jemanden aus Gefälligkeit irgendetwas auf die Heimreise mitzunehmen. Mehrfach wurde so in der Vergangenheit versucht, Reisende als Drogenkuriere auszunutzen.

Fotografieren und Filmen

Die Balinesen lassen sich im Allgemeinen sehr gern fotografieren. Der Besucher sollte jedoch vorher immer fragen (eine entsprechende Bewegung mit der Kamera genügt) und auch eine ablehnende Geste akzeptieren.
Wer sich nicht fotografieren lassen will, tut das auch nicht für Geld. So sind strenggläubige Hindus manchmal fotoscheu. Bei Tempelfesten kann es Augenblicke geben, in denen Fotografieren mit Blitzlicht schwerste Irritationen unter den Gläubigen auslösen kann. Es ist schwierig, dafür die richtigen Verhaltensweisen zu empfehlen, da sie von Dorf zu Dorf und von Tempel zu Tempel unterschiedlich sein können.
Deshalb fragt man stets um Erlaubnis, bevor man auf den Auslöser drückt. Dass man überhaupt Personen bei der Ausübung ihrer Religion fotografisch nicht zu nahe tritt, sollte selbstverständlich sein.

Informationen für Frauen

Allein reisende Frauen müssen leider auch auf Bali damit rechnen, für männliche Touristen als Objekt ihrer Annäherungsversuche interessant zu sein. Von den einheimischen Männern ist dies hingegen kaum zu befürchten. Besonders bei Dunkelheit sollten Frauen allein aber trotzdem keine einsamen Spaziergänge unternehmen und sich nicht in unübersichtliches Gelände begeben.

Kleidung

Das ganze Jahr über empfiehlt sich leichte, luftdurchlässige Kleidung. Für die »kühleren« Monate und bei Ausflügen ins Bergland nimmt man jedoch auch ein wärmendes Kleidungsstück (Pullover, Strickjacke o. ä.) mit auf die Reise. Für Abende in Strandnähe empfehlen sich Kleidungsstücke, die die Blößen bedecken, zum Schutz vor lästigen Insekten.
Respekt vor der Religion der Balinesen verbietet es, eine sakrale Stätte etwa in Shorts und T-Shirt zu betreten. Frauen sollten in jedem Falle die Schultern bedecken, Männer lange Hosen tragen; vor dem Betreten eines Tempelbezirkes schlingt man sich einen Selendang genannten Tempelschal um die Hüften. Beim Besuch eines Tempelfestes ist das Tragen eines Sarongs – auch für alle Touristinnen und Touristen! – obligatorisch. Selendang und Sarong kann man entweder gleich zu Beginn des Bali-Aufenthaltes kaufen oder gegen ein Entgelt am Tempeleingang ausleihen.

◂ Kein Tempelbesuch ohne Selendang oder Sarong!

Tabus und Sakrilege

Die linke Hand gilt als unrein. Deshalb reicht man nichts mit der Linken und nimmt auch nichts mit ihr entgegen.
Der Austausch von Zärtlichkeiten in der Öffentlichkeit ist unschicklich; Nacktbaden ist untersagt und gilt als Missachtung balinesischer

! *Baedeker* TIPP

Balis Geheimnisse

versucht das Buch »Reise nach Bali. Kulturkompass fürs Handgepäck« von Lucien Leitess (Unionsverlag 2007) jedem nahezubringen, der etwas mehr sehen und verstehen will. Die vielfältigen Texte führen ein in Geschichte und Glaubenswelt, Kunst und Kultur, Musik, Tanz, Handwerk und in den Alltag der Insel.
Leider nicht mehr lieferbar, aber in vielen Bibliotheken noch auszuleihen, ist das vom Studienkreis für Tourismus und Entwicklung herausgegebene Sympathie-Magazins »Indonesien verstehen«.

Mentalität. Streng verboten ist und mit empfindlichen Geldbußen geahndet wird das Besteigen von Tempelmauern oder gar von Tempelfiguren – ein Vergehen, das die Einheimischen vor fast unlösbare Probleme stellt: Ein so entweihter Tempel hat seinen spirituellen Charakter weitestgehend eingebüßt.
Der Tempelbesuch (Kleidervorschriften s. o.) von Menschen mit offenen Wunden (dazu zählen auch Frauen während der Menstruation!) ist strikt verboten; die Zuwiderhandlung wird als Sakrileg betrachtet. Dadurch würde der Tempel entweiht und sein ursprünglicher geheiligter Zustand wäre nur durch höchst aufwendige Riten wiederherzustellen.

Toiletten Vor allem auf dem Land gibt es immer noch »französische« Toiletten, deren Benutzung einer gewissen Geschicklichkeit bedarf. Zur Reinigung (mit der linken Hand, weshalb sie als »unrein« gilt) liegt nur selten Toilettenpapier bereit; meist findet man ein wassergefülltes Fass mit Schöpfkelle.
Öffentliche Toiletten erkennt man, so vorhanden, an der Aufschrift »Kamar Kecil«; Herrentoiletten sind mit »Laki«, Damentoiletten mit »Perempuan« gekennzeichnet.

Trinkgeld Zwar enthält die Rechnung in den meisten Restaurants und Hotels bereits einen Bedienungszuschlag in Höhe von 5 bis 10 Prozent. Es ist jedoch üblich, bei Zufriedenheit mit dem Service ein zusätzliches Trinkgeld zu geben bzw. den Rechnungsbetrag nach oben aufzurunden. Für Kofferträger und Zimmermädchen empfiehlt sich eine kleine finanzielle Zuwendung zu Beginn des Aufenthaltes; ist man am Urlaubsende zufrieden, gibt man ein weiteres Trinkgeld. Taxi-, Bus- und Bemofahrer erhalten normalerweise kein Trinkgeld.

Umgangsregeln Bei aller Toleranz, welche die Asiaten dem westlichen Besucher entgegenbringen, gibt es doch einige Verhaltensweisen, die den sprichwörtlichen Gleichmut auch der Balinesen überstrapazieren. Auch wenn der Tourist dies nicht unbedingt wahrnimmt, hat er dann sein Gesicht verloren und gilt für die Balinesen somit als wenig beachtenswerte Person.
Während einer Konversation sollte man sich in **vornehmer Zurückhaltung** üben. Wildes Gestikulieren oder auch das Zeigen mit dem Finger auf andere Leute gilt als unschicklich. Im Gespräch sind auch

unter Freunden intime Themen unüblich; auf Fragen wie z. B. nach dem Einkommen oder der persönlichen Situation antwortet man ausweichend. Allerdings sollte man nie das zum Gespräch gehörende Lächeln vergessen – je unverbindlicher die Antwort, desto freundlicher das Lächeln.
Wird man in ein balinesisches Gehöft eingeladen, ist es üblich, **kleine Geschenke** mitzubringen. Die Dame des Hauses freut sich immer über einen Blumenstrauß; sind Kinder da, sollte man an Süßigkeiten denken. Vor dem Betreten eines Wohnhauses zieht man die Schuhe aus.

Literaturempfehlungen

Bildbände

Joyce Jue: Genießer unterwegs. Rezepte und kulinarische Notizen. Christian Verlag, München 2001.
Gelungenes Beispiel einer neuen Generation von Kochbüchern, die neben Rezepten und Informationen zu Land und Leuten großformatige Bilder bieten. Da man in Bali auch die Küchentraditionen anderer südostasiatischer Länder schätzt, beschränken sich die Ähnlichkeiten nicht auf die typischerweise benutzten Zutaten wie Reis, Kokosmilch, frische Kräuter und exotische Gewürze. Vielmehr existieren zahlreiche Gerichte, die »grenzüberschreitenden« Charakter haben.
Das vorliegende Buch versammelt 130 Rezepte, die gemeinsam mit einer Fülle an Informationen über Esstraditionen sowie kulturgeschichtlichen Zusammenhängen präsentiert werden. Lokale Produkte und Bräuche werden ebenso beschrieben wie ausgewählte Restaurants. Das Glossar stellt die Grundzubereitungen und besonderen Zutaten der Küchen vor.

! *Baedeker* TIPP

Lektüre für unterwegs

Fast jeder von Touristen besuchte Ort hat einen Buchladen, der eine große Auswahl Secondhandbücher anbietet. Die Exemplare gibt es hauptsächlich in englischer, manchmal auch in deutscher, französischer oder italienischer Sprache. Wer seine gelesenen Bücher dem Geschäft zur Verfügung stellt, zahlt für ein neues gebrauchtes Buch nichts oder nur sehr wenig.

Angelika Taschen (Hg.): Inside Asia (2 Bde.). Taschen Verlag, Köln 2004.
Zum Blättern, Lesen, Träumen, Informieren, Planen. Der renommierte Schweizer Fotograf Reto Guntli, Asien-Kenner und -Liebhaber seit seiner Jugend, reiste monatelang durch die Region auf der Suche nach Fotomotiven, die ausdrücken, was die Essenz des Lebens und Wohnens in Asien ausmacht, nämlich Gelassenheit und Harmonie mit allen fühlenden Wesen.

Bali verzauberte ihn erneut durch die Warmherzigkeit seiner Menschen, die tropische Natur, die allem innewohnende Spiritualität der Insel. Die beiden prachtvollen Bildbände werden jeden, der sich für asiatische Kultur interessiert, nachhaltig begeistern.

Angelika Taschen (Hg.): Living in Bali. Taschen Verlag, Köln 2005.
»In einem balinesischen Haus sind Wände nicht zwingend erforderlich, Erdfarben dominant, Grasdächer und Holz allgegenwärtig«, wissen die Autoren dieses opulenten Bildbandes, der 19 prächtige Häuser, Villen und Hotels porträtiert.
Inspirierende Aufnahmen privater Lebenswelten lassen den Betrachter eintauchen in die Fülle balinesischen Wohnens. Knappe dreisprachige Kommentare geben interessante Erklärungen zum jeweiligen Interieur. Neben berühmten Hotels werden auch kleinere entzückende Gästehäuser in den Mittelpunkt gerückt sowie die Häuser ausländischer, auf Bali seit Jahren ansässiger Bewohner und einheimischer Künstler.

Roman

Vicki Baum: Liebe und Tod auf Bali. Kiepenheuer & Witsch, Köln 2002.
1935 verbrachte Vicki Baum (► Berühmte Persönlichkeiten) mehrere Monate auf Bali, drang in die Geschichte dieser Insel ein, beobachtete das Leben dort und beschäftigte sich intensiv mit Geschichte und Kultur. Mit diesem Roman, der 1937 erschien, brachte sie einem europäischen Publikum erstmals die exotische Insel näher.

Medien

Radio

Auf Bali gibt es mehrere Rundfunksender, die normalerweise zu jeder vollen Stunde Nachrichten in englischer Sprache ausstrahlen. Gut zu empfangen sind auch die Auslandsprogramme der Deutschen Welle, allerdings nur mit einem geeigneten Kurzwellenempfangsgerät. Da die Frequenzen wechseln, empfiehlt es sich, vor der Abreise einen Sendeplan anzufordern; er ist kostenlos und enthält das jeweils aktuelle Programm mit genauen Sendezeiten und Frequenzangaben.

Fernsehen

Viele, zumeist größere Hotels auf Bali bieten Fernsehen in deutscher Sprache an. Die Programme werden von der Deutschen Welle TV zusammengestellt (www.dw-world.de).

Zeitungen und Zeitschriften

Unter den mehr als 70 Tageszeitungen, die in Indonesien publiziert werden, gibt es auch drei englischsprachige, die im ganzen Lande erhältlich sind. Wenn auch keine direkte Zensur besteht, so soll eine Unzahl von Pressegesetzen verhindern, dass systemkritisch berichtet wird. Auf Bali erhält man zumeist die »Jakarta Post«, allerdings erst um die Mittagszeit.

Deutsche und internationale Tageszeitungen sowie Zeitschriften und Magazine (z. B. »Frankfurter Allgemeine Zeitung«, »Süddeutsche Zeitung«, »Die Welt«, »Bild«, »Der Spiegel«, »Stern« u. a.) sind ausschließlich in den Zeitschriftenläden der großen Hotels erhältlich (sehr teuer).

Notrufe

WICHTIGE RUFNUMMERN

- **Polizei**
  Tel. 110
- **Krankenwagen**
  Tel. 118
- **Feuerwehr**
  Tel. 113
- **Indonesisches Rotes Kreuz**
  Tel. (03 61) 48 02 82

Post und Telekommunikation

Post

Die indonesische Post arbeitet auf Bali und Lombok in aller Regel zuverlässig. Die normale Laufzeit von Postkarten und Briefen nach Europa beträgt zwischen sieben und zehn Tagen. Die indonesischen Postkästen sind rot, die Leerungszeiten auf einem Schild an der Vorderseite verzeichnet. Man kann seine Post aber auch an den Rezeptionen der Hotels aufgeben. Das Hauptpostamt von Denpasar liegt an der Jl. Raya Puputan; in Sanur (Br. Taman), in Kuta (Jl. Raya Kuta Gung Selamat) sowie in Ubud (Jl. Payangan) gibt es weitere Postämter. Schalterstunden sind in der Regel Mo. – Do. 8.00 – 14.00, Fr. 8.00 – 11.00, Sa. 8.00 bis 12.30 Uhr.

Telefonieren

Telefonieren kann auf Bali und Lombok manchmal recht mühsam sein, da das Leitungsnetz nicht selten überlastet ist. Fast überall auf Bali und Lombok gibt es **Kartentelefone**; Telefonkarten kann man in den Postämtern und Telefonstuben, aber auch in Hotels und Supermärkten, erwerben. Bequemer, aber auch recht teuer ist das eigene **Handy**. Informationen zu den Gebühren der einzelnen Roaming-Partner geben die Telefongesellschaften im Heimatland.
Auf Bali gibt es **keine spezifischen Ortsnetzkennzahlen**, bei Telefongesprächen von außerhalb wird jedoch zwischen den fünf Regionen unterschieden.

VORWAHLEN

► Von Deutschland, Österreich und der Schweiz

... nach Indonesien:
Tel. 00 62
... nach Südbali:
Tel. 00 62 361
... nach Nordbali:
Tel. 00 62 362
... nach Westbali:
Tel. 00 62 365
... nach Ostbali:
Tel. 00 62 363
... nach Klungkung:
Tel. 00 62 366
... nach Lombok:
Tel. 00 62 370

► von Bali und Lombok

... nach Deutschland: Tel. 001 49
... nach Österreich: Tel. 001 43
... in die Schweiz: Tel. 001 41

TELEFONAUSKUNFT

► National

Tel. 100

► International

Tel. 101

Auslands-telefonate ►

Viele große Hotels bieten eine (teure!) Direktwahlmöglichkeit von Bali nach Europa per IDD (International Direct Dialing). Auch auf allen Postämtern im Inselinneren kann man ins Ausland telefonieren, allerdings selten ohne längere Wartezeiten. Deutlich billiger sind gewöhnliche Übersee-Telefongespräche sowie das Versenden von Fernkopien per Telefax via »Wartel Telecommunications«.

Ein Drei-Minuten-Gespräch nach Europa kostet etwa 30 000 Rupiah; von öffentlichen Telefonapparaten geführte Ortsgespräche kosten 1000 Rupiah (im Hotel teurer).

Telefonischer Deutschland-Direkt-Dienst ►

Über den Service »Deutschland Direkt« der Telekom lassen sich von Bali oder Lombok **R-Gespräche** führen. Die solche Gespräche vermittelnde Zentralstelle in Frankfurt a. M. ist rund um die Uhr besetzt und von Indonesien unter den Telefonnummern 001 801 49 und 008 801 49 zu erreichen. Wer im Besitz einer Telekarte ist, kann mit den Gebühren das eigene Telefonkonto belasten.

Fax und Internet

Den besten Service bezüglich Kommunikation, Telefon und Fax, der zugleich relativ preiswert ist, bieten die Internetcafés. Ansonsten kann man Faxe in den in größeren Orten bestehenden Büros der »Wartel Telecommunications« versenden; man erkennt sie an den weißen Schildern mit schwarzer Schrift und blauem Emblem. Faxgeräte gibt es auch in fast jedem Hotel. Sie stehen Hotelgästen (zuweilen auch Passanten) zur Verfügung. Für das Senden eines Faxes wird oft ein Mindestpreis (etwa jener für ein dreiminütiges Telefongespräch) verlangt. Größere Hotels bieten einen Büroservice im so genannten Business Center, wo vor allem Geschäftsreisende alle modernen Kommunikationsmittel vorfinden.

Nicht zu vergessen die zahlreichen Internetcafés, die die besten Kommunikations-, Telefon- und Faxservices anbieten.

Preise

WAS KOSTET WIE VIEL?

Einfache Mahlzeit
ab 1,50 – 2,00 €

1 Glas Bier
ab 0,80 – 2,00 €

Taxi
ab 0,35 € pro km

1 l Benzin
ab 0,36 €

Reisezeit

Hauptsaison

Die für Besucher aus Mitteleuropa angenehmste Reisezeit dauert von Mai bis September. In dieser Zeit verzeichnet die Klimastatistik mit durchschnittlich sechs Regentagen die geringsten Niederschläge. Grund dafür ist der von Australien wehende Südostmonsun, der Tageshöchsttemperaturen von ca. 30 °C mit sich bringt. Die Monate Juni und Juli sind für Balinesen »kühl«; dann klettert das Thermometer tagsüber »nur« auf durchschnittlich 26 °C. Die heißen Tage verbringt man am besten im kühleren Bergland, wo angenehme Winde den Aufenthalt erträglich machen. Als Hauptsaison gelten auf Bali die Monate Juni bis Anfang September; viele Touristen (v. a. aus den Nachbarländern) kommen auch über die Weihnachtsfeiertage.

Nebensaison

Von Oktober bis April / Mai weht der Westmonsun, der zum Teil ergiebige Niederschläge mit sich bringt. Allerdings wird die für diese Monate gebräuchliche Bezeichnung »Regenzeit« oft falsch verstanden. Es regnet nämlich nicht etwa den ganzen Tag über, sondern meist nur in der Nacht bzw. in den frühen Morgenstunden, dann allerdings heftig. Später aber verziehen sich die Wolken rasch und geben den blauen Himmel wieder frei. Die wesentlich ruhigere Nebensaison bringt mit sich, dass es auf Bali und Lombok genügend freie Zimmer gibt; auch ist an der Hotelrezeption u. U. ein Preisnachlass zu erwirken.

Witterung

►Klima S. 20

Shopping

Hauptsächlich Kunsthandwerk

Bali ist kein ausgesprochenes Shopping-Paradies wie etwa Singapur, Bangkok oder Hongkong. Die Inselbewohner sind aber bekannt für ihre große Kunstfertigkeit, mit der sie ansprechende Dinge herstellen. In allen größeren Hotels gibt es eigene Souvenirshops, in den von Touristen frequentierten Orten zahllose Andenkenhändler; abseits davon und im Inselinneren wird man preisgünstiger einkaufen. Außer in etablierten Ladengeschäften und Hotels kann um die Preise gefeilscht werden; für Asiaten ist das **Handeln geradezu eine Art Volkssport**. Die nachstehende Auswahl nennt einige typische Souvenirs und die Orte, wo man sie am besten bekommt:

! *Baedeker* TIPP

Den eigenen Schmuck entwerfen

Balikenner lassen sich auf der Insel Ringe, Ketten oder auch Gürtel nach eigenen Vorgaben fertigen. Man liefert eine Skizze oder verfügt über ein Foto, nach dem die Silberschmiede das Objekt herstellen. Einziges Manko: Ein Auftrag nimmt ca. 1 – 2 Wochen Zeit in Anspruch.

Antiquitäten

Echte Antiquitäten sind auf Bali selten geworden. Nur noch gelegentlich findet man wirklich alte Stücke, die ihren Preis wert sind. Die Balinesen verstehen sich jedoch ausgezeichnet auf die Fertigung von Reproduktionen alter Objekte, die oft nur schwer von den Originalen zu unterscheiden sind. Die Ausfuhr von Antiquitäten – in Indonesien Kunstgegenstände, die älter sind als 50 Jahre – ist genehmigungspflichtig; man erkundige sich diesbezüglich beim Bali Government Tourism Office in Denpasar (►Auskunft).

Bambusmöbel

In Mas werden Rattan- und Bambusmöbel hergestellt. Bestellt wird aus dem Katalog, geliefert per (teurer) Schiffsfracht in alle Welt. Man sollte darauf achten, dass das Material imprägniert und gegen Insektenbefall behandelt ist.

Batik

Batikarbeiten werden auf Bali angeboten. Aber Vorsicht: Nicht alle sind echt. Viele Stoffe werden im vereinfachten Stempelbatikverfahren bedruckt. Für authentische Ikat-Stoffe sind infolge der aufwendigen Handarbeit (s. S. 61) hohe Preise zu bezahlen; Doppel-Ikat-Stoffe gibt es nur noch in Tenganan.

Holzschnitzerei

Der kleine Handwerkerort Mas bei Ubud ist eines der größten Zentren der Holzschnitzkunst (Tanzmasken, Figuren u. a.); hier kauft man sozusagen ab »Fabrik« und dementsprechend günstig ein. Auch im benachbarten Nyuhkuning gibt es gute Holzschnitzer.

Malerei

Ubud ist das Kunstzentrum der Insel; hier haben zahllose Kunstmaler ihre Bilderläden eingerichtet. Balinesische Malereien bekommt man auch in Pengosekan, gut 3 km südlich von Ubud.

Die Figuren des balinesischen Schattenspiels werden aus Büffelleder geschnitten und farbig bemalt.

Schattenspielfiguren

Ein beliebtes Mitbringsel sind Schattenspielfiguren, die zumeist aus Büffelleder hergestellt sind. Vorsicht: Manchmal werden angeblich alte Figuren zu überhöhten Preisen angeboten. Die meisten Stücke sind jedoch längst nicht so alt, wie die Verkäufer vorgeben, sondern wurden meist einem künstlichen Alterungsprozess unterzogen. Das mindert zwar kaum den exotischen Reiz, rechtfertigt aber keineswegs den hohen Preis.

Schmuck

Das auf Bali zu Schmuck verarbeitete Gold – fast nur 585er (14 Karat) – hat einen stark gelblichen Farbton. Qualitativ hochwertig sind auch die balinesischen Silberarbeiten; sie werden v. a. in Celuk und Kamasan (bei Klungkung) angeboten.

Textilien

Auf Bali hat sich ein ganzer Gewerbezweig auf die Wünsche und Bedürfnisse von Touristen spezialisiert. Sport- und Freizeitbekleidung, T-Shirts sowie andere Kleidungsstücke und Accessoires gibt es hier zu spürbar niedrigeren Preisen als in Europa; Qualitätsprüfung ist jedoch ratsam.

Töpferwaren

Auf Balis Nachbarinsel Lombok gibt es neben Stoffwebereien etliche Töpfereien, die ansprechende Keramikwaren herstellen.

Sicherheit

Luxus nicht zur Schau stellen

Bali ist – was die Sicherheit angeht – keine »Insel der Glückseligen«. Dennoch liegt hier die Kriminalitätsrate nicht höher als an anderen von Touristen frequentierten Plätzen der Erde. Der Besucher sollte es aber nach der Devise »Gelegenheit macht Diebe« nicht an der notwendigen Vorsicht fehlen lassen. Schließlich hat ein Urlauber oft mehr Geld bei sich, als etwa ein einfacher Hotelbediensteter in einem Monat (oder länger) verdienen kann. Man sollte deshalb seinen besseren Lebensstandard nicht zur Schau tragen und Wertsachen im Hotelsafe lassen. Auch trägt man am besten immer nur soviel Geld bei sich, wie man auszugeben gedenkt. Zimmerschlüssel stets an der Rezeption abgeben!

i Hot Line Tourist Police

- Tel. (03 61) 22 41 11

Vorsichtsmaßnahmen

Reisedokumente sollten vor Reiseantritt aus Sicherheitsgründen fotokopiert und die Kopien getrennt von den Originalen mitgenommen werden; im Verlustfall erleichtert dies erheblich ihre Wiederbeschaffung. Bei Verwendung von Reiseschecks sollte man daran denken, die Kaufbestätigung getrennt von den Scheckformularen aufzubewahren. Nur dann ist im Verlustfall der Versicherungsschutz gewährleistet. Bewährt hat sich auch das Notieren wichtiger Telefonnummern für den Notfall, wie z. B. derjenigen von Hausbank, Kreditkartenunternehmen oder Reisescheck-Ausstellern.

Die meisten großen Hotels bieten **kostenlose Schließfächer** oder gar Zimmersafes, allerdings lehnen sie eine Haftung bei Zimmerdiebstahl grundsätzlich ab. Vor allem auf Märkten und in größeren Menschenansammlungen ist mit Taschendieben zu rechnen. Man kann sich vor ihnen schützen, wenn man Geld und andere Wertsachen im Brustbeutel oder einem speziellen Gürtel von außen unsichtbar am Körper mit sich führt. Offizielle Fundbüros gibt es auf Bali nicht, auch Busgesellschaften unterhalten keine solchen. Verlorene Gegenstände sind, sofern sie abgegeben worden sind, bei der nächstgelegenen Polizeidienststelle (►Notrufe) abzuholen.

Sicherheitshinweis des Auswärtigen Amtes

Seit dem Terroranschlag in Bali 2002 wurden einige Erfolge bei den Ermittlungen erzielt, die zu zahlreichen Verhaftungen und Verurteilungen geführt haben. Allerdings befinden sich einige als Drahtzieher identifizierte Extremisten noch auf freiem Fuß. Die Anschläge auf Bali bestätigen, dass es in Indonesien Gruppen gibt, die die Fähigkeit und Motivation zur Durchführung von (Selbstmord-) Attentaten besitzen. Mit solchen Anschlägen muß deshalb auch in Zukunft gerechnet werden. Als besonders gefährdet gelten Orte, die bevorzugt von Ausländern frequentiert oder mit dem westlichen Ausland identifiziert werden, wie Hotels, Botschaften, Einkaufszentren und touristische Einrichtungen (s. www.auswaertiges-amt.de).

Sprache

Bahasa Indonesia

Im Gegensatz zu vielen anderen asiatischen Sprachen ist die dem Malaiischen eng verwandte Landessprache »Bahasa Indonesia« (kurz »Bahasa«) für Europäer relativ leicht zu erlernen.

Im Vergleich zur deutschen ist die malaiische **Grammatik** viel einfacher. So gibt es beispielsweise wenig Pluralformen; in der Mehrzahl wird der Singular einfach verdoppelt »bulan« = Monat; »bulan-bulan« = Monate). Allerdings kann ein verdoppeltes Wort u. U. auch eine gänzlich andere Bedeutung annehmen. Bahasa Indonesia kennt keine Artikel. »Was kostet das Zimmer?« heißt auf Bahasa »Berapa harga kamar kosong ini?« (= »Wie viel kosten Zimmer?«). Die Konjugation eines Verbums entfällt; die Beugeform ergibt sich aus dem Sinn des Satzes. Besitzanzeigende Fürwörter werden nachgestellt: »Mein Zimmer« heißt »Kamarku« (Endsilbe »-ku« = »mein«).

Bahasa Indonesia weist einige Besonderheiten bezüglich ihrer **Aussprache** auf. So wird ein »c« grundsätzlich wie »tsch« gesprochen (»Candi« sprich »Tschandi«), der Anfangsbuchstabe »j« wie »dsch« (»Jalan« sprich »Dschalan«); ein »z« ist stets stimmlos (= »ts«).

Eine förmliche **Anrede** ist in Indonesien nicht üblich; es gibt auch keine entsprechenden Redewendungen dafür. Um ein Gespräch zu eröffnen, ist die Frage nach der Herkunft oder nach dem Namen (»Siapa namayana?«) sehr beliebt. Manchmal wird auch die Frage nach dem Befinden (»Apa khabar?«) gestellt, die man entweder mit »Bagus, bagus« (= »Gut, gut«) oder mit »Khabar baik« (= »Ich fühle mich wohl«) beantwortet.

Indonesien ist weithin ein muslimisches Land. Demzufolge haben einige arabische Wörter Eingang in die Landessprache gefunden; so z. B. das Wort »Selamat!« (= »Mögen deine Taten gesegnet sein!«), das stets in Verbindung mit einer Tageszeit oder einem Wunsch gebraucht wird.

BASISWORTSCHATZ INDONESISCH

Auf einen Blick

Ja. / Nein.	Ya. / Tidak.
Vielleicht.	Mungkin. / Bis jada. / Barangkali.
Bitte.	Silankan (anbietend, einladend). Tolong (um Hilfe bittend). Kembali (keine Ursache).
Danke.	Terima kasih.
Vielen Dank.	Terima kasih banyak.
Gern geschehen.	Sama-sama.
Entschuldigung!	Maaf! / Sorry!
Wie bitte?	Maaf, bagaimana?

Ich verstehe Sie / dich nicht.	Saya tidak mengerti.
Ich spreche nur ein wenig ...	Saya hanya bisa berbicara sedikit ....
Sprechen Sie / sprichst du ...	Apa Bapak / Ibu / kamu berbicara bahasa ....
Deutsch?	Jerman?
Englisch?	Inggris?
Französisch?	Perancis?
Können Sie mir bitte helfen?	Apa Basak / Ibu bisa menolong saya?
Ich möchte ...	Saya mau ...
Das gefällt mir (nicht).	Saya (kurang) menyukainya.
Haben Sie ...?	Apa di sini ada ...?
Wie viel kostet es?	Berapa harganya?
Wie viel Uhr ist es?	Jam berapa sekarang?

Kennenlernen

Guten Morgen!.	Selamat pagi!
Guten Tag!	Selamat siang! (11.00 bis 15.00 Uhr)
	Selamat sore! (15.00 bis 18.00 Uhr)
Guten Abend!	Selamat malam!

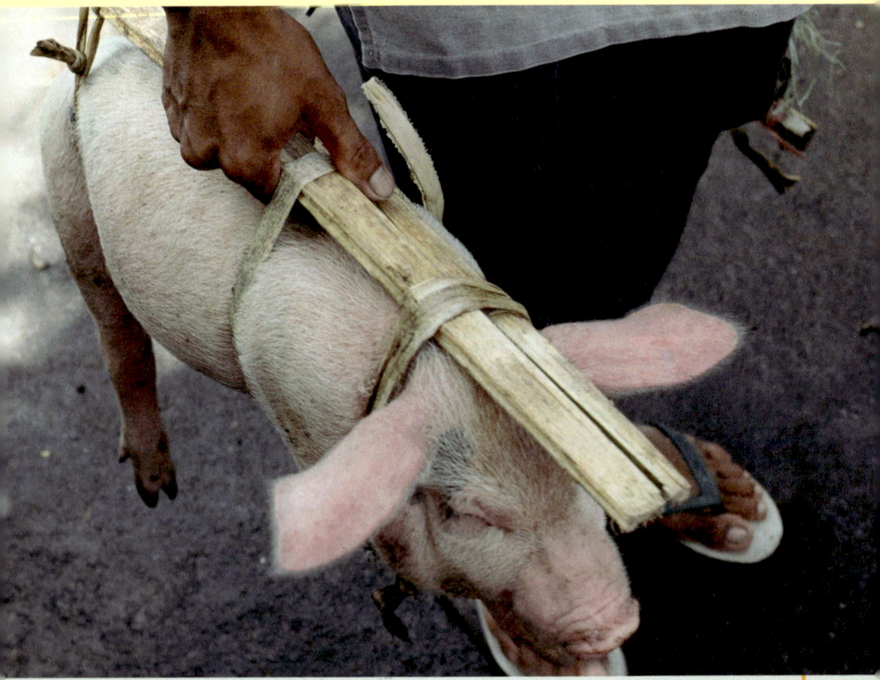

Auf dem Weg zum Markt

Hallo! / Grüß dich!	Halo!
Mein Name ist ...	Nama saya ...
Wie ist Ihr Name, bitte?	Siapa nama Bapak / Ibu?
Wie geht es Ihnen?	Apa kabar Pak / Ibu?
Danke. Und Ihnen / dir?	Terima kasih. Dan Bapak. / Ibu / kamu?
Auf Wiedersehen!	Sampai jumpa lagi!
Gute Nacht!	Selamat tidurr!
Tschüss!	Permisi! / Ayo! / Bye! / Daag! / Mari!
Bis später!	Sampai nanti!
Bis morgen!	Sampai besok!

Unterwegs

links / rechts	kiri / kanan
geradeaus	terus, lurus
nah / weit	dekat / jauh
Bitte, wo ist ...?	Maaf, di mana ...?
Wie weit ist es zum / zur ...?	Berapa jauhnya ke ...?
Welcher Bus fährt nach ...?	Bus mana pergi ke ...?
Wo kann ich den Fahrschein kaufen?	Di mana saya bisa membeli karcis?
Wo ist der nächste Taxistand?	Di mana pangkalan taksi terdekat?
Zum Bahnhof. / ...-Hotel.	Ke stasiun / hotel.
Nach ..., bitte.	Ke ...

Tankstelle

Wo ist bitte die nächste Tankstelle?	Di man pompa bensin terdekat?
Ich möchte ... Liter	Saya mau ... liter
... Normalbenzin.	... premium.
... Super.	... premix.
... Diesel.	... solar.
... Gemisch.	... bensin campur.
Voll tanken, bitte.	Isi penuh.

Unfall

Hilfe!	Tolong!
Achtung!	Awas!
Vorsicht!	Hati-hati!
Rufen Sie bitte schnell	Tolong cepat panggil

Mit Kindern in Kontakt zu kommen, ist in der Regel gar kein Problem.

... einen Krankenwagen.	... ambulans.
... die Polizei.	... polisi.
... die Feuerwehr.	... pemadam kebakaran.
Es war meine / Ihre Schuld.	Ini kesalahan saya / Bapak / Ibu.
Geben Sie mir bitte Ihren Namen und Ihre Anschrift!	Tolong berikan saya nama dan alamat Bapak / Ibu.

Essen / Einkaufen

Wo gibt es hier	Di mana ada
... ein gutes Restaurant?	... restoran yang baik?
... ein typisches Restaurant?	... restoran yang khas?
Reservieren Sie uns bitte für heute Abend einen Tisch für 4 Personen.	Saya mau memesan meja untuk vier orang un tuk malam ini.
Haben Sie vegetarische Gerichte / Diät-kost?	Apa ada hidangan tanpa daging / untuk diet?
Können wir noch etwas Reis / Wasser bekommen?	Apa bisa mendapat nasi / ar lagi?
Auf Ihr Wohl!	Cheers! / Prost!
Guten Appetit!	Selamat makan!
Bitte nicht zu scharf!	Tolong jangan terlalu pedas!
Bezahlen, bitte.	Saya mau bayar.

Das Essen war ausgezeichnet.	Makanannya enak sekali.
Das ist für Sie.	Ini untuk Bapak. / Ibu.
Wo sind bitte die Toiletten?	Di man kamar kecil?
Wo finde ich	Di mana saya bisa membeli
... eine Apotheke?	... apotik?
... eine Bäckerei?	... toko roti?
... ein Batikgeschäft?	... toko batik?
... ein Fotogeschäft?	... toko alat-alat foto?
... ein Kaufhaus?	... pasar swalayan?
... ein Reisebüro?	... biro perjalanan?

Übernachtung

Ich habe bei Ihnen ein Zimmer reserviert.	Saya telah memesan kamar die sini.
Haben Sie noch ein Zimmer frei	Apa di sini masih ada kamar kosong
... für eine Nacht?	... untuk satu malam?
... für eine Woche?	... untuk satu minggu?
... mit Bad?	... denang kamar mandi?
Was kostet das Zimmer mit ...	Berapa harga kamar dengan ...
... Frühstück?	... makan pagi?
... Halbpension?	... makan pagi dan malam saja?
... Vollpension?	... tiga kali makan?

Arzt

Können Sie mir einen guten Arzt empfehlen?	Apa Bapak / Ibu tahu seorang dokter yang baik?
Ich habe mir den Magen verdorben.	Perut saya tidak enak.
Ich habe Durchfall.	Saya diare.
Ich habe Fieber.	Saya demam.
Ich habe hier Schmerzen.	Saya sakit di sini.
Ich vertrage die Hitze / das Essen nicht.	Saya tidak tahan makanan itu / panas.

Bank

Wo ist hier bitte eine Bank / eine Wechselstube?	Di mana ada bank / money changer di sini?
Ich möchte ... Euro (Schweizer Franken) in Rupien wechseln.	Saya mau menukar ... Euro (Frank Swis) dalam Rupiah.

Zahlen

0	nol	19	sembilan belas
1	satu	20	dua puluh
2	dua	21	dua puluh satu
3	tiga	30	tiga puluh
4	empat	40	empat puluh
5	lima	50	lima puluh
6	enam	60	enam puluh
7	tujuh	70	tujuh puluh
8	delapan	80	delapan puluh
9	sembilan	90	sembilan puluh
10	sepuluh	100	seratus
11	sebelas	200	dua ratus
12	dua belas	1000	seribu
13	tiga belas	2000	dua ribu
14	empat belas	1000	sepulu ribu
15	lima belas		
16	enam belas	1/2	seperdua, setengah
17	tujuh belas	1/3	sepertiga
18	delapan belas	1/4	seperempat

Übernachten

Hotels

Die Hotellerie auf Bali erreicht mühelos internationalen Standard. Vertreten sind – neben zahllosen einheimischen Beherbergungsbetrieben – viele der weltweit operierenden Hotelketten (► Baedeker Special S. 168). Preiswerter geht es natürlich auch, nämlich in den vielen kleinen Hotels, die zwar einen relativ bescheidenen Komfort bieten, diesen Mangel jedoch durch um so aufmerksamere Betreuung der Gäste wieder wettmachen. Zu den preiswertesten Unterkünften zählen die Homestay oder Losmen genannten Gästehäuser, die man auf Bali in fast jedem Ort findet.

i Preiskategorien Hotels

- Luxus: ab 120 Euro
- Komfortabel: 40 – 120 Euro
- Günstig: bis 40 Euro
  für eine Nacht im Doppelzimmer

Situation auf Lombok Früher war Balis östliche Nachbarinsel Lombok allenfalls ein Ausflugsziel und bot nur bescheidene Unterkunftsmöglichkeiten. Vor ein paar Jahren entdeckte die Tourismusindustrie aber Balis Nachbarinsel, seither entstanden v. a. am Sengiggi Beach (nördlich der Hauptstadt Mataram) etliche komfortable Hotelanlagen.

Besonders während der Hauptreisezeit (April – Oktober) ist rechtzeitige Zimmerreservierung notwendig. Vor und nach dem islamischen Fastenmonat Ramadan Quartier zu bekommen, ist schon fast unmöglich, weil dann viele Besucher aus den Nachbarländern hier Urlaub machen.

Reservierung

Neben den Hotels gibt es auf Bali besonders für Besucher mit kleiner Reisekasse etliche preisgünstige Alternativen. Sie werden »Homestay«, »Losmen« oder »Penginapan« genannt; man muss dort jedoch mit Einschränkungen hinsichtlich Qualität und Service rechnen.
Für eine Übernachtung (selten im Einzelzimmer, dafür meist in Zwei- oder Mehrbettzimmern) bezahlt man umgerechnet etwa 10 bis 25 Euro (u.U. inkl. bescheidenem Frühstück). Reservierung ist nur während der Hauptreisezeit unbedingt zu empfehlen.

Preiswerte Alternativen

i Jugendherbergen

- Verband der indonesischen Jugendherbergen
  Jl. Mertasari 58
  Sidarkarya, Denpasar
  Tel. (03 61) 72 08 12

Offizielle Campingplätze gibt es nicht. Rucksacktouristen sind in Bali nicht (mehr) gern gesehen. Wenn auch nicht offiziell verboten, so ist »wildes« Campen in freier Landschaft doch verpönt.

Camping

Urlaub aktiv

Sport

Bali ist nicht unbedingt ein Paradies für Badeurlauber. Strände mit weißem Korallensand sucht man vergebens; das liegt daran, dass der Sand mit Vulkanasche durchsetzt ist. Wer sich mit diesen Gegebenheiten abfindet, ist in den Badeorten Kuta, Legian oder Nusa Dua (Südbali), bei Candi Dasa (Ostbali) oder am Lovina Beach (Nordbali) gut aufgehoben. Sehr schöne Strände gibt es auf Lombok und den vorgelagerten Inseln Gili Air, Gili Meno und Gili Terawangan. Beim Schwimmen und Schnorcheln sollte man Sonnenschutzmittel mit hohem Schutzfaktor benutzen.

Badeurlaub

Die zum Baden und Schwimmen geeigneten Strände sind gekennzeichnet. An anderen Stellen kann es lebensgefährlich werden, da sich zum einen die Brandung zeitweise mehrere Meter hoch auftürmt, zum anderen gefährliche, nicht auf den ersten Blick erkennbare **Unterwasserströmungen** auftreten, die selbst geübte Schwimmer in ernste Schwierigkeiten bringen können. Die Strände sind nicht selten verschmutzt, weshalb sich Badeschuhe empfehlen.

◄ Warnung!

Bootscharter Rings um Bali gibt es sehr reizvolle Segelreviere. Die Zahl der Anbieter von Charterbooten ist jedoch begrenzt; üblicherweise muss die revierkundige Crew mitgechartert werden.

Golf Berühmt ist der im Hochland von Bedugul gelegene 18-Loch **Bali Handara Golf Course** (Desa Pancasari, Tel. 03 62 / 342 26 46, www.balihandarakosaido.com), einzigartig angelegt inmitten eines erloschenen Vulkankraters, üppig und farbenprächtig bepflanzt. Der Kurs liegt in einer Höhe von 1142 m ü.d.M.; dies bedeutet angenehme und konstante Temperaturen von 16 bis 20 °C. Die Green Fee für den insgesamt 6321 m langen Kurs liegt bei rund 150 US-Dollar. Neben einem Clubhaus gibt es einen Pro-Shop, ein Fitnesscenter sowie ein Restaurant.

Empfehlung S. 156 ▶

Zwischen den Hotelanlagen von Nusa Dua, nur Schritte entfernt vom Indischen Ozean, liegt der 18-Loch, Par 72-Platz des **Bali Golf & Country Club** (Tel. 03 61 / 77 17 91, www.baligolfandcountryclub.com), für Urlauber, die in einem der anspruchsvoll gestalteten Resorts wohnen, bequem per Fahrrad zu erreichen. Die Green-Fee auf dem 6263 m langen Kurs beträgt 155 US-Dollar. Von November bis

AKTIVURLAUB

REITEN

▶ **Umalas Equestrian Resort**
Jl. Lestari 9
Banjar Umalas Kauh, Kuta
Tel. (03 61) 73 14 02
www.balionhorse.de
Begleitete Ausritte zum und am Strand, auch durch Reisfelder und Dörfer; für Kinder stehen Ponys bereit; deutschprachig.

▶ **Stable Kuda Bahagia**
Jl. Pantai Pererenan
Banjar Pengembungan Kec Mengwi, Tel. (0361) 88 11 350
www.bali-horse-adventure.com
Durch ein Dorf und Reisfelder reitet man in zehn Minuten zum Strand und entlang bis Kuta; auch Sulki-Touren.

RUNDFLÜGE

▶ **Bali Avia**
Jl. Bypass 04, Tuban 8036, Kuta
Tel. (03 61) 75 12 57, Fax 72 06 20

TAUCHEN

▶ **Bali Marine Sports**
Jl. Cemara 23, Semawang, Sanur
Tel. (03 61) 28 93 08
www.bmsdivebali.com

▶ **Baruna Water Sports**
Puri Bagus, Lovina
Tel. (03 61) 75 38 20
Baruna Water Sports unterhält Buchungsbüros in einigen größeren Hotels auf Bali und am Senggigi Beach auf Lombok.

WILDWASSERFAHRTEN

▶ **P.T. Bali Adventure Tours**
By Pass Ngurah Rai, Pesanggaran
Tel. (03 61) 72 14 80
www.baliadventuretours.com

▶ **Sobek**
Jl. Bypass Ngurah Rai
Simpang Siur, Kuta
Tel. (0361) 76 80 50
www.balisobek.com

Für viele Surfer ist Bali ein Traumziel, doch der hohe Wellengang und die gefährlichen Unterwasserströmungen sind nicht zu unterschätzen.

März sollte man Abschlagszeiten in den kühleren Morgen- und Nachmittagsstunden reservieren, in der übrigen Zeit erlauben kühlende Meeresbrisen auch Spielzeiten um die Mittagsstunden.
Weitere 18-Loch-Kurse gehören zum Ritz Carlton Hotel in Jimbaran (Tel. 03 61 / 60 22 22) und zum Le Meridien Nirvana Golf & Spa Resort (Tel. 03 61 / 81 59 00) beim hinduistischen Heiligtum Tanah Lot. Anspruchsvoll und im Einklang mit der umgebenden Natur wurde in Lombok der 18-Loch-Platz Lombok Golf Kosaido gestaltet. Der 40 Autominuten von Senggigi entfernte Kurs bietet Ausblicke auf die Gili Islands sowie auf dem Mt. Rinjani. Die Green Fee-Gebühr liegt bei 80 US-Dollar.

Surfen

Wellenreiten auf der Brandung vor den balinesischen Küsten kann verlockend sein, besonders wenn man über die notwendige Technik verfügt. Anfänger sind am besten zwischen Kuta und Seminyak aufgehoben. Anspruchsvollere Reviere findet man südlich des Flughafens und in Canggu, 20 Min. nordwestlich von Legian.
Wahre Könner zieht es hingegen zu den hohen Wellen auf Bukit Badung nahe dem Pura Luhur Ulu Watu, nach Nusa Lembongan oder Padang Padang.

Tennis

Viele internationale Hotels verfügen über Tennisplätze (z.T. mit Flutlichtanlagen, Trainer und Balljungen).

Die beste Zeit für Tauchausflüge um Bali ist von April bis Oktober.

Tauchen: Bali ist kein ausgesprochenes Reiseziel für Tauchsportfreunde, hat aber durchaus einige schöne Tauchplätze für Anfänger und Fortgeschrittene zu bieten. Mehrere Hotels in Nusa Dua, Sanur und Kuta sowie am Senggigi Beach auf Lombok verfügen über Tauchsportbasen, in denen die notwendige Ausrüstung ausgeliehen werden kann. Es ist auch möglich, während eines Bali-Aufenthaltes das weltweit anerkannte »PADI-Brevet«, eine Art Grundausbildung für Taucher, zu erwerben.

Schöne Tauchreviere befinden sich bei Sanur, Nusa Dua, Padang Bai, Tulamben, Gili Toapekong, Amed, Singaraja-Lovina sowie rund um die Inseln Menjangan und Penida. Mit etwas Glück kann man den Anglerfisch, von dem es um Bali etliche sehr schöne Exemplare geben soll, beobachten. Er lebt als Einzelgänger oft auf Korallen- oder Felsbänken, erreicht eine maximale Körpergröße von ca. 30 cm und ist in der Lage, Farbe und Aussehen vollständig seiner Umgebung anzupassen.

Wildwasserfahrten

Wildwasserfahren oder Weißwasserfahrten kann man auf Bali auf dem Fluss Ayung unternehmen. Der Startplatz liegt bei dem kleinen Ort Kedewatan (unterhalb von Bedugul); bis zum Ziel etwas oberhalb von Ubud sind es ca. 11 Kilometer. Zur Verfügung stehen geeignete Schlauchboote, die von reviererfahrenen Begleitern gesteuert werden. Bei Interesse an dem nicht ganz billigen Vergnügen wende man sich an einen der Veranstalter.

Weitere Sportarten

In einigen größeren Hotels gibt es Fitnesszentren mit einem umfangreichen Sportangebot (Tischtennis, Volleyball, Fußball, Gymnastik, Sauna, Dampfbad u. a.).

Unterhaltung

Batikkurse

Eine selbst gefertigte Batikarbeit ist sicher ein einzigartiges Mitbringsel von einer Bali-Reise. Etliche Veranstalter haben sich etabliert, um traditionelle und auch moderne Batiktechnik zu vermitteln; sie bie-

ten ein-, bisweilen auch mehrtägige Batikkurse an. Bei Interesse wende man sich die Hotelrezeption.
Eine größere Anzahl von Batikstudios findet man auch außerhalb der Touristenzentren, beispielsweise in Ubud. Auch hier ist es jederzeit möglich, einen Bali-Aufenthalt mit künstlerischer Tätigkeit unter fachgerechter Anleitung zu kombinieren.

Rundflüge

Die Insel Bali vom Helikopter aus der Vogelperspektive zu betrachten, ist eine spannende, wenn auch kostspielige Angelegenheit. Bei entsprechendem Interesse wende man sich an Bali Avia.

Museen

Auf Bali gibt es einige Museen, die einen Besuch lohnen. Die Verweispfeile vor den im folgenden genannten Orten beziehen sich auf die Reiseziele von A bis Z im Hauptteil dieses Reiseführers.
Unbedingt empfehlenswert ist ein **Besuch des Nationalmuseums** von Bali in ►Denpasar. Hier erhält man einen guten Einblick in die balinesische Geschichte; gezeigt werden zudem Ausstellungsstücke aus dem kulturellen und sakralen Bereich (Trachten, Waffen, Kultgegenstände u. a.). Dioramen dokumentieren wichtige Ereignisse im Leben eines Balinesen, etwa die Zeremonie der Zahnfeilung oder jene der Totenverbrennung. Gerätschaften, die zur Reisfeldbebauung dienen, findet man in einem kleinen Museum, in dem die Geschichte der Reisanbaus auf Bali sehr instruktiv dargestellt wird; es befindet sich in ►Tabanan. Ein archäologisches Museum findet man in ►Bedulu.
Balinesische Malerei ist in aller Welt bekannt: ►Ubud, die »Stadt der Künste«, bietet mit dem Neka-Museum und dem Antonio-Blanco-Haus gleich zwei Museen bzw. Kunstgalerien mit bedeutenden Werksammlungen verschiedener Maler. Eine weitere Gemäldesammlung, die Galerie des Agung Rai, befindet sich in ►Peliatan. Im Werdi Budaya Art Center von ►Denpasar zeigt eine Dauerausstellung ebenfalls balinesische Malerei; ebendort wurde das Wohnhaus des belgischen Malers Le Mayeur zu einem kleinen Museum ausgestaltet.
An der balinesischen Geschichte interessierte Touristen werden einen Besuch der Gedong-Kirtya-Bibliothek mit wertvollen Palmblatt-Manuskripten (Lontare) bei einem Aufenthalt in ►Singaraja nicht versäumen. Fast den Charakter eines Freilichtmuseums hat das kleine Dorf Penglipuran in der Umgebung von ►Bangli.

◄ Auf Lombok

Auch auf der Nachbarinsel ►Lombok gibt es in der Hauptstadt Mataram ein interessantes Museum, das insbesondere über die Geschichte der Urinsulaner Sasak informiert.

Nachtleben

Ein nach westlichen Maßstäben übliches Nachtleben gibt es auf Bali erst, seit fremde Gäste auf die Insel gekommen sind, und auch heute ist es noch auf die von Touristen stark besuchten Gebiete beschränkt. Größtes Vergnügungszentrum mit Bars, Diskos und sonstigen Unterhaltungsstätten ist Kuta Beach, das mittlerweile mit der Nachbarsiedlung Legian zusammengewachsen ist. Alle großen Hotels von Nusa Dua auf der südlichen Halbinsel Bukit Badung verfügen über eigene

Ein Wohlgefühl für die Sinne: betörender Blütenduft, edles Räucherwerk, wohltuende Massagen und Bäder

BALINESISCHE SPAS

Auf Bali lebt die Kunst der genussvollen Gesundheits- und Schönheitspflege. Bereits Neugeborene werden mit duftenden Kräuterölen sanft massiert, Schulkindern verabreicht man bei Kopfschmerzen eine leichte Kopfmassage, und um nach einer Schwangerschaft schnell wieder die schlanke Figur zurückzugewinnen, benutzt man diverse Packungen, Umschläge etc.

Auch Touristen kommen auf Bali in den Genuss dieser überaus wohltuenden Anwendungen. Nahezu jedes Hotel besitzt ein eigenes Spa oder zumindest einen Bereich, in dem man sich von geschultem Personal mit duftenden Ölen massieren lassen kann. Auf Bali geht man davon aus, dass Körper und Geist, nämlich »Außen« und »Innen«, sich im Gleichklang befinden müssen, damit Gesundheit möglich ist.

Die Einwohner Balis sind, wie nahezu alle Indonesier, Anhänger der traditionellen **Jamu-Medizin**. Diese aus Dutzenden von Heilkräutern hergestellten Mittel werden als Getränke, Tabletten, Salben oder Umschläge verabreicht. Jamu kann, so heißt es auf Bali, zahlreiche Krankheiten heilen oder doch lindern, Entzündungen zum Verschwinden bringen sowie den Kreislauf und Stoffwechsel anregen.

Jamu-Arzneien werden in kleinen, offenen Buden am Straßenrand verkauft, aber auch in edel gestalteten Kräuterläden in Ubud oder Denpasar, frisch speziell dafür ausgebildeten heilkundigen Verkäuferinnen (Jamu Gendong) angerührt. Belebende, die Beschaffenheit der Haut oder der Haare verbessernde Jamu-Getränke werden auf Wunsch auch in den Spas angeboten.

Eintritt in eine andere Welt

Flackernde Kerzen, ein zarter Duft nach exotischen Blüten und Gräsern, mit Bast umwickelte Glas- und Keramikflakons mit Heilkräuterölen: Bereits der Besuch eines balinesischen Spas ist ein Erlebnis und eine Wohltat für den gestressten Besucher. Die angebotenen Anwendungen sind vielfältig, stets verzeichnet sind verschiedenen Bäder (Mandi), u. a. auf der Basis von Blütenblättern oder Joghurtmilch. Einen nachhaltigen, entspannenden Effekt haben sog. **Lulur-Behandlungen**. Diese bestehen in der Regel aus einer Massage, gefolgt von einem Peeling und einem Blütenbad. Balinesische Massagen sind überaus sanft und angenehm. Öle werden mittels streichelnder Bewegungen in die Haut eingeschleust, die Behandlung umfasst vom Kopf bis zu den Zehen alle Körperteile. Ein Peeling besteht aus einer cremigen Paste, die auf die Haut aufgetragen und, nachdem diese angetrocknet ist, in kreisenden Bewegungen wieder von der Haut abgerubbelt wird. Auf diese Weise werden ältere, abgestorbene Hautzellen entfernt, zum Vorschein kommt eine neue strahlender aussehende Haut. Die meisten balinesischen Spas haben den Ehrgeiz, für ihre verwendeten Peelings auf Fertigprodukte zu verzichten, und bereiten aus natürlichen Zutaten, etwa aus gemahlenem Reismehl, Sandelholz und duftenden Kräuter- und Blumenölen, ihr eigenes, unverwechselbares Rezept zu. Heilkräfte zugeschrieben werden dem traditionellen **Boreh**. Die aus Kräutern, Gewürzen und Reismehl zubereitete Paste regt die Durchblutung der Haut an, lindert Muskel- und Gelenkschmerzen und wirkt entspannend.

Buchtipp: Ginger Lee/Christine Zita Lim: Asien Spa. Anwendungen, Rezepte, Wellness-Oasen. Christian-Verlag, München 2002.

Bali ist auch ein Paradies für Nachtschwärmer. Wer gerne die Nächte durchmacht, dürfte hier keine Schwierigkeiten haben.

Unterhaltungslokale. In Sanur ist das Nachtleben relativ bescheiden; es spielt sich auch dort in der Nähe der Hotels ab.

Schwerpunkt Kuta / Legian ►

Zentrum des Nachtlebens von Kuta/Legian ist das Viertel, das von der Jl. Pantai Kuta und der Jl. Legian begrenzt wird. Hier gibt es zahlreiche In-Lokale, in denen sich vorwiegend die jüngeren Bali-Besucher treffen. Viele Bars wie der »Jaya Pub« an der Jl. Raya Seminyak bieten Livemusik. Diskos findet man ebenfalls überall, einige verlangen Eintritt oder Mindestverzehr. Zu einem Treffpunkt ist »Double Six« (www.doublesixclub.com) in Seminyak geworden.

Verkehr

Fährverbindungen

Fährhäfen

Zwischen Bali und Java sowie zwischen Bali und Lombok verkehren regelmäßig (täglich mehrmals) Autofähren bzw. Tragflügelboote (»Jetfoils«). Die Ab- bzw. Anlegestellen auf Bali befinden sich für die Fähren nach Java (Ketapang, östlichster Hafenort) in Gilimanuk an der westlichen Inselspitze, für jene nach Lombok im Hafen Benoa (südlich von Denpasar); Boote zu Balis Nebeninseln Lembongan und Penida fahren ab Benoa, Sanur, Kusamba oder Padang Bai.

FÄHRVERBINDUNGEN

BALI – LOMBOK

► **Lombok Network**
Jl. Karika Plaza 97, Kuta
Tel. (03 61) 87 57 904
www.lombok-network.com
Public Ferry von Padang Bai (Ostküste Bali) nach Lembar (Westküste Lombok), 10 x tgl., Fahrtzeit 4 bis 5 Stunden

BALI – PENIDA

►Reiseziele von A bis Z: Penida • Nuda Penida, Anreise zu Wasser

BALI – LEMBONGAN

►Reiseziele von A bis Z: Penida • Nusa Penida, Nebeninsel Lembongan.
Zwischen Benoa Harbour und Nusa Lembongan verkehrt regelmäßig der 34 m lange Luxuskatamaran »Bali Hai«.
Buchungen für Tagestouren oder abendliche »Dinner Cruises« (2,5 Std.) bei: Bali Hai Cruises, Benoa Harbour (Tel. 03 61 / 720 331, www.balihai cruises.com)

Auf Lombok legen die Fähren in Lembar (südlich der Inselhauptstadt Mataram), auf Lembongan bei Jungutbatu und auf Penida bei Toyapakeh an. Buchungen sind in allen Reisebüros bzw. in den Häfen oder bei den Reedereien selbst möglich.

Flugverkehr

Das staatliche Flugunternehmen »Garuda Indonesia« unterhält ein dichtes Streckennetz, in das auch der Flughafen von Denpasar auf Bali eingebunden ist. Neben zahlreichen interkontinentalen Verbindungen werden regelmäßig indonesische Flughäfen wie Jakarta, Palembang, Surabaya oder Yogyakarta angeflogen sowie die Nachbarländer Malaysia, der Stadtstaat Singapur, ferner Bangkok, Manila, Hongkong und Tokio bedient.
Den Flugverkehr innerhalb des indonesischen Archipels versehen außer »Garuda Indonesia« die kleineren Fluggesellschaften »Merpati«, »Sempati« und »Bouraq«. Die **Flugpreise** sind in Asien im Regelfall günstiger als in Europa. Allerdings ist damit zu rechnen, dass die Flüge vor allem vor und nach Feiertagen ausgebucht, wenn nicht gar überbucht sind. Da das Flugzeug innerhalb Indonesiens oft die einzige Möglichkeit ist, längere Strecken binnen kurzer Zeit zu überwinden, nimmt der Flugverkehr auch eine gewisse Funktion im sozialen Leben der Einheimischen ein (Verwandtenbesuche u. a.).

Am Flughafen

Der Flughafen von **Denpasar** ist nach einem balinesischen Freiheitskämpfer benannt und heißt Ngurah Rai. Er liegt ca. 12 km südlich von Denpasar bzw. etwa 3 km südlich von Kuta. Im linken Teil des Flughafengebäudes werden Flüge innerhalb Indonesiens abgefertigt (Domestic Airport), im rechten internationale Flüge (International

Airport). Der mittlere Teil ist ankommenden Passagieren vorbehalten. In der Ankunftshalle befindet sich ein Schalter, an dem freie Hotelzimmer abgefragt und reserviert werden können. Auf Wunsch wird auch der Transfer zum gewünschten Hotel arrangiert. Ebenfalls in der Ankunftshalle befinden sich mehrere Geldwechselschalter; vor dem Umtausch größerer Summen überprüfe man den gebotenen Wechselkurs (weitere Informationen ► Geld). Es ist zu empfehlen, hier nur einen kleineren Betrag zu wechseln.
Den **Transfer** vom bzw. zum Flughafen übernimmt üblicherweise das Hotel oder der Reiseveranstalter. Ansonsten befinden sich am Flughafengebäude Schalter der »Koperasi Taxi Service«, einer Kooperative der Taxifahrer, die den Transfer zwischen Flughafen und Zielen auf

INFORMATIONEN VERKEHR

FLUGLINIEN

► **Garuda Indonesia (auf Bali)**
Jl. Sugianyar 5, Denpasar
Tel. (03 61) 22 53 20
www.garuda-indonesia.com

In Kuta:
Kuta Paradiso Hotel
Tel. (03 6 1) 75 11 79

In Sanur:
Bali Beach Hotel Arcade
Tel. (03 61) 28 79 15

► **Bouraq**
Jl. Sudirman 7A, Denpasar
Tel. (03 61) 24 13 97

► **Cathay Pacific**
Wisthi Sabha Building
Ngurah Rai International Airport
Denpasar 80361
Tel. (03 61) 75 39 42

► **China Airlines**
Wisthi Sabha Building
Ngurah Rai International Airport
Denpasar 80361
Tel. (03 61) 75 72 48

► **Merpati Nusantara Airlines**
1, Jl. Melati 51
Denpasar
Tel. (03 61) 23 53 58

► **Thai Airways**
Grand Bali Beach Hotel
Tel. (03 61) 28 81 41, Fax 28 80 63

► **Qantas**
Bali Beach Hotel, Sanur
Tel. (03 61) 28 92 80

► **Qatar Airways**
Discovery Kartika Plaza Hotel
South Kuta Beach, Kuta
Tel. (03 61) 75 22 22

MIETWAGEN

► **Flughafen Denpasar (International Arrival Hall)**
Golden Bird Bali
Tel. (03 61) 70 11 11, Fax 71 16 28
www.bluebirdgroup.com
Indorent
Tel. (03 61) 744 11 41
Fax 744 11 43, www.indorent.co.id

FAHRRADVERLEIH

► **Sobek**
Jl. Bypass Ngurah Rai 56
Simpang Siur, Kuta
Tel. (03 61) 76 80 50
www.balisobek.com

Fahrt durch Lavafelder: die Straße zum Batur-See

Bali zu Festpreisen organisiert. Den Preis für die jeweilige Fahrt entnehme man dem Aushang am Schalter, wo er auch entrichtet wird. Der Taxifahrer erhält nur die Quittung.
Der Flughafen von **Mataram** auf Balis östlicher Nachbarinsel Lombok liegt nur wenige Kilometer nördlich der Hauptstadt Mataram, am Weg zur Hotelsiedlung Senggigi Beach. Nach der Ankunft stehen ausreichend Taxis bereit, den Transport zum gewünschten Hotel durchzuführen. Reisende mit fest gebuchtem Arrangement werden vor der Ankunftshalle von den örtlichen Vertretern ihres Reiseveranstalters erwartet. In der Ankunftshalle befindet sich ein Schalter, an dem Einzelreisende Auskunft über freie Hotelzimmer erhalten.
Auf beiden Flughäfen stehen **Gepäckträger** zur Verfügung; der Preis richtet sich nach der Anzahl der zu transportierenden Gepäckstücke.
Auch wenn der Flugschein ein »OK« aufweist, muss der Flug spätestens zwei Tage vor dem **Rückflug** bei der jeweiligen Fluggesellschaft telefonisch oder persönlich rückbestätigt werden, da der Anspruch auf einen Platz sonst erlöschen kann. Internationale Flüge erfordern eine Abfertigungszeit von zwei Stunden; bei Flügen innerhalb Indonesiens genügt normalerweise eine Stunde. Vor dem Abflug ins Ausland ist eine Flughafengebühr in bar zu entrichten, die derzeit bei ca. 150 000 Rupiah liegt, ins Inland 30 000 Rupiah.

Straßenverkehr

Mietwagen Sowohl auf Bali als auf Lombok besteht die Möglichkeit, die Inseln mit einem Mietwagen zu erkunden. Vor allem auf Bali gibt es zahlreiche Autovermieter; verliehen werden meist allradgetriebene Fahrzeuge (Jeeps) japanischer Herkunft (v. a. Suzuki). Ein internationaler Führerschein wird weniger von den Autovermietern als von der balinesischen Polizei verlangt (Vorsicht: Bußgeld!). Der Fahrer muss mindestens 21 Jahre alt sein. Selbstfahrer sollten nicht nur mit ungewohnten Verkehrsverhältnissen (**Linksverkehr!**) rechnen, sondern auch mit der zuweilen anarchisch anmutenden Fahrweise der Einheimischen.

Vorsichtiges Fahren ist unbedingt angeraten; prinzipiell vermeiden sollte man Nachtfahrten. Bewährt hat es sich, zusammen mit dem Fahrzeug einen einheimischen Fahrer zu engagieren. Er kostet nicht viel, besitzt die nötige Ortskenntnis und vor allem die Mentalität der Balinesen.

Bei der Übernahme des gemieteten Fahrzeuges überzeuge man sich von seiner Verkehrssicherheit (v. a. Bremsen, Reifenzustand, Licht) und überprüfe es in jedem Fall auf etwaige Vorschäden. Dass das Fahrzeug ausreichend haftpflichtversichert sein muss, versteht sich von selbst. Im Zweifelsfall verlasse man sich auf die Fahrzeuge renommierter Vermieter, eine Liste hält das deutsche Honorarkonsulat auf Bali (►Auskunft) bereit.

In der Regenzeit sind viele Straßen überflutet.

Autohilfe

Automobilklubs wie in Deutschland oder anderen westlichen Ländern gibt es auf Bali nicht, auch keine Notruftelefone an den Straßen. Man ist daher auf die Hilfe anderer Verkehrsteilnehmer angewiesen. Bei einer Panne macht man am besten durch Winken auf sich aufmerksam. Das Abschleppen bis zur nächsten Werkstatt ist erlaubt. Nachts kann die Situation schwierig werden, besonders außerhalb der Touristenorte bzw. im Inselinneren. Oft muss man längere Zeit warten, bis sich jemand zur Hilfeleistung bereit erklärt. Von Nachtfahrten ist nicht zuletzt aus diesem Grund abzuraten.
Vom Autovermieter sollte man sich ein Verzeichnis der verlässlichen Autoreparaturwerkstätten aushändigen lassen. Ist ein solches nicht vorhanden, so sollte man sich informieren, was im Falle einer Panne zu tun ist.

Motorräder

Das Anmieten eines Motorrades ist nur demjenigen zu empfehlen, der über eine gute Fahrpraxis verfügt. Doch selbst unter dieser Voraussetzung kommt man auf Bali nicht selten im wahrsten Sinn des Wortes ins Schleudern. Der beklagenswerte Zustand vieler Straßen, namentlich im Inselinneren, birgt große Unfallgefahren (Schlaglöcher, plötzlich auftretender Belagwechsel, gänzlich andere Bodenhaftung nach Regenschauern u. a.). Eine weitere potentielle Gefahr stellt der Fahrstil der Einheimischen dar. Alljährlich ereignen sich zahlreiche Unfälle, die nicht selten langwierige Krankenhausaufenthalte nach sich ziehen oder gar tödlich ausgehen. Im übrigen besteht **Helmpflicht**!

Fahrräder

Die Insel Bali bietet sich geradezu an, sie mit dem Fahrrad zu erkunden. So gibt es immer mehr Fahrradverleiher, v. a. in den Touristenzentren Sanur, Kuta und Legian sowie in Denpasar; auch halten einige Hotels Mietfahrräder (manchmal auch Mountainbikes) bereit. Selbstverständlich sollte man sich auch bei der Übernahme eines gemieteten Fahrrades von dessen Verkehrssicherheit (Bremsen, Licht) überzeugen.
Organisierte Radtouren mit Mountainbikes (z. B. auf dem »Batur Trail«) veranstaltet das Unternehmen Sobek Expeditions.

Verhalten im Straßenverkehr

Asiaten haben grundsätzlich ein anderes Verhältnis zu Kraftfahrzeug und Straßenverkehr als Mitteleuropäer; auf Bali (und Lombok) ist dies nicht anders. Dabei beruht – etwas salopp ausgedrückt – der Verkehr hier eigentlich nur auf dem relativ einfachen Prinzip, dass die fünf Fahrzeuglenker vor dem eigenen Auto, die fünf dahinter und die siebzehn Fahrrad- bzw. Motorradfahrer oder Fußgänger zur Linken und zur Rechten sich genau so verhalten, wie man es erwartet und keinen Unsinn machen. Verkehrsregeln werden häufiger übertreten als befolgt, Geschwindigkeitsbegrenzungen anscheinend eher als Ansporn verstanden, das Letzte aus den oft kaum verkehrstüchtigen Fahrzeugen herauszuholen. In Indonesien – also auch auf Bali und Lombok – herrscht Linksverkehr.

Mit Ausnahme der vierspurigen Umgehungsstraße »Jalan Bypass« zwischen Denpasar und Nusa Dua gibt es auf Bali keine Autobahnen oder Schnellstraßen. Vor allem in den ländlichen Regionen ist der Zustand selbst wichtiger Überlandstraßen äußerst prekär. Schlaglöcher, Spurrillen und nicht befestigte Randstreifen stellen sich meist zu spät als Hindernisse heraus, weshalb eine umsichtige Fahrweise ratsam ist. Besonders bei Ortsdurchfahrten machen Einheimische ausgiebigen Gebrauch von der Hupe – eine Gepflogenheit, der man sich auch als Gast schnell unterwirft.

Die **Straßenbeschilderung** folgt im Wesentlichen der international üblichen Regelung; einige Zeichen weichen jedoch davon ab. Die Straßen auf Bali sind nicht systematisch nummeriert, auch nicht auf den überall erhältlichen Straßenkarten.

Auch wenn sich nur wenige Einheimische daran halten, so gilt doch in geschlossenen Ortschaften eine **Höchstgeschwindigkeit** von 40 km/h. Außerorts sind 80 km/h für Pkw und 50 km/h für Busse und Lkw erlaubt.

Verschiedene Verkehrsmittel

In Denpasar und im Süden Balis gibt es ausreichend **Taxis** (zu erkennen an der blau-gelben Lackierung), die mit Taxametern ausgerüstet sind; ferner verkehrt eine Vielzahl »wilder« Taxen, vor deren Benutzung man den Fahrpreis mit dem Fahrer aushandeln muss. Tagsüber und in den frühen Abendstunden wird das Taxameter üblicherweise eingeschaltet, abends und an Wochenenden, wenn ein gewisser Mangel an Taxen besteht, nennen die Fahrer oftmals einen Preis, den man entweder akzeptiert – oder beim nächsten Fahrer versucht, günstigere Bedingungen zu erreichen. Bei längeren Fahrten sind die Taxifahrer eher geneigt, einen festen Preis auszuhandeln. Bei eingeschaltetem Taxameter wird die Fahrt sehr preiswert (5000 Rp. Grundgebühr, 4500 Rp. pro km). In Ubud und auf der übrigen Insel gibt es nur „wilde" Taxis, also meist Fahrer mit Privatwagen. Der Fahrpreis muss zunächst verhandelt werden, er liegt 2-3 Mal über dem Taxameter-Preis. Man wird unablässig mit „taxi!" und „transportation!" angesprochen.

Die Fahrt mit einem **Bus** kann auf Bali zu einem Erlebnis besonderer Art werden; für die Einheimischen ist der Bus das preisgünstigste Verkehrsmittel, um kürzere oder längere Distanzen zu bewältigen. Busfahren ist äußerst populär, der Fahrpreis denkbar günstig; er steht fest und muss deshalb nicht vorher ausgehandelt werden. Fahrpläne existieren hingegen nicht. An den Busbahnhöfen, die es in allen Städten gibt, wartet der Fahrer üblicherweise so lange, bis genügend Passagiere beisammen sind und sich die Fahrt für ihn rentiert.

Kleinbusse werden zuweilen als »**Colts**« bezeichnet. In der Personenbeförderung weit verbreitet sind die »**Bemos**« genannten Kleintransporter (Minibusse), bei denen es sich um umgebaute Lieferwagen handelt, bei denen die Ladefläche mit Sitzbänken ausgestattet ist. Bei längeren Fahrten wird es unbequem, weshalb man dann einem Autobus den Vorzug geben sollte.

Gemütlich und beschaulich kann eine Fahrt mit einem »**Dokar**« (auf Lombok »Cidomo« genannt), einer einspännigen Pferdekutsche auf zwei Rädern, sein – wenn man sie nicht gerade in Denpasar unternimmt. Bei den Einheimischen ist dies das beliebteste Transportmittel für kürzere Strecken. Der (bescheidene) Fahrpreis muss vor Antritt der Tour ausgehandelt werden.
Eine gewisse Portion Mut gehört dazu, um sich einem der immer zahlreicher werdenden Motorradtaxis (»**Ojek**«) anzuvertrauen. Zwar verfügen die Fahrer meist über die notwendige Routine, die man braucht, um den chaotischen Verkehrsverhältnissen gerecht zu werden. Doch gibt es unter den Ojek-Fahrern nicht wenige, die Balis Straßen mit (schlecht) präparierten Rennstrecken verwechseln. In jedem Fall verlange man nach einem Sturzhelm; auch gilt es, den Fahrpreis vorher auszuhandeln.

Zeit

Zentralindonesische Zeit

Indonesien gehört von Westen nach Osten drei Zeitzonen an. Für Bali und Lombok gilt die Zentralindonesische Zeit (= MEZ + 7 Std.). Es gibt keine lokale Sommerzeit.

Touren

AUF BALI ERWARTET SIE EINE TROPISCHE WELT VOLLER GRÜNER REISFELDER, HINDUISTISCHER TEMPEL, SCHÖNER STRÄNDE UND FREUNDLICHER MENSCHEN. DIE INSEL, ÜBER DER HEITERKEIT UND EINE RUHIGE GELASSENHEIT ZU LIEGEN SCHEINT, BIETET VIELERLEI ZU ENTDECKEN.

TOUREN DURCH BALI

Interessieren Sie sich für Tempel und Kultur? Wollen Sie reizvolle Landschaften kennenlernen? Oder doch lieber eine Mischung? Lassen Sie sich bei Ihrer Ausflugsplanung von unseren Vorschlägen anregen ....

TOUR 1 **Im Zentrum von Bali**
Dies ist die schönste Tagestour, die Bali zu bieten hat – durch faszinierende Landschaften, vorbei an einigen der größten Sehenswürdigkeiten der Insel ► **Seite 137**

TOUR 2 **Der Südosten**
Ausflug zur Kerta Gosa mit ihren wunderbaren Wayang-Malereien, der Fledermaushöhle Goa Lawah und zu Amlapuras Fürstenpalast.
Auf der Fahrt gibt es für Liebhaber von Kunsthandwerk viel zu entdecken! ► **Seite 139**

TOUR 3 **Inselrundfahrt**
Dieser Ausflug bietet Ihnen einen umfassenden Eindruck Balis mit seinen kulturellen und landschaftlichen Reizen! ► **Seite 140**

Bepflanzen, Pflegen und Abernten der Reisfelder – ein permanenter Kreislauf

Nationalpark
Refugium für bedrohte Vögel

Seenlandschaft
mit umwerfender Aussicht

Gewürzgärten
Nelken, Vanille und Muskat bekommt man hier in erstklassiger Qualität.

Warang-Stil
Ethikunterricht auf den Deckengemälden der Kerta Gosa.

Gläubige bringen ihre kunstvoll arrangierten Opfergaben zum Tempel.

Unterwegs auf Bali

Die folgenden Routenvorschläge sollen Anregungen zum Kennenlernen der Insel Bali mit einem Mietfahrzeug geben, ohne die Freiheit der eigenen Planung und Streckenführung zu nehmen. Sofern man öffentliche Verkehrsmittel (Bus, Bemo) benutzen möchte, sollte man sich wegen der unterschiedlich guten Verbindungen auf eine längere Fahrtdauer einrichten. Infolge der geringen Größe der Insel Bali sind **alle Ziele in Eintagestouren gut erreichbar**, vorausgesetzt, man fährt am frühen Morgen los und nimmt eine Rückkehr am späteren Abend in Kauf. Lediglich für eine Umrundung der ganzen Insel sollte man zwei bis drei Tage einplanen.

Ein Problem stellt der Umstand dar, dass die Straßen auf Bali nicht systematisch nummeriert sind. Entlang der Straßen befinden sich jedoch Kilometersteine, auf denen in der einen Richtung die jeweilige Entfernung zur Hauptstadt Denpasar und in der anderen jene zur nächsten Stadt oder Ortschaft angegeben ist. Die in Klammern hinter den Routenüberschriften genannten Kilometerentfernungen entsprechen der jeweiligen Gesamtdistanz auf direktem Wege. Die vorgeschlagenen Strecken lassen sich auf der zu diesem Reiseführer gehörenden Inselkarte verfolgen.

Tour 1 Im Zentrum von Bali

Länge: ca. 220 km (hin und zurück) **Dauer:** 1 Tag

Diese Tagestour ist wohl die schönste, die man auf Bali unternehmen kann. Sie führt durch eine faszinierende Landschaft mit lebendigen Dörfern und gastfreundlichen Einwohnern, zudem berührt sie einige der größten Sehenswürdigkeiten auf der Insel. Frühzeitig aufbrechen!

Landschaftlich sehr reizvoll

Von ❶ ✶✶ **Denpasar** folgt man zunächst der Straße nach Gilimanuk, biegt jedoch nach rund 40 km bei dem kleinen Ort Antosari rechts in Richtung Serjrit bzw. Singaraja ab.

Affenliebe
Die Tiere gelten als heilig, doch sollte man sich ihnen mit Vorsicht nähern.

Lovina
bietet schwarzsandige Buchten und unberührte Korallenriffe.

Reiskammer
Der Anbau in Terrassen schützt das Land vor Erosion.

Von ❷**Antosari** verläuft die Straße durch eine Landschaft von außerordentlichem Reiz. Unterwegs öffnen sich an vielen Stellen der kurvenreichen Bergstraße überraschende Ausblicke auf die kunstvoll angelegten Reisterrassen. Nur wenige Kilometer voneinander entfernt reihen sich die Dörfer, in denen die Reisbauern leben. ❸**Pupuan**, die nächstgrößere Ortschaft, ist bekannt als Zentrum des Gemüseanbaus. Es besitzt aber außer seiner schönen Umgebung keine Sehenswürdigkeiten. Daher empfiehlt es sich, bis zum nördlichen Inselrand nach Seririt weiterzufahren.

Dort biegt man in Richtung ❹✶✶ **Singaraja** ab und erreicht – etwa um die Mittagszeit – die zweitgrößte Stadt der Insel mit der bekannten Gedong-Kirtya-Bibliothek. Im Zentrum gibt es einige empfehlenswerte Restaurants.

Auf dem Weg zu dem nächten großen Ziel kann man etwa auf des Hälfte des Weges einen Abstecher zu dem schönen ❺✶ **Gitgit-Wasserfall** machen. Der ❻✶✶ **Bratan-See** liegt traumhaft schön inmitten einer urwüchsigen Tropenlandschaft. An seinem westlichen Ufer taucht der Tempel **Pura Ulu Danu**, zu dem man sich mit Booten bringen lassen kann. Wenn noch Zeit übrig bleibt, sollte man **Bedugul** besuchen, den wundervoll angelegten Botanischen Garten besichtigen und erst dann weiter Richtung Süden fahren.

Ausschlaggebend für die Wahl der weiteren Strecke ist die verbleibende Zeit. Wenn man Bedugul gegen 15.00 Uhr verlässt, ist es noch früh genug, um die im folgenden als »Variante« beschriebene Strecke zu fahren, bevor es nach Denpasar zurückgeht. Als Alternative kann man aber auch, den Tag mit einem Besuch des ❼✶ **Affenwaldes** von Sangeh (►Mengwi) abschließen und hierzu von Pacung die Straße nach Mengwi zu benutzen.

i Auf dem Weg

- Krambitan: Traditionelle balinesische Paläste wurden wenige Kilometer westlich von Tabanan zu Hotels umgewandelt, die ein interessantes kulturelles Programm anbieten.
- Banjar: Kurze Zeit, nachdem man die Küstenstraße erreicht hat, kann man einen Stop bei einem buddhistischen Kloster und den heißen Qullen Air Panas einlegen.
- Wunderbare Spaziergänge kann man in der Umgebung des Tambligan- und des Bayan-Sees südlich des Gitgit-Wasserfalls machen.
- Blayu, südlich von Sangeh, ist ein ausgesprochen malerisches Dorf. Auch hier gibt es einen Affenwald und den kleinen Tempel Pura Alas Kedaton.

Variante Entscheidet man sich aber doch für die zeitintensivere Variante mit dem Abstecher zur Tempelanlage des **Pura Luhur Batukau** zu Füßen des gleichnamigen Berges, so erreicht man ❽**Tabanan** über die annähernd parallel zu der zuvor beschriebenen Strecke verlaufenden Straße von Pacung. Vor allem das Teilstück zwischen Badjera nach Tabanan führt durch eine atemberaubend schöne Landschaft. Tabanan selbst ist bekannt für eines der besten Gamelan-Orchester auf Bali. Von hier sind es zurück nach ❶✶✶ **Denpasar** nur noch 21 km, die rasch zurückgelegt sind.

Tour 2 Der Südosten

Länge: 180 km (hin und zurück) **Dauer:** 1 Tag

Der im folgenden beschriebene Tagesausflug führt in den östlichen Teil von Bali; entlang der Strecke befinden sich etliche bedeutende Sehenswürdigkeiten und Shoppingmöglichkeiten.

Vom Shoppen zum Baden

Man verlässt ❶ ✶✶ **Denpasar** über die nach Osten führende Straße in Richtung Celuk bzw. Sukawati. An der Hauptstraße, die durch **Celuk** führt, reihen sich die verlockenden Geschäfte der Silber- und Goldschmiede. Nach etwa 17 km erreicht man den Ort ❷ **Sukawati**. Hier gibt es zahlreiche Geschäfte, in denen Kunsthandwerkliches angeboten wird. Der Ort selbst bietet kaum Sehenswertes; im Zentrum befindet sich jedoch ein »Art Market«, auf dem die Preise meist günstiger sind als in den Touristenzentren rund um Denpasar.
Weiter geht die Fahrt durch eine abwechslungsreiche Landschaft, bevor man **Gianyar** und – nach weiteren 13 km – die Stadt ❸ ✶✶ **Klungkung** mit der überaus sehenswerten Gerichtshalle Kerta Gosa erreicht.
Von Klungkung wendet sich die Straße wieder dem Meer zu, ab Kusamba folgt sie der Küste. Direkt an der Straße befindet sich das

Kerta Gosa
Gerichtshalle aus dem 18. Jahrhundert

Lotosblumenfeld
in der Nähe von Candi Dasa

Höhlenheiligtum ❹ ✶ **Goa Lawah** (► Candi Dasa) mit Abertausenden kleiner Fledermäuse am Höhleneingang. Von hier sind es nur noch wenige Kilometer bis nach ❺ ✶✶ **Candi Dasa**, dem Touristenzentrum im östlichen Inselteil, das man etwa um die Mittagszeit erreicht.

Von Candi Dasa bis ❻ ✶✶ **Amlapura** geht die Fahrt weiter durch kleine Dörfer. Die Straße verläuft zunächst am Meeresufer entlang und wendet sich dann ins Landesinnere, wo sie sich stellenweise über Hügel windet und hin und wieder schöne Ausblicke ermöglicht. Amlapura, das einstige Karangasem, bietet eine wichtige Sehenswürdigkeit, die man nicht unbeachtet lassen sollte: In der Ortsmitte befindet sich der Fürstenpalast Puri Agung Kangingan mit schönen Pavillons in einer wunderschönen Grünanlage.

Nur wenige Kilometer außerhalb von Amlapura liegen die herrschaftlichen Bäder von **Tirthagangga,** die zu einer »Erfrischung« einladen. Bei klarem Wetter grüßt aus dem Inselinneren Balis höchster Berg, der vulkanische Gunung Agung (3142 m ü.d.M.).

i Nette Abstecher

- Bekannt für Kunsthandwerk, v.a. Schmuckherstellung, Malerei und Holzschnitzerei, sind Celuk, Batuan und Mas bei Sukawati.
- Wenige Kilometer sind es von Amlapura in das Fischerdorf Ujung, dessen neu restaurierter Wasserpalast inmitten eines schönen Parks beeindruckt. Wundervoll ist eine Tour um den Ostzipfel der Insel. Doch Vorsicht: Vorher sollte man sich unbedingt nach dem aktuellen Zustand der Straße erkundigen!

Tour 3 Inselrundfahrt

Länge: ca. 450 km **Dauer:** 2 bis 3 Tage

Eine Umrundung der Insel Bali ist nur demjenigen zu empfehlen, der sich auch für den weniger aufregenden Westteil interessiert. Eine Sehenswürdigkeit im eigentlichen Sinne stellt hier »nur« der Bali-Barat-Nationalpark dar; der Besuch stößt jedoch auf die Schwierigkeit, daß es im Inneren des Nationalparkgeländes keine für Kraftfahrzeuge befahrbaren Straßen gibt.

Erster Tag

Zwischen Meer und Nationalpark

Man verlässt ❶ ✶✶ **Denpasar** nordwestwärts in Richtung Gilimanuk. Hinter den beiden Orten Sempidi und Lukluk, wo es einige bunt bemalte und reich verzierte Tempel zu sehen gibt, kommt man nach ca. 15 km in den Ort **Kapal** mit den beiden Tempeln Pura Desa und Pura Puseh. Entlang der Hauptstraße befinden sich etliche Läden, in denen aus Zement gegossene Sakralfiguren angeboten wer-

Wasserbüffelrennen
Es starten immer nur zwei Gespanne gleichzeitig.

Zeremonie
zu Ehren der Meeresgötter

Art Center
mit Kunstmuseum, Theatern, Tanz- und Musikaufführungen

den. Von Kapal nach ❷ **Tabanan**, der Hauptstadt des gleichnamigen Regierungsbezirkes, sind es nur noch 7 km; sie führen durch eine abwechslungsreiche Landschaft, die allmählich zum Inselnorden ansteigt. Der Ort selbst bietet keine ausgesprochenen Sehenswürdigkeiten; diese liegen vielmehr in der Umgebung.

Einen Abstecher lohnt das meerwärts gelegene Dörfchen **Krambitan** mit den ehemaligen Fürstenresidenzen Puri Gede und Puri Anyur. Im Puri Gede befindet sich ein außergewöhnlich schönes Hotel, das wegen seiner kleinen Anzahl von Zimmern fast immer ausgebucht ist.

Die Straße führt nun weiter in westlicher Richtung entlang der Küste nach ❸ ** **Negara**; auf dem Wege dorthin passiert man das kleine Städtchen Pulukan, wo schöne Sandstrände zu einer kurzen (Bade-) Pause einladen. Negara ist weniger für seine Sehenswürdigkeiten als durch das alljährlich im November stattfindende Wasserbüffelrennen bekannt. Sollte man den Ort just zu dieser Zeit besuchen, lohnt natürlich ein längerer Aufenthalt.
Während bei der Weiterfahrt linker Hand das Meer fast ständiger Begleiter ist, erstreckt sich zur Rechten der ❹ ** **Bali-Barat-Nationalpark**. Das Hauptquartier der Parkverwaltung, in dem die Besuchserlaubnis für den Park erteilt und das Eintrittsgeld kassiert wird, befindet sich kurz vor Gilimanuk bei Cecik. **Gilimanuk** besitzt so gut wie keine Sehenswürdigkeiten. Ein kurzer Aufenthalt lohnt allenfalls, um das geschäftige Treiben am Hafen, wo die Fähren nach und von Java ab- bzw. anlegen, zu beobachten.
Die Straße zwischen Gilimanuk und ❺ **Terima** ist die einzige befahrbare Straße durch den Bali-Barat-Nationalpark. Es empfiehlt sich, dieses kurze Stück langsam zu fahren und die außerordentlich schöne Landschaft in aller Ruhe auf sich wirken zu lassen. Reizvoll könnte von Terima aus – ausreichend Zeit vorausgesetzt – die knapp halbstündige Bootsfahrt zur Insel Manjangan sein (gutes Bade-, Schnorchel- und Tauchrevier).
Relativ gleichförmig verläuft die Strecke von Terima in Ufernähe ostwärts über Seritit. Kurz vor Singaraja fährt man durch das touristisch gut erschlossene Gebiet **Lovina Beach**. Hier reihen sich an der Straße Hotels, Restaurants und Ladengeschäfte. ❻ ** **Singaraja** war während der niederländischen Besatzungszeit Sitz der Kolonialregierung und damit eigentlich die Hauptstadt Balis. Heute ist es die zweitgrößte Stadt der Insel. Um genügend Zeit zur Besichtigung der Sehenswürdigkeiten (Pura Dalem, Gedong-Kirtya-Bibliothek) sowie des Ortes selbst zu haben, empfiehlt es sich, entweder vor Ort Quartier zu nehmen oder am Lovina Beach eine Unterkunft zu suchen und von dort in die Stadt hineinzufahren.

Zweiter Tag

Highlights in und um Amlapura

Vorausgesetzt, man hat in Singaraja oder Lovina Beach übernachtet, sollte man bereits am frühen Morgen des zweiten Tages weiterfahren, um einerseits das erwachende Leben auf den Straßen beobachten zu können und andererseits genügend Zeit zu haben, die Sehenswürdigkeiten in und um Amlapura zu besichtigen.
Ein landschaftlich überaus reizvoller Abstecher führt von Singaraja südlich landeinwärts zum ❼ * **Gitgit-Wasserfall**; man folge der Straße in Richtung Bedugul.
Zurück auf der Küstenstraße Richtung Amlapura fährt man durch ein landwirtschaftlich genutztes Gebiet; u. a. befinden sich hier die größten Kaffeeplantagen Balis. Nach gut drei Stunden Fahrzeit ent-

fernt sich die Straße von der Küste, und nach einer weiteren knappen Stunde erreicht man ⑧ ✶✶ **Amlapura**.
Amlapura (früher Karangasem) wurde beim letzten Ausbruch des Gunung Agung am 17. März 1963 schwer in Mitleidenschaft gezogen. Auf den Trümmern der alten Stadt entstanden neue, moderne und zweckmäßige Gebäude. An manchen Stellen entdeckt man aber noch rußgeschwärzte Mauern und nicht wiederaufgebaute Häuser, stumme Zeugen der verheerenden Naturkatastrophe. Erhalten blieb jedoch der Fürstenpalast Puri Agung Kanginan, dessen Besichtigung man ebenso nicht versäumen sollte wie den Besuch der ehemals herrschaftlichen Badeanlage **Tirthagangga**.
Zwar beträgt die Distanz zwischen Amlapura und Klungkung nur etwa 40 km; doch ist es eigentlich fast zu schade, diesen landschaftlich besonders sehenswerten Teil der Insel Bali nur zu durchfahren. Die Straße führt durch teilweise hügeliges Land, an einigen Stellen öffnen sich herrliche Ausblicke auf Meer und Landschaft.
Kurz hinter dem touristisch gut erschlossenen Ort ⑨ ✶✶ **Candi Dasa** liegt direkt an der Straße der Höhlentempel **Goah Lawah**, eines der wichtigsten Heiligtümer auf Bali. Schon von weitem erkennt man die Busse der Reiseveranstalter, die diesen Tempel täglich ansteuern. Die Hauptsehenswürdigkeit ist der Eingang zur Höhle selbst; hier klammern sich Abertausende kleiner Fledermäuse an das nackte Gestein.
Bis Klungkung sind es von Goah Lawah nur noch ungefähr zehn Kilometer. ⑩ ✶✶ **Klungkung** ist vor allem berühmt wegen der Gerichtshalle Kerta Gosa und diese wiederum wegen ihrer einzigartigen Gemälde im Wayang-Stil.
Auf der letzten Etappe der Inselumrundung passiert man einige Dörfer und kleinere Ortschaften. Hat man für diese Tour die eingangs empfohlenen zwei Tage angesetzt und will man noch am Abend Denpasar erreichen, bleibt kaum Zeit, weitere Sehenswürdigkeiten zu besichtigen.

i Nicht versäumen!

- Eine wunderbare Aussicht nach Java, die Menjangan-Inseln und Gilimanuk bietet die Anhöhe Makam Jayaprana bei Terima.
- Auf dem Weg nach Singaraja sollte man eine Pause an dem sehr schönen, ruhigen weißen Sandstrand Pantai Gondol eine Pause einplanen.
- Südlich von Pacung kann man das Bergdorf Sembiran besuchen. In dem kleinen Ort gibt es etwa zwanzig Tempel!
- Weiter auf der Küstenstraße passiert kommt man eigenwilligen Meeresheiligtum Pura Ponjok Batu und dem chinesisch geprägten Tejakula, das für seinen Silberschmuck und den Wayang-wang-Tanz berühmt ist, vorbei.

Tipps für Halbtagesausflüge

Die Orte **Gianyar**, **Sukawati** und **Celuk** mit z. T. sehr sehenswerten Tempelanlagen sind jedoch von Denpasar in kürzester Zeit zu erreichen und empfehlen sich für Halbtagesausflüge.

Reiseziele von A bis Z

TROPISCHE NATUR, TÜRKISFARBENES MEER, BUNTE KORALLENRIFFE, IMPOSANTE VULKANKRATER, KUNSTVOLL ANGELEGTE REISTERRASSEN, BEEINDRUCKENDE HINDUISTISCHE TEMPELANLAGEN, TRADITIONELLE DÖRFER SOWIE EINE LEBENDIGE KUNST- UND KUNSTHANDWERKSSZENE – ALL DIESE FACETTEN BALIS WARTEN AUF SIE!

★★ Amlapura (Karangasem)

Q 6

Hauptstadt des Regierungsbezirkes Karangasem
Entfernung: 80 km nordöstl. Denpasar

Region: Ostbali
Höhe: 2 – 90 m ü.d.M.
Einwohner: ca. 30 000

Amlapura (einst Karangasem), der Verwaltungssitz des Regierungsbezirkes Karangasem, ist die östlichste Stadt auf der Insel Bali und liegt am Fuß des Vulkans Gunung Agung.

Geschichte Amlapura, das seinen zweiten Namen Karangasem nach dem gleichnamigen Bezirk erhielt und ihn offiziell seit 1964 führt, spielte während der jahrelangen Versuche der Niederländer, auf Bali Fuß zu fassen, eine wichtige Rolle. Während sich die Herrscher der in der Mitte Balis gelegenen Fürstentümer teilweise gegen die drohende Okkupation wehrten, arrangierten sich jene von Karangasem mit den Besatzern und sorgten somit für eine offene Flanke auf dem östlichen Inselteil. Die Niederländer konnten so bis zur Südküste und nach Sanur weitersegeln und die Widerstand leistenden Fürsten von Gianyar und Badung unweit ihrer Hauptstädte angreifen. Der Dank blieb nicht aus: Karangasem wurde eine der reichsten Städte auf Bali, der Fürst behielt seine Macht.
Beim **Ausbruch des Vulkans Gunung Agung 1963** wurden nahezu alle Gebäude der Stadt zerstört. Wie diese wurden auch die wichtigen Verkehrsverbindungen zu den anderen Teilen der Insel wieder hergestellt.

AMLAPURA ERLEBEN

AUSKUNFT

Karangasem Tourist Office
Jl. Ngurah Rai
Amlapura
Tel. (0363) 210 02

VERKEHRSVERBINDUNGEN

Von Denpasar fährt man bis Sakah, dort biegt man rechts in Richtung Blahbatuh ab, weiter geht es nach Klungkung; von dort entlang der Küste vorbei an Candi Dasa.
Von Denpasar-Kerenang gibt es mehrmals täglich eine Busverbindung.

ESSEN

► Preiswert

In der Umgebung von Bahnhof und Busterminal gibt es einige einfache, aber gute Lokale. Imbissstände findet man zudem auf dem Parkplatz des neuen Supermarkts Hardy's (Jl. Diponegoro).

ÜBERNACHTEN

► Günstig

Losmen Lahar Mas
Jl. Gatot Subroto 1
Tel. (03 63) 213 45
20 preiswerte und einfache Zimmer, einige von ihnen haben einen Blick auf Reisfelder.

Palastanlage von Amlapura

Sehenswertes in Amlapura und Umgebung

Obwohl durch die Erdbeben während des Vulkanausbruchs 1963 teilweise zerstört, lohnt der Ende des 19. Jh.s. erbaute Fürstenpalast Puri Agung Kanginan an der Straße nach Ujung die Besichtigung. Die Anlage besteht aus drei Teilen: Im ersten, Bencingah genannt, finden die traditionellen Feste statt, im zweiten befindet sich der Garten, während im dritten und damit innersten Teil die Wohngebäude der Fürstenfamilie stehen. Man betritt sie durch ein auf quadratischer Basis stehendes Eingangstor, das von zwei Löwen bewacht wird. Wendet man sich nach dem Bezahlen der Eintrittsgebühr nach rechts, gelangt man durch ein zweites Tor in den Garten und dann in den eigentlichen Palastbezirk. Rechts liegt ein künstlicher Teich mit einem Pavillon (Bale Kambang), links davon das mit vielen **Szenen aus dem »Ramayana«** geschmückte Bale!

★ **Puri Agung Kanginan**
Öffnungszeiten:
tgl. 9.00 – 18.00

Im eigentlichen Palastbezirk befinden sich einige bemerkenswerte Gebäude. Das Bale London besitzt nicht nur reich geschnitzte Türen und gut erhaltene bzw. restaurierte Bilder an der Außenfassade sowie im Inneren (ein Blatt mit Erklärungen der Bilder erhält man an der Kasse), sondern auch die Instrumente für ein Gamelan-Orchester, die allerdings nur in Anwesenheit des Rajas verwendet werden dürfen. Neben dem Bale London steht das Bale Pemandesan, in dem die

rituellen Zahnfeilungen der Raja-Kinder vollzogen werden. In die fürstliche Audienzhalle Puri Madura, die auch den Namen **»Maskerdam«** trägt, passen 150 Personen. Sie ist seit dem Tod des letzten Bewohners (1966), des Fürsten A. A. Anglurah Ketut Karangasem, verschlossen; man kann jedoch durch die Fenster hineinsehen.
Verlässt man die Palastanlage wieder und überquert die Hauptstraße, stößt man auf etliche weitere Gebäude, die z. T. zum Puri Agung gehören oder Teile zweier alter Paläste (Puri Gede und Puri Kertasura) sind. Einige Bauten sind aber durch Erdbeben zerstört.

✶ **Tirthagangga**

Öffnungszeiten: tgl. 9.00 – 18.00

Etwa 5 km westlich von Amlapura trifft man auf die einstige herrschaftliche Badeanlage Tirthagangga (= Wasser des Ganges), die man zu einem jedermann zugänglichen Freibad umgestaltet hat. Beachtung verdienen die um 1947 vom letzten Raja von Amlapura angelegten **Teiche mit schönen Wasserspeiern** sowie einige Figuren und Fabelwesen. Die gesamte Anlage wurde ebenfalls während des Vulkanausbruchs 1963 stark beschädigt. Beim Wiederaufbau legte man großen Wert auf eine weitgehend originalgetreue Rekonstruktion.

Ujung

Reste des durch Erdbeben weitgehend zerstörten Wasserschlosses **Puri Taman Ujung** befinden sich bei Ujung, ca. 5 km südlich von Amlapura an der Küste. Die ursprüngliche Anlage wurde vom letzten Raja von Amlapura in Auftrag gegeben.

✶✶ **Landschaft**

Zwischen Candi Dasa und Amlapura führt die Straße durch eine außerordentlich reizvolle, tropische Hügellandschaft. Das Gebiet um Amlapura wird landwirtschaftlich intensiv genutzt; auf zahlreichen Terrassen wird **Reis** angebaut.

✶✶ Bali-Barat-Nationalpark (West-Bali-NP)

C 2/3

Region: Westbali
Höhe: Meereshöhe
Regierungsbezirk: Buleleng
Fläche: ca. 77 000 ha

Nahezu der gesamte westliche Teil der Insel Bali wurde 1983 zum Bali-Barat-Nationalpark (West-Bali-Nationalpark oder Taman Nasional Bali Barat) erklärt. Zuvor gab es hier einen von den Niederländern angelegten Naturpark, der jedoch eine wesentlich bescheidenere Ausdehnung hatte.

Wildtierrefugium

Bis vor etwa einem halben Jahrhundert lebten im Bereich des heutigen Bali-Barat-Nationalparkes die letzten Tiger auf Bali. Aber auch heute ist das weite Gelände noch Refugium für etliche Tierarten, u. a. für das hier heimische **Banteng-Rind, Rotwild und Affen**. Unter der

BALI-BARAT-NATIONALPARK ERLEBEN

VERKEHRSVERBINDUNGEN

Von Denpasar fährt man zum Bali-Barat-Nationalpark westwärts entlang der Küste. Mit Bussen und Bemos gibt es ab Gilimanuk und Singaraja gute Verbindungen.
Man erreicht den Park entweder von dem kleinen Ort Terima oder von Gilimanuk bzw. von Singaraja. Das Hauptquartier der Parkaufsichtsbehörde befindet sich bei Cecik (4 km südlich von Gilimanuk), weitere Stützpunkte in Labuhan Lalang und Telik Terima; hier ist eine geringe Gebühr für den Parkbesuch zu entrichten.

ESSEN / ÜBERNACHTEN

Homestays und Losmen gibt es in Gilimanuk. Unweit vom Hauptquartier der Nationalparkverwaltung bestehen einige bescheidene Quartiere. Weitere Auskünfte erteilt die Bali Recreation and Parks Organization (PUTRI), Jl. Nusa Indah, Denpasar, Tel. (03 61) 23 66 19.

► Luxus

Taman Sari Bali Resort
Jl. Raya Seririt, Dusun Pemuteran
Kecamatan Gerokgak
Tel. (03 62) 932 64
www.balitamansari.com
Kleine gepflegte Anlage mit privater Atmosphäre: Sechs Villen mit Privatpool sowie ein halbes Dutzend Suiten direkt am Strand und mehrere preiswerte Cottages locken in die Bucht von Pemuteran; das hoteleigene Spa bietet das balinesische Massagen zum günstigen Preis und kosmetische Anwendungen. Beliebt bei Tauchern und Ruhesuchenden.

► Komfortabel

Pondok Sari
Pemuteran, Tel. (03 62) 947 38
Fax (03 62) 923 37
www.pondoksari.com
Sehr schöne Bungalowanlage am Meer, umgeben von tropischem Grün. Tauchschule (man spricht Deutsch).

Vielzahl verschiedener Vogelarten ist besonders der äußerst selten gewordene und deshalb auch artengeschützte **Bali Star**, von dem es nur noch etwa 200 Exemplare gibt (er nistet v. a. im nördlichen Teil des Nationalparkes), bemerkenswert. Weil er trotz aller Appelle immer noch gefangen und auf Märkten feilgeboten wird, droht sein endgültiges Aussterben in absehbarer Zeit. Ornithologisch Interessierte wird aber die Vielfalt anderer tropischer Vögel begeistern.

Wanderwege

Liebhaber einer fast unberührten Landschaft können auf den (wenigen) Wegen und Pfaden Wanderungen durch eine einzigartige Wildnis unternehmen. Hierfür kommt insbesondere der nordwestliche Teil des Nationalparkes in Betracht, der südöstliche hingegen ist kaum erschlossen.

Insel Menjangan

Im äußersten Nordwesten des Bali-Barat-Nationalparkes liegt die der Küste unweit vorgelagerte, unbewohnte Insel (Pulau) Menjangan. Sie

Der weiße Bali Star ist vom Aussterben bedroht.

ist von **Labuhan Lalang** an der Bucht von Teluk Terima, wo es einfache Unterkünfte gibt, mit Booten in etwa einer halben Stunde erreichbar. Taucher finden hier eine faszinierende Unterwasserwelt, die man allerdings auch schon mit Schnorchel und Taucherbrille entdecken kann.

Der Fischerort **Pemuteran** ist ein schnell wachsender Ferienort mit einem schönen Strand, Korallenriffen mit tropischen Fischen, guten Tauch- und Schnorchelplätzen. Besucher der Menganan-Insel übernachten hier gerne. Zudem gibt es ein Schutzgebiet für Schildkröten.

★★ Bangli

N 6

Hauptstadt des Regierungsbezirkes Bangli
Entfernung: 39 km nördl. von Denpasar
Region: Zentralbali
Höhe: 392 m ü.d.M.

Bangli, die Hauptstadt eines der insgesamt neun Regierungsbezirke (Kabupaten) auf Bali, war einst ein selbstständiges Fürstentum. Unweit nördlich der Stadt beginnt der Randbereich des Vulkans Gunung Agung. Bangli selbst liegt jedoch noch am oberen Ende der gut bewässerten zentralen Hügellandschaft, die eine ertragreiche Landwirtschaft ermöglicht. Zum Bezirk zählt auch der Kratersee Batur, der größte See auf Bali.

Geschichte Die Stadt Bangli, heute **eines der kulturellen Zentren der Insel Bali**, wurde erstmals 1204 urkundlich erwähnt; der Anlass war ein großes religiöses Fest, das hier abgehalten wurde. Später war Bangli Hauptstadt eines selbstständigen Fürstentums, dessen Herrscher jedoch nie großen politischen Einfluss hatten. Sie suchten – wenn es die Lage erforderte – Schutz und Rat in der Nachbarschaft, nämlich bei den starken Herren von Klungkung.

Sehenswertes in Bangli

Bangli wird bestimmt von der **herrlichen Kulisse** des Berges Batur, v. a. in den Morgenstunden; später am Tag verschwindet der Vulkan

BANGLI ERLEBEN

AUSKUNFT

Bangli Tourist Office
Jl. Brigjen Ngurah Rai
Tel. (03 66) 915 37

VERKEHRSVERBINDUNGEN

Von Denpasar geht es nordostwärts über Sukawati bis Sakah, dort biegt man nach rechts ab in Richtung Blahbatuh und fährt weiter über Gianyar nach Bangli.
Mit dem Bus gibt es von Denpasar-Kerenang regelmäßig gute Verbindungen. Bemos fahren von Denpasar bis Gianyar; um nach Bangli zu gelangen, muss man dort umsteigen.

ESSEN

► Preiswert

① ***Pasar Malam***
Einige gute Warungs (Imbisse, einfache Restaurants) findet man am Pasar Malam (Nachtmarkt) in der Nähe der Bemo-Station; auch tagsüber gibt es in der Marktgegend einige Essensstände.

ÜBERNACHTEN

► Komfortabel

① ***Artha Sastra Inn***
Jl. Merdeka 5
Tel. (03 66) 911 79
Sehr unterschiedliche Zimmer findet man hier – teils in einem alten Palast, teils in einfachen Bungalows. Das Hotel liegt direkt gegenüber der Busstation.

② ***Bangli Inn***
Jl. Rambutan 1
Tel. (03 66) 914 19
Einfache, aber saubere Unterkunft.

fast immer in einem Wolkenhäubchen. In Bangli gibt es einige sehenswerte Tempel, darunter fünf, die den Mächten der Unterwelt geweiht sind. Jeden dritten Tag findet im Zentrum von Bangli vor dem Raja-Palast Puri Artha Sastra ein großer **Markt** statt, bei dem die Bauern aus der ganzen Umgebung ihre Erzeugnisse anbieten.

* **Puri Artha Sastra**

Die einstige Residenz der Fürsten von Bangli, der Puri Artha Sastra, wurde vor einigen Jahren zu einem kleinen Hotel umgebaut; Besitzer ist der junge Fürst selbst. Die Bales sind mit traditionell-balinesischen, aber auch chinesischen Malereien verziert; in der hübschen Anlage findet man auch etliche Statuen und Figuren aus der hinduistischen Mythologie. Beachten sollte man das große Tor, das ins Innere des Palastes führt. Rechts und links vom Tor verdienen die kunstvollen Reliefs besondere Aufmerksamkeit.

** **Pura Kehen**

Öffnungszeiten: tgl. 8.00 – 17.00, Spende erbeten

Der Pura Kehen (= Tempel der Schatzkammer), etwa 2,5 km nördlich des Stadtzentrums gelegen, gilt als **eines der schönsten und ist gleichzeitig eines der größten Heiligtümer auf Bali**. In seinem Innern werden wertvolle Bronzetafeln aufbewahrt, die von 1204, dem Gründungsjahr Banglis, stammen sollen. Gegründet wurde der auf sieben Terrassen unterhalb des Bukit Bangli angelegte Tempel aber

Pura Kehen Orientierung

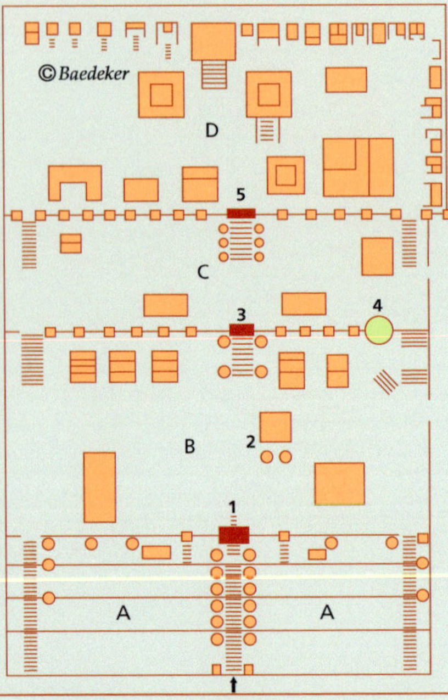

A Vier Terrassen
B Äußerer Vorhof (Jaba Sisi)
C Innerer Vorhof (Jaba Tengah)
D Tempelinneres (Jeroan)

1 Gedecktes Tor (Candi Korung)
2 Heiliger Stein (Batu Keramat)
3 Gespaltenes Tor (Candi Bentar)
4 Waringin-Baum (Kulkul-Basis)
5 Gespaltenes Tor (Candi Bentar)

schon im 11. Jh. durch den fürstlichen Priester Sri Brahma Kemute Ketu.

Nachdem man die ersten vier Terrassen passiert hat, betritt man die eigentliche Anlage durch ein Gedecktes Tor (Candi Korung), über dem ein Kala-Dämon, eine löwenartige Maske, wacht. Rechts davon steht ein Bale, in dem die Musikanten des Gamelan-Orchesters ihren Platz haben, links ein weiteres Bale, das als Versammlungsort für die Tempelbesucher dient.

Auf dem Weg zum zweiten Hof, der sich auf einer weiteren Terrasse erstreckt, ist ein Stein zu sehen, der als heilig gilt (Batu Keramat). Hinter dem Gespaltenen Tor (Candi Bentar) bemerkt man zunächst zwei Gebäude zur Rechten und zur Linken; darin werden während der Tempelfeste Schattenspiele veranstaltet.

Bevor man nun den dritten Hof und damit heiligsten Bezirk betritt, bestechen die in die trennende Mauer eingelassenen Fayencen chinesischer Provenienz. An der Stirnseite des innersten Hofes, die der Bergseite zugewandt ist, befinden sich einige Merus mit einer unterschiedlichen Anzahl Tumpangs (der höchste mit elf Pagodenstufen ist Shiva geweiht), außerdem Schreine für Gottheiten sowie Tugus (steinerne Laternen, in denen niederrangige Gottheiten ihren Wohnsitz haben).

Vom Innenhof auf der obersten Terrasse hat man einen **guten Blick über die gesamte Anlage** sowie auf die Bergkulisse.

Pura Nataran

Leider fast immer verschlossen ist der schöne Tempel Pura Nataran an der Hauptstraße von Bangli. Er gehört der Fürstenfamilie und ist deren Ahnentempel.

Pura Dalem Cungkub

Folgt man der Straße, die an der Bemo-Station von Bangli in Richtung Osten weiterführt, trifft man auf den Pura Dalem Cungkub, einen der fünf Unterwelttempel von Bangli. Auch dieser Tempel ist in Terrassenform angelegt.

Bangli Orientierung

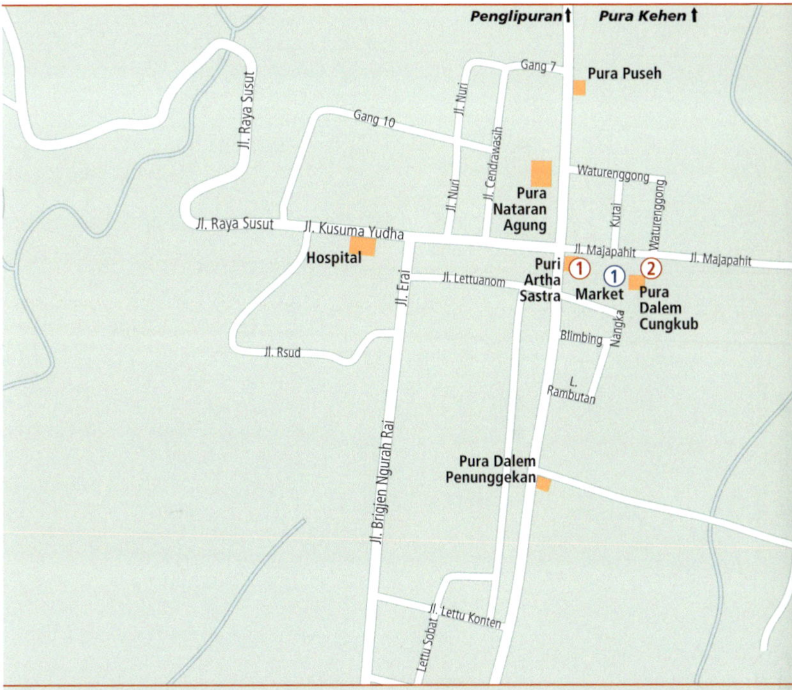

Essen
① Pasar Malam

Übernachten
① Artha Sastra Inn
② Bangli Inn

An der Straße nach Gianyar und damit im Süden der Stadt liegt der Pura Dalem Penunggekan. Er lohnt wegen seiner besonders schön gearbeiteten Reliefs einen Besuch. Beachten sollte man die **Darstellung von Hexen** am sog. Flammentor. Außerhalb des Tempels befinden sich der Kremationsplatz und ein chinesischer Friedhof.

★ **Pura Dalem Penunggekan**

Umgebung von Bangli

Das kleine Dorf Penglipuran steht inzwischen auf dem Programm vieler Reiseveranstalter. Ob diese Tatsache etwas an dem faszinierenden Charme des Dorfes und seiner rund 750 Einwohner ändern wird, mag man bei einem Besuch selbst entscheiden. An der Zufahrtsstraße jedenfalls warten schon Kinder und Jugendliche, um Besucher durch das Dorf zu führen, nachdem man die obligatorische Spende entrichtet und sich ins Gästebuch eingetragen hat.

★★ **Penglipuran**

Der Pura Kehen ist eines der wichtigsten Heiligtümer auf Bali.

Penglipuran liegt etwas abseits des Weges in einer prächtigen, fast urwüchsigen Landschaft an der Straße von Bangli nach Kintamani. Etwa 5 km nördlich von Bangli weist ein Hinweisschild mit der Aufschrift **»Traditional Village«** den Weg. Die im traditionell-balinesischen Stil erbauten Gehöfte von Penglipuran reihen sich links und rechts der Straße, die das in Terrassenform angelegte Dorf durchzieht. Zwischen der Straße und den Häusern verlaufen schmale Kanäle, die der Entsorgung dienen. Die Familientempel, von denen jedes Gehöft einen besitzt, sind zum Gunung Agung hin ausgerichtet. Am oberen Ende der gepflasterten Straße steht der Dorftempel Pura Desa, der einem Tempel in Bayung Gede (bei Kintamani) exakt nachgebildet ist. Die älteren Bewohner von Penglipuran behaupten nämlich, dass ihre Vorfahren aus Bayung Gede stammen. Das würde bedeuten, dass es sich bei Penglipuran um keine alte Siedlung handelt und es erst in jüngerer Zeit entstanden ist. Am unteren Ende der Straße liegt rechts am Waldrand ein weiteres Heiligtum mit kunstvoll gearbeiteten Figuren am Sockel. Lässt man sich von Kindern oder Jugendlichen durch Penglipuran führen, stehen im Allgemeinen auch die Eingänge zu dem einen oder anderen Gehöft offen. Besucher werden gern gesehen und überall freundlich begrüßt.
Die Einwohner von Penglipuran leben in erster Linie von der Land- und Forstwirtschaft; einige arbeiten auch als Künstler.

★★ Bedugul

L 4

Region: Zentralbali
Höhe: 1224 m ü.d.M.
Regierungsbezirk: Tabanan
Entfernung: 30 km südl. von Singaraja

Hoch in den Bergen in einer einzigartig schönen und urwüchsigen Landschaft liegt Bedugul, Ausgangspunkt für einige besondere Ziele in der Umgebung. Während es im Ort außer einem bedeutenden Gemüse- und Blumenmarkt keine Sehenswürdigkeiten gibt, lohnen Ausflüge zum Bratan-See oder eine ausgedehnte Wanderung durch den reizvoll angelegten Botanischen Garten.

Umgebung von Bedugul

★★ Bratan-See

Der Bratan-See bildete sich in einem erloschenen Vulkankrater und wird **umrahmt von einer grandiosen Landschaft**, in deren Mittelpunkt sich der 2020 m hohe Gunung Bratan erhebt. Das Gebiet um den See ist touristisch gut erschlossen; außer baden kann man dort auch Motorboot und Wasserski fahren. Auch das Restaurant ist empfehlenswert.

Außerordentlich malerisch liegt der Pura Ulun Danu am Westufer des Bratan-Sees.

BEDUGUL ERLEBEN

VERKEHRSVERBINDUNGEN

Von Denpasar führt die Straße nordwärts in Richtung Singaraja (49 km); von dort beträgt die Entfernung ca. 30 Kilometer. Mit dem Bus gibt es mehrmals tgl. gute Verbindungen von Denpasar-Ubung bzw. von Singaraja. Bemos fahren ab Denpasar-Ubung.

ESSEN

► Erschwinglich

Strawberry Hill
Jl. Raya Denpasar-Singaraja km 48
Tel. (03 68) 212 65
www.strawberryhillbali.com
Das Restaurant des kleinen Gästehauses südl. der Stadt serviert v. a. balinesische Klassiker: Nasi Goreng, Saté-Spießchen mit Erdnussauce und Krabbenchips (Krupuk).

ÜBERNACHTEN

► Komfortabel

Enjung Beji Resort
Nordufer des Bratan-Sees
Jl. Raya Bedugul, Candi Kuning
Tel. (03 61) 852 85 21
www.enjungbejiresort.com
Zwischen tropischen Blütensträuchern und mit direktem Zugang zum Seetempel liegt das kleine, im Cottage-Stil erbaute Resort (22 Z.). Große Zimmer und ein schönes, offenes Restaurant.

Saranam Eco Resort
Jl. Raya Pacung Baturiti
Tel. (03 68) 210 38
www.saranamresortbali.com
Wunderschön in die Landschaft integrierte Hotelanlage (40 Z.) zwischen Reisfeldern und Wäldern in einem in allen Grüntönen schimmernden Tal; regelmäßig stattfindende Meditationskurse, Pool und Bibliothek, Angelmöglichkeit in der Umgebung, Coffee-Shop und Restaurant.

Baedeker-Empfehlung

Bali Handara Country Club
Im Krater eines alten Vulkans gelegen, umgeben von tropischem Regenwald, bietet dieser 18-Loch-Platz unvergessliche Ausblicke auf den idyllischen Bunyan-See und die wunderschöne Umgebung.

★★ Pura Ulun Danu

Öffnungszeiten: tgl. 8.00 – 20.00

Am westlichen Ufer des Bratan-Sees liegt beim Ort Candi Kuning auf einer kleinen Insel der hübsche Seetempel Pura Ulun Danu mit einer Besonderheit. Links vom Eingang zum ersten Tempelhof steht nämlich ein buddhistischer **Stupa mit meditierenden Buddhafiguren** in den Nischen des quadratischen Sockels. Der Stupa ist ein Hinweis auf die Übernahme buddhistischer Glaubensgrundlagen durch die Hindus. Das hinduistische Heiligtum selbst (das man wegen seiner eindrucksvollen Kulisse möglichst schon am Morgen besuchen sollte) besitzt einen dreigestuften Meru, der Dewi Danu, der Göttin des Meeres und der Seen, geweiht ist. Ein weiterer Meru mit elf Tumpangs ist wahrscheinlich Dewa Pucak Manu geweiht.

★★ Botanic Gardens

Oberhalb vom Bratan-See erreicht man die **Eka Karya Botanic Gardens** (Kebun Raya), die etwa 130 ha groß sind. Hier laden Spazier-

und Wanderwege vor allem den botanisch interessierten Besucher ein. Innerhalb der schönen Anlage wachsen Bäume, Sträucher und Pflanzen aus verschiedenen Regionen Asiens. Außerdem gibt es ein Herbarium mit einigen Exemplaren tropischer Blumen. Von manchen Stellen im Park hat man einen schönen Blick auf den Bratan-See und die umliegende Bergwelt.

✶✶ **Tamblingan-See**

Verlässt man Bedugul in nördlicher Richtung und fährt durch das kleine Bergdorf Wanagiri, so fährt man zunächst am **Buyan-See** vorbei und erreicht nach ca. 11 km eine Abzweigung, die zu dem Ort Asah Munduk am Ufer des Tamblingan-Sees inmitten einer faszinierenden tropischen Landschaft liegt. Das Heiligtum Pura Gubug Tamblingan an seinem Ufer, der Ahnentempel der Raja-Familie von Buleleng, sollte man unbedingt besuchen.

✶✶ Bedulu

M 7

Region: Zentralbali
Höhe: 280 m ü.d.M.
Regierungsbezirk: Badung
Entfernung: 6 km südöstlich von Ubud

Bedulu war das Zentrum des ältesten Fürstentums der Insel Bali. Es liegt inmitten einer agrarisch genutzten Landschaft, die allmählich zum zentralbalinesischen Bergland ansteigt. Im Lauf der Zeit ist Bedulu mit seiner Nachbarstadt Pejeng eng zusammengewachsen.

In Bedulu selbst gibt es keine bemerkenswerten Sehenswürdigkeiten; diese sind eher in der nahen Umgebung und im benachbarten Pejeng (s. S. 160) zu finden. Im Vorüberfahren ist eine vierköpfige Göttergestalt an der zentralen Straßenkreuzung zu sehen.

Umgebung von Bedulu

✶✶ **Yeh Pulu**
Öffnungszeiten:
tgl. 7.00 – 19.00

Etwa 1 km südlich von Bedulu liegt das Quellheiligtum Yeh Pulu mit einem 27 m langen und bis zu 2 m hohen **Relief**, das vermutlich zu den ältesten auf Bali gehört und Szenen aus dem Alltag zeigt. Allerdings herrscht unter Archäologen Uneinigkeit über Zweck und Inhalt dieses Reliefs; einige Bilder könnten möglicherweise den Gott Krishna darstellen bzw. Legenden erzählen, die sich um seine zahlreichen Erscheinungsformen ranken. Entstanden sind die lebensgroßen, sehr plastisch wirkenden Figuren vermutlich im 14. oder 15. Jahrhundert.

▶ BEDULU

VERKEHRSVERBINDUNGEN

Von Denpasar fährt man über Sukawati und Sakah; kurz vor Ubud, bei Teges, muss man rechts abbiegen. Mit dem Bus und Bemo gibt es von Denpasar-Kerenang regelmäßig gute Verbindungen.

★★ **Goa Gajah (Elefantenhöhle)**

Öffnungszeiten: tgl. 9.00 – 18.00

Von Bedulu sind es nur ca. 2 km bis zur berühmten Elefantenhöhle Goa Gajah, die etwa seit der vorigen Jahrtausendwende von Hindus (zuvor möglicherweise von Buddhisten) verehrt wird. Die Höhle wurde 1923 entdeckt, den Badeplatz davor legte man erst 1954 frei. Eigentlich handelt es sich um ein **Quellheiligtum**, das seinen eigenartigen Namen (auf Bali hat es der Überlieferung zufolge nie Elefanten gegeben) wegen der Höhlenöffnung, die in etwa die Form eines Elefantenkopfes aufweist, erhielt. Allerdings wird in der Höhle eine 1 m hohe Figur mit vier Armen verehrt, die den Elefantengott Ganesha, einen der Söhne Shivas, darstellt. Rechts davon erheben sich auf einem steinernen Podest drei Lingams, die Shiva in seinen drei Erscheinungen als Brahma, Vishnu und als Shiva selbst symbolisieren. Um jeden Lingam gruppieren sich acht kleinere Phallussymbole; sie sollen die acht Weltenwächter darstellen. Von den Badebecken vor der Höhle stand eines den Männern und eines den Frauen zur Verfügung; wozu das kleinere mittlere diente, ist unbekannt (möglicherweise zur rituellen Reinigung von Angehörigen der Priesterkaste). Besonders kunstvoll sind die in die Mauern eingelassenen Wasserspeier gefertigt. Zur Besichtigung der Elefantenhöhle empfiehlt es sich, eine **Taschenlampe mitzunehmen** (vor Ort nicht erhältlich).

Goa Gajah Orientierung

Unweit der Goa-Gajah-Höhle trifft man auf den Tempel **Pura Samuan Tiga**, der der hinduistischen Trinität Brahma, Vishnu und Shiva geweiht ist. Im Inneren stehen einige heilige Schreine, in denen besonders verehrungswürdige Figuren aufbewahrt werden.

★★ **Archäologisches Museum**

Am östlichen Ortsausgang von Bedulu liegt an der Straße nach Pejeng das reich bestückte archäologische Museum Gedong Arca Purbakala. Im Innenhof werden insgesamt **53 Tuffsteinsarkophage** unterschiedlicher Größe aufbewahrt, die etwa aus der Zeit um 300 v. Chr. stammen sollen. Sie wurden zu Beginn der 1970er-Jahre an 37 verschiedenen Orten auf Bali gefunden und in Bedulu gesammelt; einige von ihnen weisen Beschädigungen auf, die vermutlich durch Grabräuber bzw. unsachgemäße Ausgrabung verursacht wurden. In den Sarkophagen wurden die Verstorbenen nicht auf traditionell-westliche Weise, sondern in einer Art Hockstellung bestattet. Man vermutet hierbei eine Versinnbildlichung des ewigen Zyklus von Geburt, Tod und Wiedergeburt, wobei der Verstorbene aus einer Embryo-Haltung heraus wiedergeboren wird. Eindrucksvoll ist der Sarkophag, der bei Taman Bali (nahe Bangli) gefunden wurde und in der **Form zweier aufeinanderhockender Schildkröten** (Symbole der Unterwelt) gestaltet wurde. Erstaunlich ist, dass der Kopf der unteren Schildkröte menschliche Gesichtszüge trägt.

Öffnungszeiten: tgl. 8.00 – 15.00

Bei der Entdeckung der Goa Gajah wurde die Dämonenfratze am Eingang für einen Elefantenkopf gehalten.

Im Inneren des Gebäudes sind etliche Schmuckstücke, Gerätschaften und Werkzeuge ausgestellt, die aus der Steinzeit bzw. der Bronzezeit stammen. Die Funde sind zumeist nicht das Ergebnis planmäßiger aufwendiger Ausgrabungen, sondern wurden eher zufällig gemacht. Besondere Beachtung verdienen die in der näheren Umgebung von Bedulu und Pejeng gefundenen Miniaturstupas, die vermutlich aus der Zeit stammen, als auf Bali auch der Buddhismus heimisch war (8. – 10. Jh. n. Chr.).

✶ Pura Kebo Edan

Folgt man der Straße weiter, trifft man nach etwa 200 m auf den linker Hand stehenden Pura Kebo Edan, den »Tempel des verrückten Wasserbüffels«. In seinem Zentrum steht eine **3,60 m hohe Kolossalfigur**, die vermutlich den Riesen Bhairava darstellt und auf dem Rücken einer Gestalt steht, die ihrerseits wahrscheinlich den Totengott Yama zeigt. Links und rechts davon wurden ein Stier und ein Riesendämon hinzugefügt. Zahlreiche Figuren und Fragmente an den Bales zeigen z. T. furchterregende Fratzen. In diesem Tempel fanden vermutlich religiöse Zeremonien des Tantriskultes statt, in deren Mittelpunkt auch orgiastische Ausschweifungen standen.

★★ Mond von Pejeng im Pura Panataran Sasih

Die größte Sehenswürdigkeit im Tempel Pura Panataran Sasih an der Straße zwischen Bedulu und Pejeng ist **die größte Kesseltrommel der Welt**, die man auch »Mond von Pejeng« nennt. Streng genommen handelt es sich aber weniger um eine Trommel als um einen Gong, da der Klöppel auf eine bronzene Scheibe geschlagen wird.
Das Instrument hat einen Durchmesser von ca. 125 cm. Allerdings kann man die Größe des mit spiralförmigen Ornamentbändern, stilisierten Gesichtern und hinduistischen Symbolen überaus reich verzierten Gongs nur schwer erkennen, da er hoch oben in einem Bale hängt und teilweise verborgen ist. Während die Entstehungszeit des Instrumentes recht gut ermittelt werden konnte (Dongsong-Kultur, um 300 v. Chr.), ließ sich bis heute trotz intensivster Forschung nicht klären, woher der Gong stammt und welche Bedeutung die Dekorationen haben. Die einheimische Bevölkerung ist jedoch der Meinung, der »Mond von Pejeng« sei einer von ursprünglich 13 Monden am Himmel gewesen und von dort gerade an jene Stelle herabgefallen, an der heute der Tempel steht. Des Weiteren sagt man dem Gong nach, lebensbedrohend zu sein, was man mit einer drastischen Geschichte zu belegen versucht: Als in der Nacht, in der der Mond auf die Erde und dort in das Geäst eines Baumes fiel, eine Diebesbande von dem hellen Mondlicht gestört wurde, stieg einer der Diebe auf den Baum, um das Licht mit seinem Urin zu löschen. Dabei explodierte der Mond, tötete den Dieb und fiel dann als »Mond von Pejeng« ganz zu Boden.

★★ Besakih

05

Region: Zentralbali
Höhe: 980 – 1011 m ü.d.M.

Regierungsbezirk: Karangasem
Entfernung: 40 km nordwestlich von Candi Dasa

Die großzügige, in Terrassenform erbaute Anlage mit ihren vorwiegend aus dunklem Lavagestein errichteten Bauten mag dem Besucher wenig eindrucksvoll erscheinen – wenn er nicht gerade zu dem alljährlichen Tempelfest kommt, an dem Zehntausende gläubiger Hindus aus allen Teilen der Insel hierher strömen. Bali besitzt farbenprächtigere und kunstvoller geschmückte Tempel; für die Hindus aber ist er Pura Besakih, die »Mutter aller Tempel«.

★★ Pura Besakih (Reichstempel)

Fremdenführer ►

Pura Besakih ist sehr touristisch, und man wird von vermeintlichen Führern etc. förmlich belagert. Der Eintritt beträgt 15.000 Rp. pro Person, die Tempelanlage darf nur mit einem Führer betreten werden, deren Organisation 20-40 US-$ als donation (Spende) verlangt

(20 US-$ = 180 000 Rp.); diese können auf 30 000 bis 40 000 Rp. verhandelt werden. Vom Parkplatz führt eine 800 m lange, von Souvenirläden gesäumte Allee zur Tempelstätte.

Geschichte

Gegründet wurde der Pura Besakih vermutlich schon im 8. Jh., **möglicherweise als buddhistisches Heiligtum**, da Bali zu jener Zeit noch nicht hinduisiert war. Die Überlieferung berichtet von einem Shiva-Priester namens Sri Markhadeya, der hier ein Heiligtum errichtet haben soll. Die wesentlichen Teile des Tempels stammen wohl aus dem 10. Jh. und wurden von dem Herrscher Kesari Warmadewa erbaut.

◄ Hinweis

Etliche Bereiche des Tempels sind im Regelfall für nichtgläubige Besucher unzugänglich (v. a. bei Festvorbereitungen).
Durch die Anlage führt jedoch ein gut ausgeschilderter Fußweg, der aber nicht verlassen werden darf.

BESAKIH ERLEBEN

VERKEHRSVERBINDUNGEN

Von Denpasar nordostwärts bis Klungkung, von dort auf der nordwärts abzweigenden Straße bis Rendang und weiter nach Besakih (ca. 63 km). Regelmäßige Busverbindungen von Denpasar-Kereneng bestehen bis Klungkung; von dort verkehren Bemos. Die Fahrt mit dem Bemo ab Denpasar ist nicht empfehlenswert, von Klungkung bzw. Rendang existiert aber eine gute Verbindung (teilweise nur mit gechartertem Bemo).

FESTE

Bhatara-Turun-Kabeh-Fest

Die Legende besagt, dass alle balinesischen Götter einmal im Jahr von den Höhen des Gunung Agung heruntersteigen und im Tempel von Besakih wohnen. Dieses Ereignis feiern die Balinesen als Bhatara-Turun-Kabeh Fest (März / April).

Eka-Dasa-Rudra-Fest

Im Pura Besakih wird außer dem jährlichen Tempelgeburtstag (Odalan-Fest) alle hundert Jahre das Eka-Dasa-Rudra-Fest, das wichtigste balinesische Tempelfest, abgehalten. Es wurde zuletzt 1979 begangen und damit außerhalb des gewohnten Rhythmus. Dies hatte einen gewichtigen Grund: Während der Vorbereitungen zum eigentlichen Termin im Jahr 1963 brach der Vulkan Gunung Agung aus, den man bis dahin für erloschen gehalten hatte. Die tagelangen, schweren Eruptionen forderten mehr als 2500 Menschenleben und vernichteten zahlreiche Dörfer in der Umgebung. So wurde das Fest erst 1979 nachgeholt.

ESSEN / ÜBERNACHTEN

Günstige und einfache (Mehrbett-) Unterkünfte, sog. Losmen, für Reisende, die wenig Wert auf Ausstattung und Komfort legen, finden sich außerhalb von Besakih an der Straße nach Menang, einige auch nahe dem Tempeleingang im Bereich der Souvenirstände. Dort liegen auch mehrere einfache Warungs, die preiswerte, durchaus schmackhafte indonesische Gerichte anbieten.

PURA BESAKIH (Pura Penataran Agung)

★★ An der Südwestflanke des heiligen Vulkans Gunung Agung, der als Sitz der Götter und als symbolischer Mittelpunkt des Universums angesehen wird, liegt die Tempelanlage Pura Besakih, die als Muttertempel aller Tempel auf Bali verehrt wird. Es handelt sich aber nicht um einen einzelnen Tempel, sondern um eine riesige, in Terrassenform erbaute Anlage von mehr als 30 Einzelkomplexen mit über 200 verschiedenen Bauwerken. Dargestellt ist hier das Zentrum der Anlage von Besakih, der Pura Penataran Agung.

Öffnungszeiten:
tgl. 8.00 – 19.00 Uhr

① Gespaltenes Tor

Über eine breit ausladende Freitreppe und durch ein Gespaltenes Tor (Candi Bentar) gelangt man in den ersten von fünf Tempelbezirken, die durch unterschiedlich hohe Mauern aus Lavagestein voneinander getrennt sind. In den Ecken links und rechts vom Tor steht je ein Glockenturm (Kulkul). Von hier aus kann man einen Blick in den Innenhof werfen, der von Nicht-Hindus nicht betreten werden darf.

② Haupthof

Durch ein Gedecktes Tor betritt man den zweiten Tempelbezirk mit dem Ehrensitz und verschiedenen Bale, wo sich die Dorfältesten versammeln, bei Festen Gamelan-Orchester spielen oder Opfergaben vorbereitet werden. Hoch empor ragen ein elf- und ein neunstöckiger Meru.

③ Ehrensitz

Das größte Heiligtum des gesamten Komplexes von Besakih ist ein dreisitziger Lotosthron (Sanggar Agung), der Sangyang Widi Wasa in seiner Manifestation als Hindu-Trinität Brahma – Vishnu – Shiva, der als Ehrensitz während des Bhatara Turun Kabeh dient.

④ Innere Höfe

Auf den nächsthöher gelegenen Terrassen befinden sich verschiedene Bale, die priesterlichen Ritualen vorbehalten sind, und einige drei- bis elfstufige Meru, Schreine für Götter, Ahnen und Geister.

⑤ Tempelschatz

Im sogenannten Kehen werden die Tempelschätze, u. a. alte Holzinschriften, aufbewahrt.

Einmal im Jahr besuchen viele Gläubige anlässlich des Bhatara Turun Kabeh, wenn sich alle balinesischen Götter hier versammeln, die Tempelanlage.

Natur und Umwelt

Junge Insel vulkanischen Ursprungs

Bali ist die westlichste der **Kleinen Sundainseln** Sie ist von der viel größeren westlichen Nachbarinsel Java nur durch eine knapp 3 km breite Wasserstraße getrennt. Während im Tertiär entstandene, heute zerfurchte **Bergketten** den Westen Balis prägen, treten im Osten vier größere **Vulkane** hervor, darunter der Gunung Agung (s.unten), der 1963 das letzte Mal ausbrach und rund 2000 Menschenleben forderte. Den Süden Balis bilden fruchtbare **Aufschüttungsebenen**.

◄ Ring of Fire

Bali liegt auf dem zirkumpazifischen Ring of Fire (Feuergürtel), auf dem es häufig zu heftigen **Vulkanausbrüchen** sowie **Erd- und Seebeben** kommt, in deren Gefolge sich auch alles zerstörende **Tsunamis** wie zuletzt 2004 (vor Java) und 2011 (vor Japan) bilden können. Der Grund für die vulkanische und seismische Aktivität auf Bali ist die Kontinentaldrift. Im Fall Bali schiebt sich die Sahul-Platte als Teil der Australischen Kontinentalplatte mit einer Geschwindigkeit von mehreren Zentimetern im Jahr unter die zur Eurasischen Kontinentalplatte gehörenden Sundaplatte. Dabei reißt die Erdkruste immer wieder auf und Magma kann in den seit wenigen Millionen Jahren angelegten Vulkanröhren an die Erdoberfläche dringen, derzeit gut sichtbar am Vulkan Gunung Batur, der im 20. Jh. vier Mal ausbrach.

◄ Vorübergehend Teil von Festland-Asien

Während des **letzten Eiszeitalters** (Pleistozän), das vor ca. 2 Mio. Jahren begann und vor etwa 10 000 Jahren endete, war Bali Teil der eurasischen Landmasse. Nach dem Abschmelzen der Inland-Eismassen **stieg der Meeresspiegel an**. Dabei wurden tiefere Bereiche des vormaligen Festlands überflutet und es entstand die heutige von mehr oder weniger breiten Wasserstraßen unterbrochene Inselkette, zu der auch Bali gehört.

Berge und Flüsse

Die höchsten Berge auf Bali sind der Vulkan Gunung Agung (3142 m ü.d.M.) und der seit 1999 wieder aktive Gunung Batukau (2276 m ü.d.M.). Auf der Nachbarinsel Lombok ist der Vulkan Rinjani mit 3726 m ü.d.M. die höchste Erhebung. Fast alle Flüsse und Bäche auf Bali durchziehen die Insel im Wesentlichen in Nord-Süd-Richtung. Sie entspringen überwiegend im zentralen Teil der Insel und führen so viel Wasser, dass sie das ausgedehnte Bewässerungssystem mit seinen zahllosen Kanälen speisen können.

Nebeninseln

Zur Provinz Bali (insg. 5632 km²) gehören südöstlich der Hauptinsel – getrennt durch die Badungstraße (Selat Badung) – die Nebeninseln Nusa Penida (die größte), Nusa Ceningan und Nusa Lembongan sowie als Riegel der Benoa-Bucht vor Südbali die kleine Schildkröteninsel Pulau Serangan. Balis Nordwestspitze vorgelagert ist das unbewohnte Eiland Pulau Menjangan.

← *Reis spielt als Nahrungsmittel eine zentrale Rolle auf Bali. Zahlreiche Riten begleiten den Anbau von der Aussaat bis zur Ernte.*

INSELTOPOGRAFIE

5561 km² Erde vulkanischen Ursprungs: Bali, die westlichste der Kleinen Sunda-Inseln, liegt im Indischen Ozean zwischen Java und Lombok. Ihre höchste Erhebung ist der noch aktive Vulkan Gunung Agung mit 3142 Höhenmetern. Letztmals ausgebrochen ist dieser Vulkan, der von den Hindus als heilig angesehen wird, im Jahr 1963.

① Zentralbali

Der zentrale Teil der Insel Bali wird beherrscht von vier voneinander getrennten Vulkankomplexen, von denen der höchste der im östlichen Inselteil gelegene Gunung Agung (3142 m ü.d.M.) ist. Den Übergang nach Nordbali bildet das Massiv des Gunung Batur (1717 m ü.d.M.) mit einem großen Kratersee. Weiter westlich erheben sich die Vulkane Catur (2096 m ü.d.M.) und Batukau (2276 m ü.d.M.). Nach Süden und damit zur Hauptstadt Denpasar hin öffnen sich die mächtig wirkenden Vulkankomplexe etwa in der Form eines V.

② Südbali

Der Süden Balis ist der fruchtbarste Teil der Insel. Er wird bestimmt von feuchten und durch Vulkanasche fruchtbar gemachten Aufschüttungsebenen. Sie liegen auf der dem Wind zugekehrten Seite des zentralen, sich nach Süden hin abdachenden Vulkangebirges und profitieren ganzjährig von hohen Niederschlägen, die für reichliche Bewässerung sorgen. Hier liegen die landwirtschaftlich intensiv genutzten Inselbereiche, beispielsweise für den Reisanbau.

③ Westbali

Tiefe Täler zwischen im tertiären Erdzeitalter entstandenen Bergketten kennzeichnen den schmalen Westteil der Insel, der zum Großteil zum Nationalpark gehört. Da er auf der dem Wind abgekehrten Seite im Schutz der Gebirge liegt, ist er wesentlich trockener als die südliche Inselregion.

④ Ostbali

Die zentralbalinesischen Gebirgszüge reichen bis dicht an den Inselrand heran und bestimmen so auch die dortige Landschaft. Dominierend sind der Hauptvulkan Agung, der mit einem zentralen Kegel und den in nord-südlicher Richtung streichenden Ausläufern das Landschaftsbild beherrscht, sowie der Vulkan Batur, dessen Massiv den Übergang nach Zentralbali bildet.

⑤ Wallace-Linie

Zwischen Bali und der Nachbarinsel Lombok verläuft die sogenannte Wallace-Linie, die biogeografische Trennlinie zwischen asiatischer und australischer Flora und Fauna.

Am Kraterrand des Gunung Agung

★★ Besteigung des Gunung Agung

Kernige Bergtour

Eine Besteigung des Gunung Agung, des **höchsten Berges der Insel** und Sitzes des Gottes Shiva, ist von mehreren Seiten her möglich, so z. B. von Besakih, von Amlapura (ca. 6 Std.) oder von Sebudi (bei Selat; ca. 7 Std.).

Nachstehend ist die südwestliche Route von Besakih beschrieben, die allerdings eine gute körperliche Konstitution erfordert. Da es keine Schutzhütten gibt, in denen man übernachten könnte, müssen Auf- und Abstieg an einem Tag absolviert werden (nachts und am frühen Morgen kann es empfindlich kalt werden!).

Wichtig sind festes Schuhwerk, wetterfeste Kleidung, Proviant und ein ausreichender Wasservorrat. Vom ausgeschilderten Weg abzuweichen kann in diesem Vulkangebiet lebensgefährlich sein!

Auch erfahrene Bergwanderer sollten sich einem ortskundigen Führer anvertrauen. Eine Besteigung des Gunung Agung muss möglichst früh beginnen, d. h. etwa gegen 2.00 Uhr nachts. Für den Aufstieg benötigen geübte Bergwanderer zwischen sechs und neun Stunden; der Abstieg nimmt nochmals mindestens fünf Stunden in Anspruch.

◂ Wegbeschreibung

Der anfangs relativ flache, später steiler werdende Weg beginnt beim Haupttempel des Pura Besakih und führt zunächst durch dichte Wälder. Nach rund fünf Stunden erreicht man eine Felswand, die Kori Agung genannt wird und als **Eingangstor zur Gipfelregion** gilt. Von dort bis zum Rand des Vulkankraters, dessen Innenwände bis zu 100 m tief abstürzen, sind es nochmals zwei bis drei Stunden. Der nun noch mühseligere Aufstieg wird durch **faszinierende Ausblicke** über weite Teile der Insel Bali belohnt.

★★ Bukit Badung

K/L 10/11

Region: Südbali
Höhe: 0 – 200 m u.d.M.
Regierungsbezirk: Badung
Entfernung: 15 km südlich v. Denpasar

Bukit Badung heißt die Halbinsel am südlichen Ende von Bali; ihre Verbindung mit der Hauptinsel bildet eine an der breitesten Stelle nur 1,7 km breite Landbrücke. Bekannt geworden ist Bukit Badung jedoch seit Mitte der 1970er-Jahre durch die Anlage des Touristengebietes Nusa Dua.

Sehenswertes auf der Halbinsel Bukit Badung

Jimbaran

An der schmalen Landbrücke, die Bali mit der Halbinsel verbindet, liegt in einer Bucht der kleine Fischerort Jimbaran. Trotz seines schönen weißen Strandes gab es hier jahrelang keinen nennenswerten Tourismus, doch in den letzten Jahren wurden in der Umgebung ei-

◂ weiter auf S. 171

BUKIT BADUNG ERLEBEN

AUSKUNFT

Badung Government Tourism Office
Jl. Raya Kuta 2, Kuta
Tel. (03 61) 75 61 75
Fax 75 61 76

VERKEHRSVERBINDUNGEN

Von Denpasar fährt man über die Jalan Bypass (ca. 21 km); von Kuta bzw. Legian sind es ca. 15 km, von Sanur ca. 23 km.
Busse fahren regelmäßig von Denpasar-Tegal; Bemos findet man entlang der Straße zwischen Denpasar und Nusa Dua. Registrierte Taxen verkehren zwischen Denpasar, Kuta, Legian und Sanur. Taxifahrer bieten oft (v. a. in den Abend- und Nachtstunden) an, das Taxameter auszuschalten, und nennen dann einen »festen« Fahrpreis – über den sich trefflich feilschen lässt.

EINKAUFEN

Baedeker-Empfehlung

Bali Collection
Im Nusa Dua Tourism Complex bekommt man Marken wie Prada, Armani und Versace zu recht günstigen Preisen! Kostenlose Pendelbusse verkehren von den Hotels zu dem großen Shoppingkomplex mit 150 inmitten einer großen Parkanlage errichteten Boutiquen, darunter auch gut sortierte Supermärkte, Kaufhäuser und Kunsthandwerksläden sowie der beliebte Batikshop Galeri Keris. Zudem haben Dutzende von Restaurants, Cafés und Bistros bis in die Nacht hinein geöffnet. Nach Sonnenuntergang verbreiten Musik und Lampions eine wirklich zauberhafte Stimmung (www.bali-collection.com).

Nur wirkliche Könner sollten sich an den hohen Wellen vor Bukit Badung versuchen.

ESSEN

► Fein & teuer

Lotus Garden
Nusa Dua, Jl. Ngurah Rai
Tel. (03 61) 77 33 78
www.lotus-restaurants.com
An der Hauptstraße des Ortes, dennoch ruhig und gemütlich. Man sitzt hier umgeben von Wasserteichen und -spielen. Hauptsächlich mediterrane Küche.

► Erschwinglich

Kendi Kuning
Jl. Segara Samuh, Benoa
Tel. (0361) 77 57 20
www.kendikuning.com
Von den Nusa Dusa-Hotels zu Fuß am Strand entlang zu erreichen, köstliche Fischgerichte und Lobster.

► Preiswert

Intan Sari Café
Jl. Four Seasons (Muaya Beach), Jimbaran
Tel. (03 61) 70 52 05
www.intansaricafe.com
Eines von vielen günstigen und nach Sonnenuntergang besonders romantischen Restaurants mit Stühlen direkt auf dem Sandstrand.
Nach Gewicht berechnet werden fangfrischer Fisch sowie Krabben, Langusten, Hummer, Tintenfisch, Muscheln und Krebse, die gegrillt oder gebraten und mit Salat und Reis serviert werden.

ÜBERNACHTEN

► Luxus

St. Regis
Kawasan Pariwisata Nusa Dua 56, Nusa Dua
Tel. (0361) 84 78 111
www.stregis.com/bali
Ein Hotel mit Sechs-Sterne-Luxus, dessen vorzügliches Restaurant Kayuputi von dem renommierten Sommelier Harald Wiesmann geführt wird.

Banyan Tree Ungasan
Jl. Melasti, Banjar Kelod, Ungasan
Tel. (03 61) 300 70 00
www.banyantree.com
Am südlichsten Ende Balis auf einer Klippe liegen die Gästevillen des asiatischen Traumhotels. Schneeweiße Daybeds laden am großen Pool zum Träumen ein, von der Bar und dem Restaurant genießt man einen spektakulären Blick auf die wilde Klippenlandschaft.

Baedeker-Empfehlung

The Laguna Resort & Spa Nusa Dua
Kawasan Pariwisata Nusa Dua N2
Tel. (03 61) 77 13 27
www.luxurycollection.com/bali
Sanft geschwungene, leuchtend blaue Lagunen mit hellem Sandstrand ziehen sich durch den Tropengarten des Hotels, dessen Gäste von ihren Zimmern aus direkt ins Wasser abtauchen können. Privater Butlerservice und ein complimentary five o'clock tea sind weitere Bonbons des erst kürzlich aufwendig renovierten Resorts direkt am Meer.

Amanusa Nusa Dua
Nusa Dua
Jl. Pura Batu Pageh Ungasan
Tel. (03 61) 77 23 33, Fax 77 23 35
www.amanresorts.com
Aman-Begründer Adrian Zecha wiederholte einmal mehr das Wunder, ein vollkommenes Hotel zu kreieren. Inmitten der parkartigen Atmosphäre des Nusa Dua-Komplexes und angrenzend an den Golfplatz setzt sich die ruhige Stimmung auch außerhalb der schlicht gestylten, die Sinne ansprechenden Räumlichkeiten fort.

Ausblick von der obersten Ebene, dem Arupadhatu, über das Kedu-Tal

EIN KOSMISCHES MANDALA

Das größte buddhistische Heiligtum der Erde befindet sich auf Balis Nachbarinsel Java. Im fruchtbaren Kedu-Tal, umgeben von Vulkanen und grün leuchtenden Reisfeldern, entstand um 800 n. Chr. ein einzigartiger Pilgerort.

Ein Besuch des 1991 von der UNESCO als Weltkulturerbe anerkannten Tempelberges ist ein Erlebnis. Jahrhundertelang geriet das während der Sailendra-Dynastie errichtete Heiligtum in Vergessenheit, wurde durch wuchernde Vegetation und Vulkanasche zugedeckt, erst 1804 von Thomas Stamford Raffles wiederentdeckt und in der Folgezeit frei gelegt. Größere Restaurierungsarbeiten begannen 1973.

Auf der obersten Plattform von Borobodur stehen und den Sonnenaufgang erleben, ist für jeden Besucher **ein unvergessliches Erlebnis**. Selbst später am Tag, wenn Tausende von Besuchern das Heiligtum besichtigen, kann man die starke Ausstrahlung spüren. Als **steinernes, dreidimensionales Meditationsmandala** wurde es von Steinmetzen geschaffen und von buddhistischen Priestern gesegnet. Aus jeweils einem einzigen Stück Stein wurden 504 lebensgroße Buddhafiguren und 1460 Relieftafeln geschlagen. Zuvor errichtete man ein Fundament aus fünf quadratischen, jeweils 123 m langen Terrassen, drei runden, sich konzentrisch verjüngenden Terrassen und einer sich darauf erhebenden und die Anlage krönenden Stupa mit einem Durchmesser von elf Metern.

Viele Bedeutungsebenen

Zum einen symbolisiert es Meru, den mythischen Weltberg des Buddhismus, zum anderen den Stufenweg

der Erleuchtung. Borobodur hat vier Eingänge; wer diese durchschreitet und die Terrassen umrundet, durchläuft damit symbolhaft den Weg eines praktizierenden Buddhisten. Das Fundament zeigt Szenen aus dem Bereich der Begierde, d. h. das durch Anhaftung, Hass und Verblendung geprägte menschliche Leben.

Die Reliefs auf der ersten Terrasse sind dem Leben des historischen **Buddha Shakyamuni** sowie dessen voran gegangenen Existenzen gewidmet. Es folgen die drei runden Terrassen, auf denen 72 aus durchbrochenen Steinen gebildete Stupas (Abb. S. 170) die ebenso vielen Buddha-Figuren verhüllen. Es handelt sich um Dhyani-Buddhas, in der Meditation eingesetzte Buddhas, die die menschlichen Leidenschaften in Erleuchtung und die Erkenntnis der Leerheit aller Phänomene transformierten sollen. Dargestellt sind **Vairocana**, der Unwissenheit über die endgültige Natur der Realität in die Weisheit der absoluten Wahrheit ändert, **Akshobhya**, dessen Realisierung Zorn in spiegelgleiche Weisheit verwandelt, **Ratnasambhava**, der Stolz in die Weisheit der Gleichmut umformt, **Amitabha**, der Gier in unterscheidende Weisheit transformiert sowie **Amogasiddhi**, der Neid und Eifersucht in die alles vollbringende Weisheit vollendet. Zu unterscheiden sind diese fünf auch Adi-Buddhas genannten Figuren an ihrer jeweiligen Handgeste (Mudra).

»Borobodur« ist vermutlich die Abkürzung der Sanskrit-Bezeichnung Bhumisambharabhudra, was übersetzt »Berg der Tugenden der zehn Ebenen der Bodhisattvas« bedeutet. Damit steht Borobodur als Bauwerk in der Tradition des Mahayana-Buddhismus, in dem **Mitgefühl zur zentralen Kategorie des Glaubens** wird. Als Bodhisattvas bezeichnet man jene, die die Erleuchtung zum Wohle aller

fühlenden Wesen anstreben und so nacheinander zehn Stufen der geistigen Entwicklung durchlaufen. Die heilige Stätte wird traditionell im Uhrzeigersinn umrundet.

Ausflug nach Borobodur

Alle Reisebüros auf Bali bieten Arrangements wie eintägige Ausflüge (mit einem Flug nach Yogyakarta am frühen Morgen und dem Rückflug nach Sonnenuntergang) oder einen mehrtägigen Aufenthalt an. Wenn irgend möglich sollte man sich entschließen, mehrere Tage zu bleiben und Zentraljava zu genießen. Das 40 km von Borobodur entfernte **Yogyakarta** ist eine vibrierende Kunsthandwerkerstadt mit zahlreichen Sehenswürdigkeiten und vielen, stilvollen Unterkünften. Zudem gibt dies die Möglichkeit, Borobodur bereits bei Öffnung in aller Frühe zu betreten und den Sonnenaufgang zu erleben. In der Umgebung des Heiligtums liegen einige kleinere buddhistische Klöster sowie zahlreiche Hindutempel. Highlight eines Borobodur-Besuches ist die Übernachtung im **Amanjiwo Resort** (Magelang, Tel. 02 93 / 78 83 33, www.amanresorts.com/amanjiwo). Es ist nicht nur perfekt in die faszinierende Vulkanlandschaft eingepasst, sondern spiegelt mit seinen Säulen, Gittern und Bogengängen aus hellem Stein die architektonische Gestaltung von Borobodur wieder. In der Nähe von Jogyakarta ist das **Losari Spa Retreat & Coffee Plantation** (Magelang, Tel. 02 98 / 59 63 33, www.losaricoffeeplantation.com), eine auf das frühe 19. Jh. zurückgehende Kaffeeplantage, die mit Abstand schönste Unterkunft. Von den mit Himmelbetten und Antiquitäten ausgestatteten Plantation Villas blickt man auf üppige Vegetation und genießt die nachmittäglichen kulturellen (Musik)-Veranstaltungen sowie den five o'clock tea.

Grand Mirage
Jl. Pratama 74, Benoa
Tel. (03 61) 77 18 88
Fax 77 21 48
www.grandmirage.com
Großzügige und beim australischen Stammpublikum beliebte Anlage. Höchst unterschiedliche Zimmerkategorien, mehrere Restaurants, Cafés und Bars, reichhaltiges kulturelles Programm.

The Balé
Jl. Raya Nusa Dua Selatan
Tel. (03 61) 77 51 11
Fax 77 52 22
www.thebale.com
Klein (nur 19 Zimmer) und fein: Gewohnt wird in mit Palmblättern gedeckten, großzügigen Pavillons mit eigenem Pool, Veranda und offenem Badezimmer in dramatischer Lage auf einem Hügel über dem Indischen Ozean.

► Komfortabel

Keraton Jimbaran Resort
Jl. Mrajapati
Jimbaran
Tel. (06 31) 70 19 61
Fax 70 19 91
99 großzügige Zimmer mit Balkon oder Terrasse in einem weitläufigen Park, mit Pool, Tennis und Wassersport.

Inna Putri Bali
Nusa Dua
Tel. (03 61) 77 10 20
Fax 77 11 39
www.putribali.com
Große vierstöckige Anlage mit 384 Zimmern in verschiedenen Kategorien, unter anderem auch im balinesischen Stil ausgestattet. Beeindruckende Open-Air-Lobby, tropisch gestaltete Gärten sowie viele Anregungen für Unternehmungen, z.B. Wassersport.

nige der luxuriösesten Hotelanlagen der Insel erbaut, unter anderem das Four Seasons Resort.

In Ungasan entstand der **Garuda Wisnu Kencana Cultural Park** (www.gwk-culturalpark.com), ein groß angelegtes Kulturprojekt mit Galerien, Restaurants, Geschäften und einer Aussichtsplattform. Eine riesige Plaza und ein Amphitheater dienen für allerlei kulturelle Veranstaltungen.
Mittelpunkt wird die **weltweit größte Statue** mit fast 150 m Höhe sein, eine Darstellung Vishnus, der auf dem Göttervogel Garuda reitet. Zurzeit besteht diese Statue – wegen Bedenken religiöser Würdenträger – aus drei getrennten Statuen, der 20 m hohen »Statue of Wisnu«, der 18 m hohen »Statue of Garuda« und der »Statue of Wisnu's Hands«, die noch übereinander gesetzt und verbunden werden müssen.

! *Baedeker* TIPP

Hummer, Garnelen & Co

Fangfrischen Fisch und Meeresfrüchte bereitet man in Jimbaran in jedem der ungezählten Strandrestaurants zu. Man sitzt in offenen palmblattgedeckten Hütten oder davor am Strand, edel oder rustikal, und genießt das köstliche Essen. Besonders schön ist es zum Dinner, wenn Kerzen und Lampen die Stimmung verzaubern. Eine Reservierung ist nicht notwendig: Man nimmt dort Platz, wo es einem gefällt.

Mit seiner einmaligen Lage (an der Westspitze Bukit Badungs) gilt der Pura Luhur Ulu Watu als Bastion gegen die Dämonen des Meeres und der Finsternis.

★★ **Pura Luhur Ulu Watu**

(meist unzugänglich) ▶

Hoch über einer steilen, jäh ins Meer abfallenden Klippe thront bei dem kleinen Ort Pecatu das **Meeresheiligtum** Pura Luhur Ulu Watu. Man erreicht den Tempel über die Straße, die von der Jalan Bypass (um Denpasar) in südwestlicher Richtung abzweigt; von Pecatu sind es dannnoch etwa 4 km. Der Tempel gilt als einer der wichtigsten auf Bali; er besitzt den Rang eines Reichstempels (Sadkahyangan). Das Heiligtum ist der Göttin Rudra (einer Erscheinungsform Shivas) geweiht, die Anlage zum Meer hin ausgerichtet. Beachtenswert sind die reich verzierten Tore aus Korallenstein. Vom Tempelzugang hat man einen **prächtigen Blick auf das Meer** und – bei Flut – auf die gewaltige Brandung, die sich an den ausgewaschenen, über 80 m hohen Felsen bricht.

Pura Luhur Ulu Watu

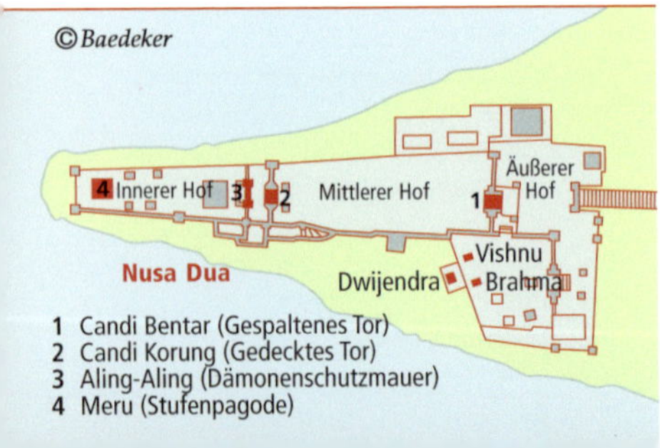

In dem an der östlichen Küste der Halbinsel gelegenen Touristengebiet wurden luxuriöse Hotelanlagen inmitten herrlicher tropischer Gärten errichtet, wobei man nach dem Bau des Hotels »Nusa Dua Beach« zur Bedingung machte, dass kein Hotelneubau höher sein darf als die höchste Palme in seiner Umgebung. Durch die konsequente Einhaltung dieser Auflage sowie durch das Bemühen der Architekten, den traditionell-balinesischen Baustil anzuwenden, erreichte man, dass das Touristenrefugium mit seinen großzügig angelegten Grünflächen und Parks heute so elegant und harmonisch geschlossen wirkt. In Nusa Dua eröffnete in einer weitläufigen Anlage gegenüber der Bali Collection mit dem **Museum Pasifika** das größte Kunstmuseum Balis mit Werken aus Asien und dem Pazifik. In mehreren Gebäuden werden auch Arbeiten europäischer Reisender des 20. Jhs. ausgestellt (Jl. Amphi, Nusa Dua, Tel. 03 61 / 77 49 35, www.museum-pasifika. com, Öffnungszeiten: tgl. 10.00 – 18.00 Uhr).

! *Baedeker* TIPP

Oase für Fahrradfahrer

Der Verkehr ist dicht, die Fahrweise der Einheimischen für Ausländer gewöhnungsbedürftig bis gefährlich. Nusa Dua hingegen ist eine Oase für Fahrradfahrer. Auf gut ausgebauten Wegen kurvt man entspannt durch eine parkartige Gegend, vorbei an Hotelanlagen und mitunter auch kleinen balinesischen Dörfern.

Tanjung Benoa und Benoa Harbour

Am nordöstlichen Rand der Halbinsel erstreckt sich die schmale Landzunge von Benoa; ihr gegenüber liegt der gleichnamige Hafen. Von dort sind **Überfahrten zur »Schildkröteninsel«** Pulau Serangan möglich.

★★ Candi Dasa

P 7

Region: Ostbali
Höhe: Meereshöhe
Regierungsbezirk: Karangasem
Entfernung: 20 km südlich v. Amlapura

Candi Dasa wird seit einigen Jahren zu einem touristischen Anziehungspunkt ausgebaut. Der Strand ist zwar recht schmal, doch die netten und preiswerten Unterkünfte wie auch die guten Restaurants machen den Ort zu einem idealen Ausgangspunkt, um den Osten Balis kennzulernen.

Sehenswertes in Candi Dasa und Umgebung

Bis vor einigen Jahren galt Candi Dasa am östlichen Ende der Labuhan-Amuk-Bucht noch als Geheimtipp unter Rucksacktouristen. Das war einmal, denn inzwischen hat sich das kleine Fischerdorf zu einem einerseits lebhaften, andererseits noch unverdorbenen **Urlaubszentrum** entwickelt. Es gibt zwar keine Spitzenklassehotels wie in

CANDI DASA ERLEBEN

AUSKUNFT

Karangasem Tourist Office
Jl. Ngurah Rai, Amlapura
Tel. (03 63) 210 02

Klungkung Tourist Office
Jl. Untung Surapati 3, Semarapura
Tel. (03 66) 214 48, Fax 228 48

VERKEHRSVERBINDUNGEN

Von Denpasar fährt man bis Sakah, dort geht es rechts in Richtung Blahbatuh und Klungkung; weiter entlang der Küste über Padang Bai. Busverbindungen gibt es von Denpasar-Kereneng mehrmals täglich. Bemos findet man entlang der Straße.

ESSEN

► Fein & teuer

The Restaurant
Amankila, Manggis
Tel. (03 63) 413 33
Für einen unvergesslichen Abend in einem der besten Restaurants Balis: fantastische indonesische Küche in einer reizenden Umgebung mit balinesischer Musik, Reservierung!

► Erschwinglich

Vincent's
Jl. Raya Candidasa, Tel. (03 63) 413 68
Für Freunde tropischen Designs, leichte exotische Küche im Café und Restaurant: Chicken Satee und Red Snapper ebenso wie balinesische Fischspezialitäten.

► Preiswert

TJ's
Jl. Raya Candidasa (Hotel Watergarden), Tel. (03 63) 415 40
Zum Frühstück trifft man sich hier zu Müsli, Pfannkuchen und Rührei, später schmecken indonesische Spezialitäten und australische Steaks.

ÜBERNACHTEN

► Luxus

Amankila
Tel. (03 63) 413 33, Fax 415 55
www.amankila.com
Das zur legendären Aman-Kette gehörende Hotel (35 Bungalows) vereint puristisches Interieur mit einem Hauch Asien und bietet dazu perfekten Service. Atemberaubende Lage auf einer Klippe westlich von Candi Dasa mit Blick auf Lombok. Beachtlich: Ein auf jeden Gast individuell zugeschnittenes Ausflugsprogramm, zudem ein hervorragendes Restaurant.

► Komfortabel

Puri Bagus
Tel. (03 63) 411 31, Fax 412 90
www.puribagus.net
In einer weitläufigen Anlage liegen 47 im Bali Style gestaltete Villen mit offenen Badezimmern. Yoga und Spa-Anwendungen, zudem ein offenes Restaurant, das auch private Candlelight-Dinner am Strand ausrichtet

Pondok Bambu Seaside Bungalows
Jl. Raya, Candidasa, Tel. (0363) 41 543
www.pondokbambu.com
Mit schönem Restaurant (Meerblick) und kleinem Pool liegt am Strand das sympathisch geführte Hotel, das sich durch freundlichen Service, einen gepflegten tropischen Garten und günstige Preise auszeichnet.

► Günstig

Kelapa Mas Home Stay
Candidasa Beach, Tel. (03 63) 413 69
www.welcometokelapamas.com
Unmittelbar am schmalen Strand liegen in einem Garten mit hohen Palmen und üppigen Bananenstauden 14 Cottages (22 Zi., Ventilator oder AC); dazu ein günstiges Restaurant.

Nusa Dua, doch erreicht die Infrastruktur ein durchaus akzeptables Niveau. Wer Ruhe vorzieht und abseits der hektischen Großstadt Denpasar eine Unterkunft sucht, wird in Candi Dasa fündig.
Ein Handicap des unnatürlich schnell gewachsenen Ortes ist freilich sein Sandstrand. Da die Küste relativ ungeschützt einer zeitweise starken Brandung ausgesetzt ist, wurde der Sand einfach weggeschwemmt. Dies war aber nicht zuletzt die Folge eines unkontrollierten Abbaus der vorgelagerten Korallenbänke (sie wurden zur Herstellung von Kalk verwendet). Ein Abbauverbot, das die Regierung erließ, kam zu spät, sodass heute der Strand recht schmal ist. Den Hotelbesitzern blieb nichts anderes übrig, als ihre Strände mit aufwendigen Steinmauern zu schützen.

! *Baedeker* TIPP

Zum Tauchen nach Gili Tepekong

Gili Tepekong, Gili Biaha und Gili Mimpan: Namen, die in Europa niemand kennt. In Candi Dasa sind die drei winzigen vor der Küste gelegenen Felsen jedem Schulkind ein Begriff. Mit einem Boot, angeboten von vielen in Candi Dasa ansässigen Fischer, lassen sich unternehmungslustige und taucherfahrene Besucher übersetzen. Die Tauchgründe gelten als exzellent, doch auch etwas Vorsicht ist angebracht: Nur erfahrene Sportler sollten sich in die Tiefe wagen.

★★ **Goa Lawah (Fledermaushöhle)**

Fährt man von Klungkung nach Candi Dasa, trifft man nach 10 km auf halbem Weg, unweit der Ortschaft Kusambe, auf das am Meer gelegene Höhlenheiligtum Goa Lawah, einen der sechs Reichstempel auf Bali. Er wird von den Balinesen hoch verehrt, nicht zuletzt wegen des Glaubens an einen unterirdischen Gang, der die noch nicht bis zu ihrem Ende erforschte Höhle mit dem heiligsten Inseltempel, dem Pura Besakih, verbinden und damit die **Nahtstelle zwischen Ober- und Unterwelt** darstellen soll. Goa Lawah ist nämlich die Heimstatt von Sangyang Basuki, einer der beiden Schlangen der Unterwelt. Etwa in der Mitte des Höhleneingangs steht ein Lotosthron (Padmasana), der dem Schlangengott vorbehalten ist.
In der Höhle, aber auch schon am Eingangstor, leben kleine Fledermäuse, die tagsüber dicht gedrängt an den Felswänden hängen. Rechts neben dem Höhleneingang wurde ein kleiner Tempel mit mehreren hölzernen Merus errichtet. Hier bringt die gläubige Bevölkerung alle 15 Tage Opfer dar und erhält dafür heiliges Wasser, das für ver-

Feld von Lotosblumen bei Candi Dasa

schiedene Zeremonien, etwa auf den Reisfeldern der Umgebung, benötigt wird. Am Zugang und auf dem Vorplatz des Tempels trifft man Verkäufer, die Räucherstäbchen, Batiken und Kunsthandwerk anbieten. Im Tempel selbst kann man gelegentlich hinduistischen Zeremonien beiwohnen. Das Betreten der Höhle ist **tabu**.

Balina Beach Nicht weit von Candi Dasa (ca. 4 km in Richtung Klungkung) ist in den vergangenen Jahren ein neues Touristenzentrum mit zahlreichen Mittelklassehotels entstanden. Es heißt Balina Beach; hier ist der Sand heller als bei Candi Dasa.

Padang Bai Am westlichen Ende der Labuhan-Amuk-Bucht liegt der Fährhafen Padang Bai, von dem die Fähren zu der vorgelagerten Insel ►Penida und nach ►Lombok ablegen. In der Bucht ankern auch die großen Kreuzfahrtschiffe, die einen Bali-Besuch auf dem Programm haben. Wegen des starken Fährverkehrs fast rund um die Uhr sind ständig sehr viele Busse und Bemos in der Stadt unterwegs. Außerhalb des Ortes liegen mehrere schöne Strände.

Celuk

M 8

Region: Zentralbali
Höhe: ca. 100 m ü.d.M.
Regierungsbezirk: Gianyar
Entfernung: 12 km nordöstlich von Denpasar

Auf Bali gibt es mehrere Orte, die den Namen Celuk tragen. Gemeint ist hier das in der Nähe von Sukawati gelegene Dorf, das für seine geschickten Kunsthandwerker bekannt ist.

Gold- und Silbergeschäfte Entlang der Straße, die sich durch das lang gestreckte Dorf Celuk zieht, befinden sich zahlreiche Gold- und Silberhandlungen, teilweise mit angeschlossenen Werkstätten (Besichtigung möglich). Das Preisniveau entspricht jenem der Touristenzentren; Celuk wird auch regelmäßig bei organisierten Bustouren angesteuert.

CELUK ERLEBEN

VERKEHRSVERBINDUNGEN

Von Denpasar nimmt man die Straße ca. 12 km in Richtung Sukawati. Busse verkehren täglich von Denpasar-Kerenang; Bemos fahren von Denpasar, Ubud und Mas sowie der Straße nach Sukawati.

ESSEN / ÜBERNACHTEN

Das Dorf sieht nahezu ausschließlich Tagestouristen, die die vielen Gold- und Silberschmiedeläden besuchen. Obst, Getränke und kleine Snacks kauft man an den diversen offenen Ständen.

Celuk ist auch bekannt für seine Holzschnitzer, insbesondere für jene, die Wayang-Figuren bzw. Topeng-Holzmasken anfertigen. Die Originale sind meist traditionell überliefert; gefertigt werden aber auch Wayang-Figuren, wie sie eigentlich nur auf der westlichen Nachbarinsel Java hergestellt werden. Bei den angebotenen Masken handelt es sich oft um für Touristen gedachte Massenware. Weitere kunsthandwerkliche Betriebe befinden sich in den Dörfern rings um Celuk, beispielsweise in Guang, Batuan oder Sukawati. Mit etwas Glück findet man abseits der Hauptstraßen in den genannten Orten Handwerker, die sorgfältig gefertigte Masken und Figuren verkaufen. **Holzschnitzer**

Unweit von Celuk und Batubalan liegt bei Singapadu neben einem Vogelpark **Bali Zoo Park**. Ein Rundgang führt durch tropische Vegetation, vorbei an Waranen, Krokodilen, Leguanen und Schlangen, an Tigern, Affen und Flughunden. Ebenfalls beheimatet sind 350 Vogelarten, darunter auch prächtige Papageien.

★ **Bali Zoo Park**

Öffnungszeiten:
tgl. 9.00 – 18.00

★★ Denpasar

L 8

Hauptstadt Balis und des Regierungsbezirkes Badung

Region: Südbali
Einwohner: ca. 650 000

Denpasar bzw. der südlich davon gelegene Flughafen Ngurah Rai ist meist die erste Station eines Bali-Urlaubers. Seit der Fertigstellung der vierspurigen Umgehungsstraße Jalan Bypass wird man allerdings unmittelbar nach der Ankunft kaum etwas von der Hektik der Hauptstadt spüren und gleich in einen der Touristenorte weiterfahren.

Einen Besuch ist Denpasar auf jeden Fall wert, da es hier etliche Sehenswürdigkeiten wie verschiedene Tempel und auch das reich ausgestattete Nationalmuseum gibt. Wegen des dichten Verkehrs ist die Benutzung eines eigenen Fahrzeugs nicht zu empfehlen.

Denpasar ist seit 1946 Hauptstadt der Insel, Sitz des Gouverneurs der indonesischen Provinz Bali und aller Regierungsbehörden; früher war es das im Norden der Insel gelegene ►Singaraja. Erst in diesem Jahr bekam die Stadt den Namen Denpasar (= Neuer Markt); zuvor hieß sie Badung, wie der Regierungsbezirk (Kabupaten), in dem sie sich ausbreitet. Die Einheimischen nennen ihre Hauptstadt immer noch **Badung**. **Inselhauptstadt**

Die Stadt liegt im Süden der Insel und hat seit den 1960er-Jahren einen gewaltigen Aufschwung erlebt. Eine der Folgen war, dass es in und um Denpasar zu einer Bevölkerungsexplosion kam: Auf einem Quadratkilometer leben heute mehr als 1000 Menschen – im Gegensatz etwa zum westlichen Teil der Insel, in dem nur ca. 250 Men-

DENPASAR ERLEBEN

AUSKUNFT

Denpasar Tourist Office
Jl. Surapati 7, Denpasar
Tel. (03 61) 22 36 02, Fax 23 45 69

VERKEHRSVERBINDUNGEN

Flugzeug
Ankunft auf dem Ngurah Rai International Airport, der sich südlich von Kuta befindet. Von dort geht es weiter mit Bemos oder Taxi.

Stadtverkehr
Aufgrund der chaotischen Verkehrsverhältnisse, der vielen Einbahnstraßen und der wenigen Parkplätze sollte man die Innenstadt lieber zu Fuß kennenlernen. Sehr gute Bus- und Bemoverbindungen von diversen Terminals – um einen Überblick und aktuelle Informationen zu erhalten, wendet man sich am besten an das Tourist Office (s. o.).

EINKAUFEN

Trotz der mitunter chaotischen Verkehrsverhältnisse lohnt ein Einkaufsbummel im Zentrum der balinesischen Hauptstadt. Statt auf den Geschmack von Touristen abgestimmte Artikel in Souvenirläden kauft man hier inmitten der Bevölkerung landestypisch ein: Seidenstoffe, Batiken, Obst, Gemüse, Gewürze, günstige Schuhe und Sandalen sowie Elektronikartikel. Zu den beliebtesten Einkaufsstraßen, auch für indonesisches Kunstgewerbe, gehören Jl. Gajah Mada, Jl. Sumatera und Jl. Sulawesi.

Ramayana Bali Mall
Denpasars älteste Shoppingmall bietet auf drei Stockwerken lokale und australische Markenartikel, eine große Auswahl an DVDs und CDs sowie diverse Cafés und SB-Restaurants.

ESSEN

► Erschwinglich

① *Atoom Baru*
Jl. Gajah Mada, Tel. (03 61) 22 27 88
Beliebter Stopp bei einem Einkaufsbummel oder Marktbesuch: große Auswahl chinesischer Gerichte. Zu empfehlen sind der scharf gewürzte Fisch und die Meeresfrüchte, dazu trinkt man eisgekühltes Bier.

► Preiswert

② *Betty*
Jl. Sumatra 56
Kleines Restaurant, beliebt bei Einheimischen und Individualreisenden. Serviert werden Mie Goreng und andere indonesische (Reis-)Gerichte.

ÜBERNACHTEN

► Luxus

① *Tohpati*
Jl. Bypass Ngurah Rai
Tel. (03 61) 23 62 73, Fax 23 24 04
50 in Bungalows untergebrachte Zimmer in einem üppigen Park am nordöstlichen Stadtrand. Fitnesscenter, Tennis, Pool.

► Komfortabel

② *Pemecutan Palace*
Jl. Thamrin 2, Tel. (03 61) 22 34 91
Der Besitzer dieses Hotels ist kein Geringerer als König Ida Cokorda Pemecutan XI., den man hier auch antrifft. Zum Hotel gehört eine schöne Gartenanlage im balinesischen Stil.

► Günstig

③ *Inna Bali*
Jl. Veteran 3
Tel. (03 61) 22 56 81, Fax 23 53 47
www.innabali.com
Das ehemalige Natour (1927 erb.) grenzt zu beiden Seiten an einen Stadtpark; mit Pool und Restaurant.

schen auf einem Quadratkilometer wohnen. Die Probleme, unter denen die Inselhauptstadt heutzutage leidet, sind unübersehbar: Umweltverschmutzung, schlechte Luft, dichter Verkehr und zu viele Menschen, die sich Lohn und Brot vor allem von den unweit gelegenen Touristenzentren versprechen. Infolgedessen breitet sich Denpasar immer weiter aus und wächst an vielen Stellen schon mit einst selbstständigen Ortschaften der näheren Umgebung zusammen.

Der Pasar Badung, Denpasars Obst-, Gemüse- und Fischmarkt, ist voller tropischer Leckereien.

Geschichte

Der Raja von Badung war einer der ersten, der die Kolonialherrschaft anerkannte und bereit war, dies in einem 1841 unterschriebenen Vertrag zu fixieren. Er versprach sich davon, dass die Niederländer die Provinz Badung unbehelligt und ihr eine gewisse Selbstständigkeit lassen würden. Über einen Zeitraum von immerhin 63 Jahren war dies auch der Fall. Dann kam es jedoch zu einem folgenschweren Raub an der Küste vor Denpasar: In der Nacht zum 27. Mai 1904 strandete der chinesische Schoner »Sri Kumala«. Die Balinesen plünderten das Schiff, worauf sich der Eigner mit einer Regressforderung zunächst an den Raja Agung Made und, als diese erfolglos war, an die Niederländer wandte. Diese stellten dem Raja nach erfolglosen Verhandlungen ein Ultimatum und bildeten gleichzeitig einen Belagerungsgürtel um Denpasar. Nachdem der Raja betont hatte, dem Ultimatum nicht zu folgen, zogen sie den Belagerungsring enger und begannen am 14. September 1906 mit der Invasion. Die weiteren Geschehnisse an diesem Tag haben dazu beigetragen, dass die Balinesen schlimme Erinnerungen an die Zeit der niederländischen Besatzung haben. Als die Invasoren nämlich auf den Palast des Rajas von Badung zumarschierten, öffneten sich die Tore, und ein langer Zug, an dessen Spitze der Raja selbst in einer Sänfte getragen wurde, bewegte sich langsam auf die fremden Herren zu. Der Zug hielt nur wenige Meter vor den Niederländern an, ein Brahma-Priester nahm den juwelengeschmückten Kris (Dolch) seines Herrschers und stieß ihn ihm in die Brust. Diesem Beispiel folgte nun einer nach dem anderen. Männer, Frauen und Kinder fanden so den Tod. Die Niederländer waren nur kurze Zeit verblüfft, nahmen dann ihre Gewehre und erschossen auch jene Balinesen, die nicht Opfer des **rituellen Massenselbstmordes** (Puputan) geworden waren. Der Palast ging in Flammen auf und brannte fast vollständig nieder.

Dem Beispiel, das der Raja von Badung mit seinem Gefolge gab, folgte am selben Tag der Raja von Pemecutan und später, im Gefängnis von Badung, der Raja von Tabanan, den die Niederländer verhaftet hatten. 1908 kam es auch in Klungkung zu einem solchen Puputan, bei dem mehr als 250 Menschen starben. In der Folge sahen sich die Niederländer vermehrt internationalem Druck ausgesetzt; 1914 ersetzten sie deshalb die militärischen Kräfte durch eine Polizeitruppe.

Denpasar *Orientierung*

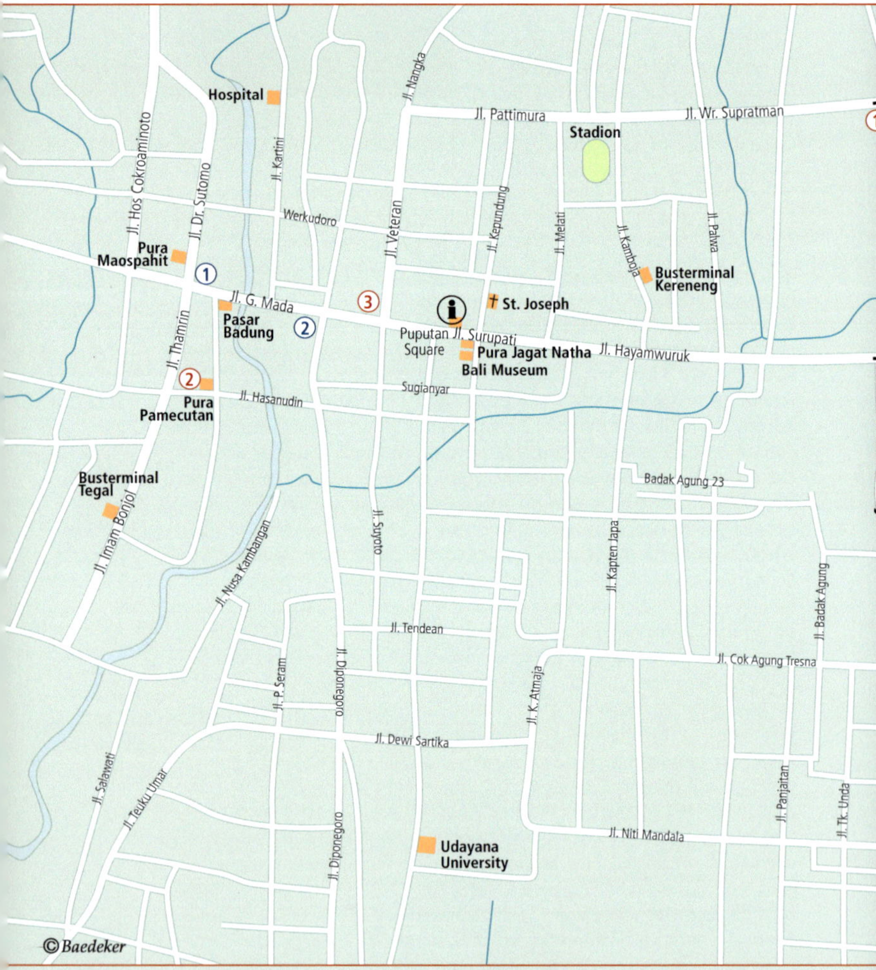

Essen
① Atoom Baru
② Betty

Übernachten
① Tohpati
② Pamecutan Palace
③ Inna Bali

Sehenswertes in Denpasar

Besser mit dem Taxi

Einen Stadtrundgang in Denpasar kann man kaum empfehlen. Erstens liegen zwischen den einzelnen Sehenswürdigkeiten größere Distanzen, die man am besten mit dem Taxi überwindet. Zweitens wäre ein Spaziergang durch die von Lärm erfüllten und vom Verkehr überlasteten Straßen eher eine Qual denn ein Vergnügen.

★★ Puri Pemecutan

Öffnungszeiten: tgl. 8.00 – 17.00

Den Palast der Fürsten von Badung, in den ein kleines, freundliches Hotel integriert ist, findet man im Winkel, den die Jalan Thamrin mit der Jalan Hassannudin bildet. Hinter einer roten Ziegelsteinmauer liegen etliche reizvolle Gebäude in einem üppigen tropischen Garten. Der Besitzer von Palast und Hotel ist König Ida Cokorda Pemecutan XI., der von den Balinesen sehr verehrt wird. Seine Krönung 1989 in Anwesenheit mehrerer entthronter Könige aus Java und Bali wurde jedoch von der indonesischen Zentralregierung nicht anerkannt.
Die Palastanlage, die nach dem Massenselbstmord vom 14. September 1906 fast vollständig niederbrannte, wurde später zwar wieder aufgebaut, besitzt jedoch nicht mehr ihre ursprüngliche Größe. Beeindruckend sind das reich verzierte Eingangstor sowie als einziger baulicher Überrest der alten Anlage einige schöne Reliefs im hinteren Teil des Palastbezirkes. In einem Gebäude wird eine vom Brand verschonte Lontarsammlung (altbalinesische Texte auf Palmblättern) aufbewahrt, in einem anderen historische Gamelan-Instrumente. Der üppig blühende Garten bildet einen krassen Gegensatz zum Verkehrsgetümmel vor den Toren des Palastes.

★★ Museum Negeri Propinsi Bali (Bali Museum)

Öffnungszeiten: Di. – Do. 8.00 14.00, Fr. 8.00 – 15.00

Auch wenn es dem Nationalmuseum von Bali, gemessen an den Maßstäben anderer Nationalmuseen, an Systematik mangelt, lohnt es doch in jedem Fall einen Besuch. Immerhin ist die Mehrzahl der Exponate auch in englischer Sprache beschriftet, was Geschichte, Herkunft und Bedeutung der Ausstellungsstücke auch fremden Besuchern deutlich macht. Das Museum Negeri Propinsi Bali zeigt v. a. **balinesische Kunst und Architektur** und liegt an der Jalan Wisnu unweit des Puputan-Platzes. Es ist in drei Gebäuden untergebracht, die nebeneinanderliegen und im traditionell-balinesischen Stil erbaut bzw. nach Vorlagen des alten Palastes rekonstruiert wurden. Diese drei Gebäude befinden sich in einem eigenen Bezirk der Palastanlage, den man durch ein Gespaltenes Tor (Candi Bentar) betritt; ein weiteres Candi Bentar zur vorüberführenden Straße hin ist stets geschlossen. Daneben erhebt sich ein Glockenturm (Kulkul).
Den Museumsrundgang beginnt man am besten im hintersten Gebäude, in dem u. a. in einer Glasvitrine eine balinesische Hochzeitszeremonie (an der Vorderseite) und die Zeremonie der Zahnfeilung (an der Rückseite) dargestellt werden. Beachtenswert sind verschiedene Holzmodelle (u. a. ein königlicher Thron), geschnitzte Symbole für hinduistische Gottheiten sowie einige Batiken und Stickereien.

Das Art Center zeigt seine Schätze inmitten eines tropischen Parks.

Nähere Betrachtung verdienen auch die kunstvoll geschnitzten Fensterläden. Im mittleren Gebäude, nach dem Herkunftsort seines Baustils Gedung Karangasem genannt, werden Fundstücke aus der Jungsteinzeit aufbewahrt; auf der Veranda stehen eine schöne Sitzgarnitur sowie etliche Steinfiguren. Das Gebäude war von den Niederländern übrigens zunächst in der Form einer nach allen vier Seiten hin offenen Halle erbaut; erst später wurden Wände eingezogen.
Das dritte Gebäude hat man im Stil des Palastes von Tabanan erbaut; es ist reich verziert und besitzt in seinem Inneren einige Barong-Figuren, die auf einem Podest in der Mitte aufgestellt sind. Außerordentlich kunstvoll ist das hölzerne Deckengebälk geschnitzt.
Dazwischen befindet sich eine »Duschanlage«, die die Fürstenfamilie einbauen ließ. Sie ist etwas in den Boden eingesenkt und daher auf den ersten Blick nur schwer zu erkennen.

★★ Pura Jagat Natha

Verlässt man das Nationalmuseum durch den Hauptausgang, liegt gleich rechts der Tempel der Weltenherrscher (Pura Jagat Natha). Er ist **Sangyang Widi geweiht**, im balinesischen Hinduismus die Inkarnation der höchsten Götter Brahma, Vishnu und Shiva. Hier wird speziell Brahma als »Gott der Götter« verehrt. Die im Tempel enthaltenen Symbole für die Gottheiten – Sangyang Widi dargestellt als goldglänzende Metallfigur, die auf einem aus Korallenstein erbauten, siebenstufigen Thron sitzt – werden im übrigen nicht von einzelnen Personengruppen, sondern von allen balinesischen Hindus verehrt.

★ Kirche St. Joseph

Etwa 550 m nordöstlich vom Nationalmuseum steht die katholische Kirche St. Joseph, in der christliche Darstellungen, z. B. auf den Glasfenstern, und balinesischer Skulpturenschmuck bunt gemischt sind.

✶ **Pura Maospahit**

◄ keine festen Öffnungszeiten

Der Pura Maospahit ist einer der wichtigen Tempel von Denpasar und zugleich einer der ältesten. Seine Ursprünge gehen in das 15. Jh. zurück. Gegründet wurde er (worauf auch der Name hindeutet) von der aus Java stammenden Dynastie der Majapahit, deren Ahnentempel er heute noch ist. Im Lauf der Zeit wurde er jedoch Verschönerungskuren unterzogen, bei denen viel von der ursprünglichen Ausstattung verloren ging.

Weil der Hauptzugang von der Jalan Dr. Sutomo nur an Feiertagen geöffnet ist, muss man den Zugang von der Gasse an der linken Seite der Tempelanlage benutzen. Dazu geht man ein Stück weit in das mit »Gang III« bezeichnete Gässchen hinein, wo man eine offene Tür findet. Zu einem weiteren Zugang in den Hauptteil des Tempels geht es am Ende des »Gang III« rechts ein Stück weit der Umfassungsmauer entlang.

Der Tempel besteht aus zwei Teilen, die durch eine hohe Mauer voneinander getrennt sind. Man betritt die Anlage durch ein Gespaltenes Tor (Candi Bentar), das die eigentliche Sehenswürdigkeit darstellt. Aus den fünf Pfeilern am Tor sind folgende Gottheiten herausgemeißelt (von links nach rechts): der Gott Sangkara (eine Erscheinungsform Shivas), der Himmelsgott des alten Indien Indra, der Totengott Yama, der Gott des Windes Bayu, der mythische Reitvogel Vishnus Garuda, der indische Gott Kubera (Gott des Reichtums) und der Meeresgott Waruna. Im rechten Teil des Tempelinneren stehen einige Sakralbauten, die allerdings nicht zum Pura Maospahit, sondern zu einem Familientempel gehören. Im hinteren Teil erhebt sich das der Ahnenverehrung dienende Gedong Maospahit. Links davon steht ein geschlossenes Gebäude, in dem die Ahnen der ostjavanischen Majapahit-Dynastie verehrt werden. Bemerkenswert sind **drei Sitze für Götter** (Pelinggih): Sie sind mit Hirschgeweihen geschmückt, die den Ahnen der Majapahit-Dynastie vorbehalten sind.

✶ **Taman Wedhi Budaya Art Center**

Interessant ist das Kunstzentrum von Denpasar vor allem wegen seiner umfangreichen Sammlung balinesischer Gemälde im Hauptgebäude und einer angeschlossenen Verkaufsausstellung mit Werken junger und etablierter Künstler. Hinter dem Gebäude liegt ein **üppiger Tropengarten** mit kleinen Teichen. Auf einer großen Freilichtbühne werden während des alljährlich stattfindenden »Festival of Arts«, häufig auch zu anderen Terminen, Tanzvorführungen gezeigt.

An der Zufahrtsstraße wird in einem kleinen, fast unscheinbaren Gebäude das Werk des Malers **Walter Spies** (► Berühmte Persönlichkeiten) gewürdigt; an der Kasse ist auch ein deutschsprachiger Prospekt erhältlich.

! *Baedeker* TIPP

Übung macht den Meister

Täglich kann man im Art Center vormittags an öffentlichen Proben junger Tanzeleven teilnehmen. Am frühen Abend (18.30 Uhr) sind dann die Früchte des fleißigen Übens zu sehen, wenn Tänze wie Barong oder Kecak aufgeführt werden.

★★ **Pasar Badung**

Öffnungszeiten: tgl. 5.00 – 24.00

Wo sich die Straßen Jalan Gajah Mada (eine der Hauptverkehrsachsen durch Denpasar) und Jalan Sulawesi treffen, befindet sich **der größte Markt der Hauptstadt**, der in einem vierstöckigen Gebäude untergebracht ist. Der Markt für frisches Gemüse und Obst liegt im Souterrain; in den oberen Etagen werden Gegenstände des täglichen Bedarfs angeboten. Der Pasar Badung besitzt einen eigenen Haustempel (vor dem Eingang). Geht man um das Gebäude herum, findet man die Läden der Fischverkäufer. Dass man diese etwas versteckt etablierte, hat seinen besonderen Grund: Da das Meer nach balinesisch-hinduistischem Glauben von Dämonen und bösen Geistern bewohnt ist, sind es wohl auch die dort gefangenen Tiere.
In der Umgebung des Marktgebäudes findet man zahlreiche weitere Verkaufsstände sowie Straßenverkäufer.

★★ Gianyar

M 7

Hauptstadt des Regierungsbezirkes Gianyar
Entfernung: 26 km nordöstl.v. Denpasar
Region: Zentralbali
Höhe: 127 m ü.d.M.

Gianyar, im 17. und 18. Jh. Hauptstadt eines mächtigen Reiches und heute Verwaltungssitz des gleichnamigen Regierungsbezirkes, liegt in einer gut bewässerten, landwirtschaftlich intensiv genutzten Hügellandschaft (v. a. Reisanbau). Wichtig für die Region sind eine bescheidene Textilindustrie sowie Kunsthandwerksbetriebe.

Im selben Maß wie die nur 12 km von Gianyar entfernte Stadt Klungkung, vom 15. bis zum 17. Jh. Hauptstadt des mächtigsten Reiches auf Bali, an Macht verlor (►Klungkung, Geschichte), ging diese

GIANYAR ERLEBEN

AUSKUNFT

Gianyar Tourist Office
Jl. Ngurah Rai 21
Tel. (03 61) 934 01

VERKEHRSVERBINDUNGEN

Von Denpasar fährt man in nordöstlicher Richtung bis Sakah; dort rechts ab und weiter über Blahbatuh.
Busse fahren mehrmals täglich ab Denpasar-Kerenang. Bemos findet man entlang der Straße.

ÜBERNACHTEN / ESSEN

► **Günstig / Preiswert**

Sua Bali
Am Rande des Dorfes Kemenuh (an der Straße von Denpasar nach Gianyar bei Blahbatuh), www.suabali.com
Tel. (03 61) 94 10 50, Fax 361 94 10 35
Weniger ein Hotel als eine Unterkunft, in der Bali-Besucher sozialverträglichen Tourismus hautnah erleben. Balinesisch wohnen, essen und Kontakte zur einheimischen Bevölkerung knüpfen ist hier leicht möglich.

Immer wieder begegnet man Scharen von freilaufenden Enten.

an die Herrscher von Gianyar über. Diese Fürsten verstanden es zur Zeit der niederländischen Besetzung, sich mit den Invasoren zu arrangieren. Das hatte zur Folge, dass Gianyar von Übergriffen verschont blieb und die Fürstenfamilie ihren Einfluss behielt.

Sehenswertes in Gianyar und Umgebung

Vom einstigen Glanz der Stadt Gianyar ist nicht mehr viel übrig geblieben. Moderne Zweckbauten bestimmen heute das Ortsbild.

★★ **Puri Gianyar**

◄ zeitweise nicht zugänglich

Der 1771 von Dewa Manggis IV. erbaute Puri Gianyar liegt an der Längsseite des zentralen Dorfplatzes. Er ist für Besucher gewöhnlich nicht zugänglich; mit etwas Glück öffnet jedoch ein Mitglied der heute noch im Palast wohnenden Fürstenfamilie das Tor. Der Palast besteht aus mehreren **im traditionell-balinesischen Stil** erbauten Pavillons. Erhält man die Gelegenheit, das Palastinnere besichtigen zu dürfen, sollte man v. a. die prächtigen Schnitzereien sowie die Figuren in dem reizvollen Tropengarten beachten.

★ **Blahbatuh**

Nur rund 5 km südwestlich von Gianyar liegt der kleine, stille Marktort Blahbatuh mit zwei besonders sehenswerten Tempelanlagen. An der Straße in Richtung Denpasar befindet sich in Benawah der Pura Dalem Blahbatuh mit einem sitzenden **Buddha (!) inmitten hinduistischer Figuren** – ein Hinweis auf die Toleranz der Balinesen in religiösen Dingen. Die zweite Sehenswürdigkeit in Blahbatuh ist der Pura Puseh Blahbatuh oder Pura Gaduh. Er birgt den überdimensionalen **Kopf eines Riesen**, der Berichten Einheimischer zufolge den Dämonenfürsten Jero Gede Mecaling darstellt, der in früheren Zeiten einige Male von der Insel ► Penida nach Bali gekommen und dort mit seinen Dämonen und Teufeln großes Unheil angerichtet haben soll.

Gilimanuk

B 3

Region: Westbali
Regierungsbezirk: Jembrana
Höhe: Meereshöhe
Entfernung: 85 km westlich v. Singaraja

Gilimanuk ist der wichtigste Fähr- und Handelshafen zwischen Bali und der großen Nachbarinsel Java. Die westlichste balinesische Stadt liegt an der nur 2,5 km breiten Balistraße (Selat Bali).

Hafenstadt Gilimanuk dürfte wohl die **Stadt mit den wenigsten Sehenswürdigkeiten auf Bali** sein. Reizvoll ist allenfalls das geschäftige Treiben in Hafennähe, das vom Fährverkehr bestimmt wird. Einen Besuch lohnt der allabendlich geöffnete Nachtmarkt im Stadtzentrum, wo es einige gute Garküchen gibt. 200 m östlich des Hafens werden im **Museum of Man** (Museum Manusia Purba) Ausgrabungsfunde aus der Umgebung der Stadt ausgestellt, darunter Exponate aus prähistorischen Gräbern, Keramiken und Werkzeuge (tgl. 9.00 – 16.00 Uhr).

Über die Straße von Denpasar nach Gilimanuk kann man einen kurzen Abstecher in das kleine Dorf **Palasari** (mit katholischen Einwohnern) und etwa 10 km weiter in westlicher Richtung nach **Belmbingsari** machen, wo zumeist Protestanten leben. Beide Orte ziert eine kleine Kirche.

GILIMANUK

VERKEHRSVERBINDUNGEN

Von Denpasar verläuft die Straße nach Gilimanuk in nordwestlicher Richtung teilweise entlang der Küste (ca. 130 km).
Von Denpasar-Ubung gibt es täglich regelmäßige Bus- und Bemo-Verbindungen.

Fährverkehr Bali – Java Fährschiffe zur Nachbarinsel Java (Hafen Ketapang, ca. 30 – 45 Min.) legen von Gilimanuk ab (am Ende der Hauptstraße links abbiegen und den Wegweisern folgen). Am Hafen können Reservierungen vorgenommen und Schiffskarten gekauft werden.

✶✶ Kapal

L 7

Region: Südwestbali
Regierungsbezirk: Badung
Höhe: 75 m ü.d.M.
Entfernung: 15 km nördl. von Denpasar

In früherer Zeit lebten viele Kapaler von ihren weithin gerühmten Töpferwaren. Heute ist das Städtchen zwischen Denpasar und Mengwi für Tempelfiguren und Dekorationsstücke aus Zement und Stein bekannt.

Sehenswertes in Kapal und Umgebung

Entlang der Hauptstraße reihen sich etliche zur Straße hin offene Läden, in denen steinerne Figuren, Haustempel u. Ä. auch zum Verkauf ausgestellt sind. In Anbetracht des zumeist erheblichen Gewichtes steht einem Kauf dieser ansonsten sicher reizvollen und handwerklich gut gearbeiteten Objekte der teure Schiffstransport nach Europa entgegen.

KAPAL

VERKEHRSVERBINDUNGEN

Die Straße führt von Denpasar nordwärts in Richtung Singaraja. Mit dem Bus gibt es von Denpasar-Ubung gute Verbindungen, mit dem Bemo von Denpasar oder von Mengwi.

★★ **Pura Sada (Prasada)**

Der Pura Sada (Turm) von Kapal gehört zu den wichtigsten Tempeln auf Bali. Er ist der **Gründertempel der Fürsten von Mengwi**, deren Ahnen ursprünglich aus Klungkung stammten. Man erreicht ihn, wenn man der Hauptstraße in Richtung Tabanan folgt und dann links in ein schmales Sträßchen (200 m) einbiegt.
Die heute sichtbaren Gebäude wurden auf alten Grundmauern errichtet, den Überresten eines etwa im 12. Jh. erbauten Heiligtums. Man betritt die nur auf den ersten Blick zweigeteilte Anlage – der äußere Vorhof mit einem großen Waringin-Baum ist nicht umfriedet – durch ein Gespaltenes Tor (Candi Bentar) mit einem siebenstufigen Dach, das vermutlich aus dem 14. oder 15. Jh. stammt.
Im inneren Hof der großen Anlage bemerkt man halblinks das Bale Pesamyangan, in dem die Götter willkommen geheißen werden. Ebenfalls aus dem 14./15. Jh. dürfte der Vorläufer des mächtigen Prasada im Majapahit-Stil stammen. Es wurde durch ein verheerendes Erdbeben 1917 vollständig vernichtet und erst 1948 / 49 wieder errichtet. Nicht gesichert ist, ob es genau an der ursprünglichen Stelle wiederaufgebaut worden ist. Besonders auffallend ist eine Dämonenfratze im oberen Teil der Pagode. In der Mitte befindet sich ein steinernes Bassin. Dieses symbolisiert den Sitz der Himmelsnymphe Widadari, die als Vermittlerin zwischen der Welt der Götter und der Welt der Menschen gilt. Rechts davon stehen **57 steinerne Throne für die Ahnen** der Mengwi-Dynastie, an der östlichen Seite drei Thronsitze. Im hinteren Teil der Anlage erheben sich weitere Schreine und Thronsitze, sie sind u. a. der göttlichen Trinität Brahma – Vishnu – Shiva geweiht.

Pura Sada Orientierung

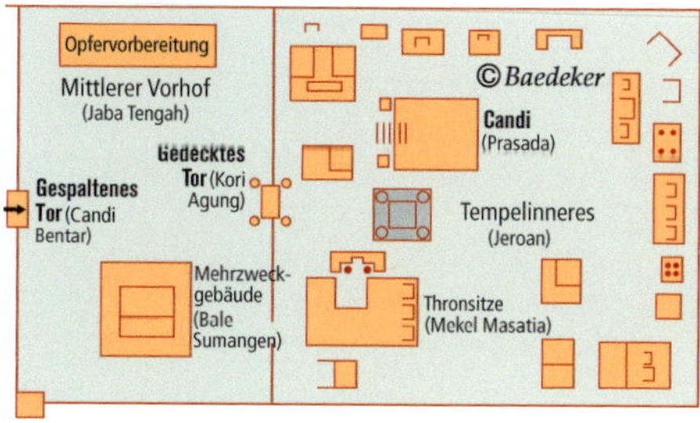

✶✶ Pura Desa und Pura Puseh

Ein weiterer sehenswerter Dorftempel befindet sich direkt an der Hauptstraße, die Kapal durchzieht. Eigentlich handelt es sich um die beiden Tempelanlagen Pura Desa und Pura Puseh; beide sind jedoch derart zusammengebaut, dass die ursprüngliche Eigenständigkeit nur noch für Eingeweihte sichtbar ist. Faszinierend ist das überaus **reich verzierte Tor mit drei Eingängen**, von denen je einer der göttlichen Trinität Brahma – Vishnu – Shiva vorbehalten ist. Links und rechts des Tores zeigen fein durchgestaltete Reliefs Teile der Tantri-Tierfabeln.

Sempidi und Lukluk

Die beiden kleinen Dörfer Sempidi und Lukluk liegen vor Kapal in Richtung Denpasar; sie verfügen über schöne Dorftempel mit teils überaus reich verzierten Toren und Mauern.

Klungkung (Semarapura)

N 7

Hauptstadt des Regierungsbezirkes Klungkung
Einwohner: 17 000

Region: Ostbali
Höhe: bis 160 m ü.d.M.
Entfernung: 23 km östlich von Ubud

Klungkung, einst Regierungssitz eines bedeutenden Reiches, liegt am Fuß einer sanft hügeligen Landschaft; bei klarem Wetter bildet der Vulkan Gunung Agung eine beeindruckende Kulisse.

Heute ist Klungkung – das seit 1995 offiziell den neuen Namen **Semarapura** trägt – ein geschäftiges Zentrum. Es stellt einen wichtigen Verbindungspunkt zwischen Zentralbali und dem östlichen Inselteil dar, der nach dem verheerenden Vulkanausbruch 1963 und den begleitenden Erdbeben längere Zeit wirtschaftlich und verkehrstechnisch vom Rest der Insel abgeschnitten war.

KLUNGKUNG ERLEBEN

AUSKUNFT

Klungkung Tourist Office
Jl. Untung Surapati 3
Semarapura
Tel. (03 66) 214 48
Fax 228 48

VERKEHRSVERBINDUNGEN

Von Denpasar verläuft die Straße ostwärts über Gianyar. Mit dem Bus gibt es regelmäßig gute Verbindungen von Denpasar-Kereneng. Bemos findet man entlang der Straße.

ÜBERNACHTEN / ESSEN

► **Günstig / Preiswert**
Loji Ramayana Palace Hotel
Jl. Diponegoro 152
Tel. (03 66) 210 44
9 Zimmer um einen Innenhof mit moderner Ausstattung. Restaurant mit chinesischer Küche im Garten.

Die Kerta Gosa wurde als königlicher Gerichtshof im 18. Jahrhundert erbaut.

Geschichte

Als gegen Ende des 15. Jh.s die Hindus auf Java so verfolgt wurden, dass vielen nur die Flucht auf die Nachbarinsel Bali übrig blieb, war unter ihnen auch Batu Renggong, der Sohn des Fürsten Widjaya. Dessen Vater hatte sich, um der Gefangenschaft zu entgehen, selbst verbrannt – ein Schicksal, das sein Sohn nicht teilen mochte. Mit einigen Hundert Anhängern (darunter viele Priester) floh er nach Bali, wo er in Gelgel, einem kleinen, ca. 5 km südlich von Klungkung gelegenen Ort, einen Palast baute, sich zum Dewa Agung (= Großfürsten) und Gelgel zum Regierungssitz erklärte. Um 1710 übersiedelte der Hofstaat in das wesentlich günstiger gelegene Klungkung, wo Fürst Di Made, ein Ururenkel von Fürst Widjaya, einen neuen Palast errichtete. Aus dieser Zeit stammt vermutlich auch die größte Sehenswürdigkeit der Stadt, die **Gerichtshalle Kerta Gosa**. Klungkungs Bedeutung wuchs in den folgenden Jahren so stark, dass in dieser Gerichtshalle alle wichtigen Rechtsstreitigkeiten der ganzen Insel Bali verhandelt und Verbrecher abgeurteilt wurden.

Klungkung spielte aber auch eine wichtige Rolle während der niederländischen Okkupationsversuche. Nachdem die Niederländer im Norden Städte wie Singaraja und Buleleng unter ihre Kontrolle gebracht hatten, gelangte eine Vorhut unter der Leitung des Kaufmanns **Cornelis de Houtman** bis nach Klungkung, wo sie vom Dewa Agung, der sich sehr für europäische Lebensart interessierte, als Gäste willkommen geheißen wurden. Einige Zeit später vereinbarte man die Aufnahme von Handelsbeziehungen. Im 18. Jh. verlor Klungkung immer mehr an Bedeutung und Einfluss an das nahe Gianyar. Zwar einigte sich der Dewa Agung mit den Herrschern der benachbarten Fürstentümer auf ein gemeinsames Vorgehen gegen die Niederländer, doch verfügte er nicht über die militärischen Mittel, sich gegen die drohende Invasion zu wehren. Nach Buleleng im Norden und Amlapura im Osten war Klungkung dann auch eine der ersten Gegenden, die von den Niederländern erobert wurden. Dabei kam es 1908 zu einem schrecklichen Ereignis, das die Herzen der Balinesen bis heute tief bewegt. Als die Niederländer vor den Toren des Palastbezirkes standen, öffneten sich diese und ein Zug von etwa 250 Männern, Frauen und Kindern kam heraus. Als sie vor den verdutzten Invasoren anhielten, stieß sich zuerst der Dewa Agung einen Kris in die Brust – ein Beispiel, dem alle anderen folgten (► Denpasar). Den Niederländern war dies jedoch nicht genug: Wer sich nicht selbst getötet hatte oder schwerverletzt noch am Leben war, starb im anschließenden Kugelhagel ihrer Gewehre.

Sehenswertes in Klungkung

Moderne Zweckbauten und Rekonstruktionen

Von der Pracht des alten Klungkung ist nicht mehr viel zu sehen; die Niederländer haben nach der Eroberung nahezu alle repräsentativen Bauten niedergerissen. Das heutige Aussehen der Stadt wird deshalb weitgehend von modernen Zweckbauten bestimmt.
Erst in den 1980er-Jahren sind einige Gebäude wieder hergestellt bzw. rekonstruiert worden. Sie erinnern an die große Zeit der Stadt, als Klungkung als Zentrum von Kunst und Kultur auf Bali galt und z. B. zahlreiche bedeutende Maler hervorbrachte.

Taman Gili

Im Zentrum der Stadt erstreckt sich der Taman Gili (= Garten der Insel), eine **gepflegte Parkanlage**, die etwa den Umrissen des Puri Agung, der einstigen Fürstenresidenz, entspricht. Inmitten eines von Lotosblumen besetzten Teiches steht das Bale Kembang, ein kleiner Pavillon mit schönen Wayang-Malereien im Innern.

★★ Kerta Gosa

Wunderbar anzusehen ist die Mitte des 18. Jh.s errichtete Gerichtshalle Kerta Gosa wegen ihrer **einzigartigen, ebenfalls im Wayang-Stil ausgeführten Malereien** im Dachstuhl. Diese waren ursprünglich auf Leinwand gemalt; erst im Zuge einer Restaurierung 1960 fixierte man sie auf haltbare Zementplatten. Im Wayang-Stil (in dem heute noch einige Künstler in und um Klungkung malen) wird eine Geschichte erzählt, in deren Mittelpunkt ein und dieselbe Person steht. Stand der zu Verurteilende vor seinen Richtern, bekam er, wenn er den Kopf hob, einen Eindruck dessen, was ihn nach dem Urteil erwartete. Ehebrechern werden da beispielsweise die Genitalien abgebrannt, Frauen müssen beim Gang durch das Feuer in die Gesichter ihrer abgetriebenen Kinder schauen und Diebe werden in siedendem Öl zu Tode gequält.

Drastische Strafen wurden den Angeklagten vor Augen geführt.

Als Gegensatz dazu ist aber auch der Himmel und seine Belohnungen für die Menschen zu sehen, die in ihrem Leben Gesetz und Ordnung befolgt haben. Für die Malereien sind grundsätzlich die fünf Grundfarben benutzt worden. In der Mitte der Gerichtshalle stehen sechs reichverzierte Stühle um einen rechteckigen Tisch, an dem die drei Richter (Pendanda-Priester) und die Beisitzer Platz nahmen. Zur Anlage gehört auch ein kleines Museum.

Öffnungszeiten: tgl. 8.00 – 17.30

Umgebung von Klungkung

Kamasan

Der kleine Ort Kamasan, ca. 2 km südlich von Klungkung, ist bekannt für seine **Maler**, die noch die traditionelle Wayang-Technik pflegen. Hier gibt es auch eine weithin bekannte Künstlerschule, in der traditionelle mit modernen Malweisen kombiniert werden. Neben der Stoffmalerei ist Kamasar bekannt für seine guten und kreativen **Bronze- und Silberschmiede**.

Gelgel

Etwa 2 km hinter Kamasan liegt der Ort Gelgel; von der früheren Pracht bzw. von den Bauwerken dieses einst bedeutenden Ortes ist nichts mehr erhalten.

Banda

Öffnungszeiten: tgl. 9.00 – 17.00

In Banda (Jl. Pertigaan), 5 km westlich von Klungkung, findet sich das Museum Semis Lukis Klasik. Es wird auch **Gunarsa Museum of Classical and Modern Art** genannt, da es von dem balinesischen Künstler Dr. Nyoman Gunarsa gegründet wurde. Neben Gunarsas Studio und einer Sammlung seiner Arbeiten werden Objekte des 17. bis 19. Jh.s sowie moderne und abstrakte Werke gezeigt.

Kusamba

Folgt man der Straße von Klungkung in Richtung Amlapura, erreicht man nach wenigen Kilometern den kleinen Küstenort Kusamba mit seinem schwarzen Strand. Die Bewohner des Dorfes leben vorwiegend vom Fischfang sowie von der Salzgewinnung. Unterwegs sieht man immer noch die Spuren des heftigen Vulkanausbruches von 1963.

★★ Kubutambahan

L 1

Region: Nordbali
Regierungsbezirk: Buleleng
Höhe: Meereshöhe
Entfernung: 12 km nordöstl. Singaraja

Kubutambahan ist eine typische nordbalinesische, wenig interessante Stadt, die inmitten einer zwar regenarmen, aber dennoch landwirtschaftlich intensiv genutzten Landschaft liegt. Absolutes Highlight ist die Tempelanlage des Pura Meduwe Karang mit seinem für die Region typischen blumigen Ornamenten.

Sehenswertes in Kubutambahan

★★ **Pura Meduwe Karang**

Einen Besuch lohnt der Pura Meduwe Karang, ein Hindutempel, der dem männlichen Pendant zur Reisgöttin Dewi Sri geweiht ist. Der Name des Tempels bedeutet sinngemäß »dem die Erde gehört«; die Bevölkerung bittet hier um reiche Ernte in den umliegenden Kaffee-, Mais-, Obst- und Gemüseplantagen.

Betritt man die dreiteilige Anlage, bemerkt man im ersten Hof (Jaba) drei Podeste mit 13 Figuren in der unteren, 10 Figuren in der mittleren und weiteren 13 Figuren in der hinteren Reihe; sie alle stellen **Personen aus dem Ramayana-Epos** dar.

Ein vierteiliges Gespaltenes Tor (Candi Bentar) führt in den zweiten Hof (Jaba Tengah) mit einer Vielzahl von Figuren an der gegenüberstehenden Mauer, die den dritten Hof (Jeroan) mit dem Allerheiligsten (Bebaturan) abtrennt.

Im Zentrum des Heiligtums steht auf einem gestuften Podest auf quadratischer Basis links das Gedong Pesimpangan, das Ratu Ayu Sari (einer Erscheinungsform der Erdmutter Ibu Prtiwi) geweiht ist; rechts erhebt sich das Gedong Pesimpangan für Ratu Ngurah Sari, den Beschützer dessen, was die Erde hervorbringt.

Besondere Beachtung verdient ein an der rechten Seite des Heiligtums befindliches **Steinrelief, das ein blumengeschmücktes Fahrrad mit einem darauf sitzenden Mann darstellt**. Während die Einheimischen der Meinung sind, dass dieses Relief mindestens 400 Jahre alt ist, wird vermutet, dass mit dem Mann der niederländische Ethnologe W. O. J. Nieuwenkamp gemeint ist, wofür auch die lange Nase des Dargestellten spricht. Dieser benutze um 1904 bei seinen wissenschaftlichen Erkundungen in Nordbali ein der Bevölkerung bis dahin unbekanntes Fahrrad. Das Relief ist nicht mehr in seinem ursprünglichen Zustand erhalten; es wurde bei dem schweren Erdbeben 1917 beschädigt, später restauriert und dabei verändert.

► KUBUTAMBAHAN

VERKEHRSVERBINDUNGEN

Von Singaraja geht es ostwärts in Richtung Amlapura. Mit Bus und Bemo gibt es gute Verbindungen.

Sambiran

Gut 25 km östlich von Singaraja zweigt bei dem Dorf Pacung eine Straße rechts ab nach Sambiran. Die Bewohner dieses kleinen Dorfes fühlen sich den Bali Aga, den Ureinwohnern Balis zugehörig; auch sprechen sie einen **Dialekt**, der der altjavanischen Sprache nahekommt.

Eine weitere Besonderheit ist die **unterschiedliche Art der Totenbestattung**: Während die Verstorbenen ansonsten auf Bali (mit Ausnahme von Trunyan, ► Penelokan, Umgebung) früher oder später verbrannt werden, werfen die Sambiraner die Leichname ihrer Toten in eine Schlucht abseits des Dorfes.

Kuta

K/L 9

Region: Südbali
Höhe: Meereshöhe
Regierungsbezirk: Badung
Entfernung: 9 km südwestl. v. Denpasar

Bereits in den 1960er-Jahren wurde Kuta, das einstige Fischerdörfchen, von den ersten europäischen Reisenden als Geheimtipp ausgemacht. Heute ist es Balis bekanntestes Ferienzentrum. Kuta liegt an der Südwestküste der Insel, nur wenige Kilometer nördlich des Internationalen Flughafens.

Berühmter Urlaubsort

Hier entstanden die ersten landestypischen Unterkünfte für Touristen, »Losmen« und »Homestays« genannt. Heute ist Kuta mit den nördlich liegenden Orten **Legian** und **Seminyak** zusammengewachsen und ganzjährig Anziehungspunkt vorwiegend jüngerer Reisender aus Australien, Japan und Europa. **Mehr als 500 Unterkünfte** in allen Preiskategorien stehen bereit, darunter auch das legendäre »Poppies«, eines der ältesten Hotels im Zentrum von Kuta, seit seiner Eröffnung eine beliebte Adresse für Reisende, eine wunderschöne und tropisch gestaltete Anlage. Nachdem 2004 das Zentrum von Kuta »generalüberholt«, nämlich mit einer modernen Kanalisation versehen wurde, und Blumenschmuck die Attraktivität erhöht, ziehen die belebten Verkaufsgassen auch immer mehr Reisende aus den Fünf-Sterne-Hotels von Nusa Dua an. In den Abendstunden trifft man auf den Straßen Tausende von Besuchern aus aller Welt.

Sonne, Strand und Meer am Kuta Beach

KUTA · LEGIAN · SEMINYAK ERLEBEN

AUSKUNFT

Badung Government Tourism Office
Jl. Raya Kuta 2, Kuta
Tel. (03 61) 75 61 75
Fax 75 61 76

VERKEHRSVERBINDUNGEN

Kuta liegt auf der Straße zwischen Flughafen und Denpasar. Gute Verbindungen mit Bus und Bemo, ebenso zu anderen touristischen Zielen wie Ubud oder Lombok (Bus / Fähre).

UNTERHALTUNG

Waterbom Park
Kinder und jung gebliebene Erwachsene besuchen gerne den Waterbom Park (Jl. Kartika Plaza) mit zahlreichen Wasserrutschen, Schwimmbecken und Liegestühlen unter Palmen.

Am Abend
In Kuta konzentriert sich das Angebot an Diskotheken, Bars und Nachtclubs. Nummer eins für viele Kuta-Liebhaber ist nach wie vor das *Hard Rock Café* (Jl. Pantai) mit täglich wechselnder Livemusik. Zahlreiche weitere, auch offen gestaltete Nachtclubs und Kneipen liegen an der Jl. Seminyak.

EINKAUFEN

Textilien und Leder
Kuta und in zweiter Linie auch Legian sind die beliebtesten Einkaufsadressen Balis für Textilien. In Kuta finden sich ungezählte Boutiquen, Schneidereien und offene Shops, in denen Kleidung verkauft wird.
Angeboten werden internationale Markenartikel ebenso wie preiswerte Kopien, Batiken und fantasievolle Mode im balinesischen Hippiestil, dazu aus Leder gefertigte Kostüme, Hosen, Mäntel und aus Seide genähte Kleider und Hemden.

Bali Mal Galeria
Zweistöckiges Shoppingcenter mit zahlreichen Boutiquen und Outlets (Ralph Lauren, Puma, Adidas), die Markenware zu günstigen Preisen verkaufen. Der große Granmedia Book Shop bietet eine hervorragende Auswahl an landeskundlicher Literatur, auch tolle Bildbände. Food Court im zweiten Stock (Jl. Bypass Ngurah Rai, Simpan Dewa Ruci, Kuta).

Kuta Kidz
Fantasievoll, farbenfroh und eine Riesenauswahl, dazu günstige Preise; Kinder und Eltern sind begeistert (Bemo Corner, Kuta, www.kutakidz88.com).

Baedeker-Empfehlung

Surfer Girl
Eine größere Auswahl gibt es wohl nirgendwo sonst. Verkauft werden die Kollektionen von 82 Herstellern (z.B. Billabong, Paul Frank, Body & Soul). Surfer Girl ist mittlerweile selber Kult, die Einkaufstaschen des Ladens gelten als angesagtes Mitbringsel (Jl. Legian 138, Kuta, www.surfer-girl.com).

ESSEN

► Erschwinglich

Gateway of India
Jl. Abimanyu 10, Seminyak
Tel. (03 61) 73 29 40
Einfache Ausstattung, aber die beste indische Küche der Südwestküste, z. B. Kadai Chicken.

Padma Club
Wali Warung, Jl. Padam Utara 16, Legian, Tel. (0361) 76 28 60
www.waliwarung.com
Für beste und stets frisch zubereitete Gerichte sorgen Wayan und seine aus

Schweden stammende Frau Asa in ihrem farbenfroh und mit Bambus und Rattan gestalteten Restaurant im Zentrum von Legian.

► **Preiswert**

TJs Mexican
Poppies Lane I, Kuta
Tel. (03 61) 75 10 93, www.tjsbali.com
Seit mehr als zwei Jahrzehnten genießt eine treue Fangemeinde hier Guacamole, Tacos und Enchiladas im Zentrum von Kuta, Donnerstagabends trifft man sich zum Buffet und hört Mariachi-Musik.

ÜBERNACHTEN

► **Luxus**

The Oberoi
Jl. Kayu Aya, Seminyak
Tel. (03 61) 73 03 61,
Fax 73 07 91,
www.balioberoi.com
Seit mehr als 30 Jahren eine der großen Adressen auf der Insel, stilvoll wie alle Hotels der indischen Luxus-Kette. Im Amphitheater-Restaurant werden drei Mal pro Woche zum Buffet balinesische Tänze aufgeführt, romantisch und luxuriös ist das Kura-Kura-Restaurant, nur wenige Schritte vom Meer entfernt (75 Zi.).

► **Komfortabel**

Kartika Plaza
Jl. Kartika Plaza, South Kuta
Tel. (03 61) 75 10 67, Fax 75 39 88
www.discoverykartikaplaza.com
Das Haus bietet von allen Zimmern Meerblick.

Hard Rock Hotel
Jl. Pantai
Tel. (03 61) 76 18 69, Fax 76 18 68
www.hardrockhotels.net/Bali
418 Zi. Neben dem Hard Rock Café eröffnete vor einigen Jahren das erste Hard-Rock-Hotel Asiens. Mit der überall auf der Welt verbreiteten Ausstattung und Musiker-Memorabilia, diversen Restaurants, Pool und Spa.

Baedeker-Empfehlung

Poppies Cottages
Jl. Segara Batu Bolong (Poppies Lane)
Tel. (03 61) 75 10 59, Fax 75 23 64
www.poppies.net
Kult-Treff langjähriger Bali-Fans: Die im Zentrum von Kuta gelegene Anlage mit Dutzenden von Bungalows (cottages) wurde von US-Amerikanern vor 30 Jahren erbaut, mehrere Male modernisiert und erweitert. Üppige Gärten, ein von Pflanzen umwucherter Pool, Leseecken, Zimmer mit balinesischem Kunsthandwerk, ein Restaurant, das zum Frühstück der In-Treffpunkt in Kuta ist; viele Langzeitgäste, obwohl preislich zur Mittelklasse gehörig.

► **Günstig**

Ramah Village
Gang Keraton 48, Seminyak
Tel. (03 61) 73 10 71, Fax 73 07 93
18 Cottages, ideal für Familien und Selbstversorger: Die deutsch-balinesischen Besitzer vermieten gut ausgestattete Bungalows (mit Wohn- und Schlafzimmer, Küche, Bad und Terrasse). Rabatt für Langzeitgäste, nette, gepflegte Atmosphäre.

Leckerer Obstkorb

Kuta Beach Der weitgehend schattenlose Strand von Kuta, durch eine viel befahrene Straße von Restaurants und Hotels getrennt, entspricht zwar nicht den Klischees tropischer Paradiesstrände, ist aber dennoch beliebt zum Schwimmen, Sonnenbaden und Surfen. Als **Treffpunkt junger Individualreisender** füllt er sich in den späten Vormittagsstunden.

! *Baedeker* TIPP

Alles für die Schönheit

In Kuta gibt es zahlreiche kleine Spas und Schönheitssalons. Diese bieten zu kleinen Preisen teilweise hervorragende Massagen und Verwöhnprogramme. Beliebt sind Spa Semara (Jl. Blambangan 4, Kuta) und Prana Spa (Jl. Kunti 118, Seminyak): Hervorragende, auch ayurvedische Anwendungen in edel gestylter Umgebung eines roten, von außen an einen nordindischen Palast erinnernden Bauwerks.

Das Zentrum von **Kuta** bildet die Jalan Legian, die sich mehrere Kilometer weit nach Norden erstreckt. Hier liegen ungezählte Boutiquen, Cafés, Restaurants, Kneipen und Diskotheken. Selbst geschneiderte Batikmoden werden an offenen Verkaufsständen günstig dargeboten. In den nebenan liegenden kleinen »Spas« und »Wellness-Salons« genießt man für wenig Geld traditionelle Massagen und Ölkuren. Reisebüros bieten Inseltouren und internationale Flüge, Tattoo-Studios werben um Kundschaft. Je weiter nördlich man geht, desto teurer werden die Restaurants und Unterkünfte.

Hier steht auch das **Human Tragedy Monument**, das an den 12. Oktober 2002 erinnert. Bei einem Sprengstoffanschlag fanden an dieser Stelle 202 Menschen aus 22 Ländern den Tod (► Geschichte, s. S. 52).

Frauen mit Opfergaben begegnet man fast täglich.

Die in Ost-West-Richtung verlaufende Jalan Melasti, die die Jalan **Legian** kreuzt, bildet die unsichtbare Grenze zu Legian. Der gleichnamige Strand ist breiter und die Ruhe wird nicht durch Autoverkehr gestört. Luxuriöse Hotels in weitläufigen tropischen Gartenanlagen finden sich im weiter nördlich anschließenden **Seminyak**. Die in den Geschäften angebotene Bekleidung ist zumeist teurer, allerdings auch hochwertiger als in Kuta. In Bali ansässige Ausländer schätzen die in Einrichtungsläden angebotenen Teak- und Rattan-Möbel im balinesischen Stil.

★★ Lombok (östlich benachbarte Kleine Sundainsel)

Indonesische Provinz: Nusa Tenggara Barat
Einwohner: ca. 2,9 Mio.
Inselfläche: 4725 km²
Höhe: 0 – 3726 m ü.d.M.

Lombok und Bali wurden bisher gern als »ungleiche Schwestern« bezeichnet, womit in erster Linie die relative Unberührtheit der Insel Lombok vom internationalen Tourismus gemeint war. Während Bali in aller Welt bekannt ist, fristete Lombok ein Schattendasein. Heute ändert sich aber das Bild.

Allenfalls Rucksacktouristen kamen auf die Insel, die von Landeskennern gern als »das Bali von früher« beschrieben wurde. Damit ist es seit einigen Jahren vorbei; jetzt gibt es auch hier eine gute touristische Infrastruktur. Bei einem Besuch von Lombok (= Chili-Insel) empfiehlt es sich, sich auf die **Besonderheiten der Insel** einzustellen. Alles ist hier ein wenig stiller und langsamer. Die Bevölkerung ist vom Tourismus längst noch nicht so beeinflusst wie jene auf Bali. Was auf der Nachbarinsel mehr oder weniger geduldet bzw. akzeptiert wird, kann auf Lombok einen Affront bedeuten. Dies gilt v. a. dann, wenn man sich im Inselinneren bewegt und mit den Sasak, den Urbewohnern Lomboks, in Berührung kommt.

Die Insel ist mit einer Fläche von 4725 km² nur unwesentlich kleiner als Bali. Beide trennt die ca. 40 km breite und bis zu 3000 m tiefe Lombokstraße (Selat Lombok), zugleich eine tier- und pflanzengeografische Grenze (**»Wallace-Linie«**, ►S. 17) zwischen der malaio-asiatischen und der malaio-australischen Flora und Fauna. Markantester Punkt der Insel ist der Vulkan Gunung Rinjani mit einer Höhe von 3726 m ü.d.M., der dritthöchsten Erhebung in Indonesien. Der Berg Rinjani erstreckt sich in ost-westlicher Richtung und nimmt mit seinen Ausläufern nahezu die gesamte nördliche Inselhälfte ein.

? WUSSTEN SIE SCHON ...?

- ... dass Alfred Wallace ein Zeitgenosse des viel bekannteren Charles Darwin war und wie dieser eine Theorie über die Evolution entwickelte? Dazu dienten dem Naturforscher auch seine Erkenntnisse, die er auf ausgedehnten Reisen in Indonesien sammelte. Wallace entdeckte, dass sich die Inseln südlich und nördlich der Lombok-Straße außergewöhnlich stark voneinander unterscheiden: Tropische Vegetation, Menschenaffen, Tiger und Elefanten finden sich auf Bali und den westlichen Inseln, während Lombok und die östlichen Inseln trockene Vegetation aufweisen und eine australisch beeinflusste Tierwelt, z. B. Riesenechsen und Kakadus.

Geschichte

Einst von den balinesischen Fürsten der Karangasem-Dynastie regiert, die es jedoch eher als Anhängsel betrachteten, wurde Lombok Mitte des 17. Jh.s von den Fürsten der Insel Sulawesi (Celebes) okkupiert. 1740 geriet der westliche Teil der Insel aber wieder unter die

Lombok Orientierung

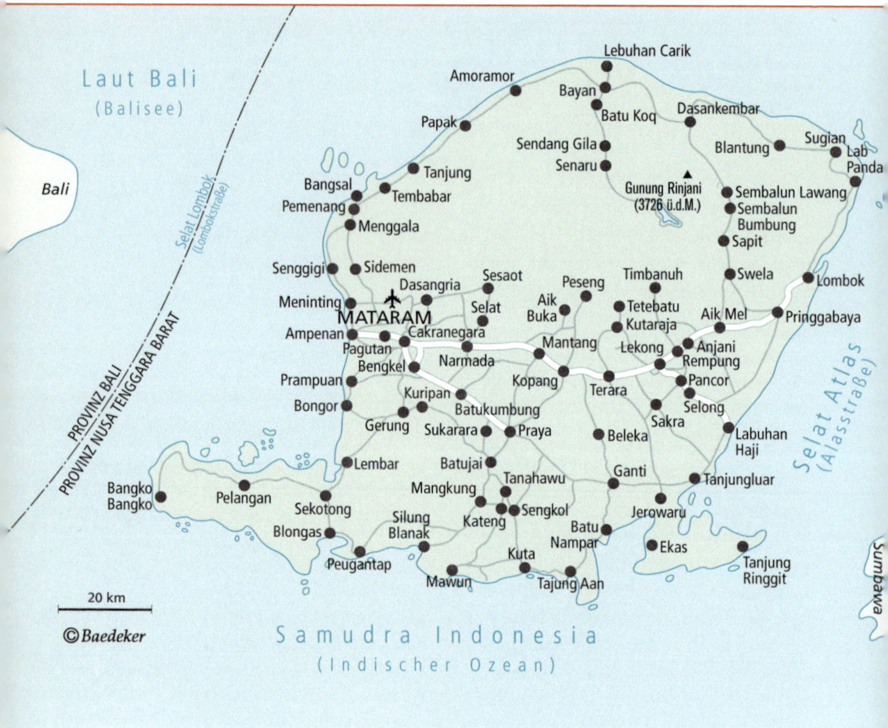

Herrschaft der Karangasem-Dynastie, die auch den östlichen Teil Balis (►Amlapura) kontrollierte. Der Osten Lomboks hingegen wurde bis 1849 weiter von Moslems aus Südsulawesi beherrscht, bevor der Raja von Karangasem die gesamte Insel seinem Reich einverleibte. 1838 entstand das vereinigte Fürstentum Lombok; fünf Jahre später erkannten die Fürsten von Mataram die niederländische Oberhoheit an. 1891 fühlten sich die Niederländer genötigt, einen Aufstand der Sasak mit Gewalt niederzuschlagen, und es gelang den Kolonialherren, Lombok gänzlich in das von ihnen geschaffene Niederländisch-Indien einzugliedern. Lombok war in der Folgezeit ein guter **Ausgangspunkt für die Strafaktionen** der niederländischen Kolonialherren gegen Bali. Dabei erwiesen sich die Sasak-Herrscher von Lombok als willfährige Helfer; ihnen waren die niederländischen Streitkräfte willkommen, um sich aus der Hegemonie Balis zu lösen. Heute gehört Lombok zur indonesischen Provinz Nusa Tenggara Barat.

Bevölkerung Auf der Insel Lombok leben etwa 2,9 Mio. Bewohner; 85 Prozent von ihnen zählen sich zu den **Sasak**, den Ureinwohnern. Die Sasak

LOMBOK ERLEBEN

AUSKUNFT

Lombok Tourism Office
Jl. Gajah Mada 126
Mataram
Tel. (0370) 65 43 78
www.visitlombok.com

VERKEHRSVERBINDUNGEN

Lombok ist von Bali entweder per Flugzeug der Garuda-Tochtergesellschaft »Merpati« (Flugdauer ca. 30 Min.), Schnellboot (Überfahrt ca. 2,5 Std.) oder Autofähre (ca. 4,5 Std.) gut zu erreichen. Mit allen genannten Verkehrsmitteln gibt es täglich mehrere Verbindungen.
Flugzeuge landen auf dem Flughafen Mataram, nur wenige Kilometer nördlich der Provinzhauptstadt.
Boote und Fähren von Padang Bai auf Bali legen auf Lombok im Hafen von Lembar, ca. 30 km südwestlich von Mataram, an.
Die zentrale Bemostation liegt 7 km außerhalb von Ampenan und ca. 2,5 km außerhalb von Cakranegara.

EINKAUFEN

Sasak Pottery
Große Auswahl an Keramiken, sowohl mit traditionellen als auch mit modernen Motiven (Jl. Raya Senggigi, Ampenan, www.sasakpottery.com)

ÜBERNACHTEN

► Luxus

Sheraton Senggigi Beach Hotel
Senggigi
Tel. (03 70) 69 33 33, Fax 69 32 41
www.sheraton.com/senggigi
Das erste Fünf-Sterne-Hotel der Insel liegt direkt am weißen Senggigi Beach. Warme Stoffe, Kronleuchter, Rattan und koloniale Möbel prägen die Atmosphäre im hohen und offenen Hauptbau. Die 161 Zimmer befinden sich in flachen Gebäuden mit Blick auf das Meer oder den Tropenpark. Auch wer hier nicht wohnt, sollte abends durch die bezaubernd erleuchteten Gärten spazieren und in einem der Restaurants speisen. Besonders schön: Buffet am Pool, untermalt von Gamelan-Klängen und Tanzdarbietungen.

Qunci Villas
Mataram, Senggigi
Tel. (03 70) 69 38 00, Fax 69 38 02
www.quncivillas.com
Kleine, feine Anlage. Gewohnt wird in 20 Villen (ab 40 m²) mit moderner und puristischer Ausstrahlung, für balinesische Atmosphäre sorgen Ikat-Webstoffe, offene Badezimmer und der Blick in die tropische Gartenanlage oder aufs Meer. Nach Sonnenuntergang erleuchten Fackeln den Pool und den Garten. Massagepavillons, edles Restaurant – angesichts des Ambientes seinen Preis wert.

► Komfortabel

Senggigi Beach Resort
Jl. Raya Senggigi km 8
Tel. (03 70) 69 33 33, Fax 69 32 00
Weitläufige, gepflegte Anlage (148 Z.) bestehend aus Hauptgebäude und mehreren Bungalows inmitten eines 13 ha großen Tropengartens am Meer. Ideal für Taucher, da sich im Hotel eine Tauchbasis befindet. Fünf Restaurants sowie das renommierte Mandara Spa runden das Angebot ab.

Puri Mas
Mangsit Beach
Tel. (03 70) 69 38 31, Fax 69 30 23
www.purimas-lombok.com.
Privat und individuell: Der holländische Besitzer, ein ehemaliger Profitänzer, schuf ein Kleinod im lokalen

Stil. Unmittelbar nach dem mit dramatischen Holzschnitzereien verzierten Tor betritt man eine verzauberte Welt. Die 17 Zimmer verteilen sich auf kleine Häuser mit eigener Veranda, ausgestattet mit indonesischen Antiquitäten. Hindu-Gottheiten bewachen den Tropengarten, angrenzend an das Meer mit einem nur schmalen Strandabschnitt.

► **Günstig**

Maskot Beach Resort
Jl. Raya Senggigi, Senggigi
Tel. (03 70) 69 33 65, Fax 69 32 36
21 entzückende Bungalows am Strand der Ortschaft mit vielen Wassersportangeboten. Im kleinen Restaurant werden das Frühstück im balinesischen wie »American style«, Fruchtsäfte und landestypische Gerichte serviert.

Dharmarie
Senggigi Beach, Tel. (03 70) 69 30 50
Kleine und preiswerte Anlage am Strand, einfache Bungalows mit Klimaanlage, dazwischen Rasen und tropische Blumen. Ermäßigte Preise bei längerem Aufenthalt.

ESSEN

► **Erschwinglich**

Baedeker-Empfehlung

Asmara
Jl. Raya Senggigi, Senggigi, Tel. (03 70) 69 36 19, www.asmara-group.com
Man hat die Wahl zwischen Tischen unter Palmen oder im Restaurant, indonesischen Spezialitäten oder Pizza & Pasta, und auf Wunsch wird man mit dem Auto abgeholt. Dazu gehört auch eine Kunstgalerie.

► **Preiswert**

Dua Em
Jl. Transmigrasi 99, Mataram
Tel. (03 70) 69 67 34
Für das Nationalgericht Ayam Taliwang (gegrilltes mariniertes Huhn mit Spinat) sitzt man mit Einheimischen Schulter an Schulter.

Yessy Café
Jl. Raya Senggigi, Senggigi
Tel. (03 70) 69 31 48
Super Atmosphäre in dem beliebten Restaurant (Nähe Sheraton-Hotel)

stammen wohl aus dem nordwestlichen Indien, möglicherweise aber auch aus Birma (heute Myanmar), woher sie etwa im 14. Jh. zuwanderten. Ein Indiz für ihre birmanische Abstammung könnte die große Ähnlichkeit von Sasak-Trachten mit jenen der in Myanmar (früher Birma) lebenden Bergstämme sein. Ihren Lebensunterhalt bestreiten die Sasak in erster Linie aus der Landwirtschaft. Die große Mehrheit der Sasak sind **Muslime**, nur noch ca. 10 % der Bewohner Lomboks bekennen sich zum hinduistischen Glauben. Die unterschiedlichen Einflüsse sind noch heute an Sprache, Kultur und Traditionen zu erkennen. Heute leben noch rund 30 000 Balinesen auf der Nachbarinsel. Wie auf Bali spielt auch auf Lombok der Reisanbau eine wichtige Rolle; die Reisterrassen sind jedoch bei weitem nicht so kunstvoll und systematisch angelegt. Daneben gibt es Gemüse- und Tabakplantagen; die Ernte wird kaum exportiert, sondern dient fast ausschließlich der Versorgung der einheimischen Bevölkerung.

Siedlungen und Häuser

Wenn auch seit einigen Jahrzehnten ein gewisser Trend zur Verstädterung der Bevölkerung auf Lombok zu bemerken ist, so lebt der überwiegende Teil der Sasak heute noch in typischen Dörfern. Charakteristische Kennzeichen dieser im traditionellen Stil erbauten Siedlungen sind die **Reishäuser** (Lumbung). Sie werden ausschließlich aus den natürlichen Materialien Lehm und Holz auf Stelzen gestellt; gedeckt sind die meist quadratischen Häuser mit Gras, manchmal auch mit Reisstroh. Das Lumbung ist ein sehr praktisch eingerichtetes Gebäude: Unten werden die Haus- und Nutztiere gehalten, in der Mitte wohnen die Menschen und unter dem hohen, halbrunden Dach bewahrt man die Vorräte auf. Sasak-Häuser dienen im Übrigen heute als Vorbilder für Hotelneubauten.

Religion

Die Bevölkerung von Lombok ist im Gegensatz zu der von Bali bereits im 16. Jh. ganz **überwiegend zum islamischen Glauben übergetreten**. Neben einer unbedeutenden hinduistischen Minderheit, die v. a. im westlichen Teil der Insel lebt, sind die meisten indigenen Sasak noch heute Anhänger des Islam. Allerdings bekennen sie sich manche, besonders in den Bergdörfern des nördlichen Inselteils, zuweilen zu der alten **Wetu-Telu-Religion**, einer Form des Islam mit Elementen des Ahnenkultes, des Hinduismus und der Verehrung von Naturheiligtümern.

Viele Strände auf Lombok sind menschenleer.

Mataram · Ampenan · Cakranegara

Mataram ist die Hauptstadt der Insel Lombok und der Verwaltungssitz der indonesischen Provinz Nusa Tenggara Barat. Allerdings ist Mataram heute so mit den beiden ursprünglich selbstständigen Nachbarorten Ampenan und Cakranegara zusammengewachsen, dass sich die Grenzen fast gänzlich verwischt haben. Dennoch konnte jeder Teilort etwas von seinem ursprünglichen Charakter bewahren: **Ampenan** ist wegen seiner Lage unmittelbar am Meer die Hafenstadt geblieben, hat aber an Bedeutung erheblich verloren; allerdings befindet sich in der Nähe der einzige Flughafen auf Lombok.

Kleiner Bungalow im Stil der traditionellen Reishäuser

Auf den bunten Märkten und Basaren von **Cakranegara** geben die im Lauf der Jahrhunderte zugewanderten Chinesen nach wie vor den Ton im wirtschaftlichen Leben an. Deshalb nennen die Einheimischen den Ort auch etwas spöttisch »Chinatown«.

Mataram schließlich gilt heute noch als Gartenstadt; hier haben sich alle wichtigen Organe der Provinzregierung etabliert.

Abgesehen vom Museum von Mataram (s. unten) gibt es im Stadtbereich von Ampenan/Mataram/Cakranegara kaum nennenswerte Sehenswürdigkeiten. Einige lohnende Umgebungsziele sind jedoch unschwer zu erreichen.

★ **Museum von Mataram**

Öffnungszeiten: So. – Do. 8.00 – 14.00, Fr. 8.00 – 11.00

Wer sich für die Geschichte der Insel Lombok, vor allem aber für die seiner Bewohner interessiert, sollte einen Besuch im Museum von Mataram (Jalan Panji Tilarnegara) nicht versäumen. Zu den Exponaten gehören neben einigen Dokumenten und Schriftstücken zahlreiche Werkzeuge, Gerätschaften, Waffen und handwerkliche Erzeugnisse. Die Bauweise der traditionellen Sasak-Häuser veranschaulichen einige Modelle. Die meisten Gegenstände sind mit erklärenden Aufschriften in indonesischer und englischer Sprache versehen.

★ **Meru-Tempel**

Beachtung verdient auch der Meru-Tempel, 1720 von dem balinesischen Fürsten Karang erbaut. Im innersten Teil der weitläufigen Anlage erheben sich mehrere Merus, die der hinduistischen Trinität Shiva, Vishnu und Brahma geweiht sind.

Von den gläubigen Hindus und denen, die sich zur Wetu-Telu-Religion bekennen, wird der Lingsar-Tempel, unweit nördlich von Cakranegara bei dem Dorf Narmada gelegen, gleichermaßen verehrt. An einem bestimmten Tag zu Beginn der Regenzeit (Oktober – Dezember) ist der Lingsar-Tempel **Pilgerziel vieler Gläubiger beider Religionen**. Durch ein Gespaltenes Tor (Candi Bentar) betritt man eine breite, alleeartige Straße; links und rechts liegen zwei Teiche. Etwa in der Mitte der Straße steht linker Hand das Hindu-Heiligtum auf rechteckiger Basis (Betreten nicht gestattet) mit vier Schreinen (der linke ist auf den Gunung Agung, den Sitz der Götter auf der Nachbarinsel Bali, ausgerichtet). Ein weiteres Heiligtum dient den Gläubigen der Wetu-Telu-Religion. Dahinter befinden sich Bassins, in denen die Gläubigen rituelle Waschungen vornehmen.

✶ **Lingsar-Tempel**

Unweit der Jalan Seiaparang liegen die Reste des Mayura-Wasserpalastes, der um 1744 erbaut worden ist und Teil des Palastes der Fürsten von Bali war. In einem künstlich angelegten Teich erhebt sich ein an den Seiten offener Pavillon, der vom Ufer über einen schmalen Damm erreichbar ist. Er wurde einerseits als Gerichtshalle, andererseits als Treffpunkt der hinduistischen Fürsten genutzt.

Mayura-Wasserpalast

Von Ampenan nordwärts am Strand entlang gelangt man zu dem Wassertempel Pura Segara. Am Weg liegen einige kleine Fischerdörfer mit bunt bemalten Holzbooten. Unweit vom Pura Segara befinden sich ein chinesischer und ein muslimischer Friedhof.

Pura Segara (Wassertempel)

Senggigi · Sukarara

Wo vor wenigen Jahren noch die einheimischen Kinder an der Strandküste der Lombokstraße fast ganz unter sich waren, ist inzwischen das **Touristenzentrum Senggigi Beach** (18 km nördlich von Ampenan) mit einigen ordentlich ausgestatteten Hotelanlagen entstanden. Im Umfeld dieser Hotels gibt es auch etliche Restaurants und Bars. Die einzigen Attraktionen sind allerdings der Badebetrieb und das Strandleben. Besonders in den Abendstunden bestürmen dort wahre Heerscharen von fliegenden Händlern die potenzielle Kundschaft.

Senggigi

Die kleine Siedlung Sukarara liegt gut 25 km südöstlich von Mataram und ist bekannt für die in traditionellem Stil von den Einwohnern gefertigten Webwaren. Die oft in monatelanger Handarbeit kunstvoll gewebten Textilien werden vor Ort zum Verkauf angeboten und haben ihren angemessenen Preis.

Weberdorf Sukarara

✶✶ Aufstieg auf den Gunung Rinjani

Eine Besteigung des Inselvulkans Rinjani, des dritthöchsten Berges des indonesischen Archipels, gehört wohl zu den eindrucksvollsten

Mehrtägige Bergtour

Blick auf den Vulkan Rinjani und den Segara-Anak-See

Erlebnissen, die man auf Lombok haben kann. Daher sollte die sehr lohnende Bergtour so gestaltet werden, dass man genügend Zeit hat, die einzigartige, seit 1984 unter Naturschutz stehende Vulkanlandschaft zu genießen.

Empfohlener Ausgangspunkt Senaru

Den **Gunung Rinjani** (3726 m ü.d.M.), der von den Sasak wie Balinesen gleichermaßen als heiliger Berg verehrt wird, kann man von verschiedenen Seiten besteigen. Empfehlenswert ist die relativ leichte Besteigung von Senaru im mittleren Norden der Insel. Hier gibt es nicht nur etliche Einheimische, die sich als Bergführer anbieten, sondern mit Sicherheit auch andere Touristen, die sich gern zu Gruppen zusammenschließen. Verlässt man sich auf die Hilfe eines Führers, so ist davon auszugehen, dass dieser auch die notwendige Ausrüstung besorgt.

Von Mataram fährt man zunächst per Bus oder Bemo nach Anyar; von dort sind es nur wenige Kilometer bis Senaru. Hier sollte man übernachten und erst am nächsten Tag die ca. 12 km lange Strecke bis zum Kratersee Segara Anak in Angriff nehmen. Der Aufstieg, den man am besten frühmorgens vor Sonnenaufgang beginnt, ist recht einfach: Man folgt zumeist ausgetretenen Pfaden sowie Wegzeichen, die ab Sengara von 1 bis 200 durchnummeriert sind.

Sowohl über reichlich Zeit als auch über eine ausreichende körperliche Konstitution sollte man verfügen, wenn auch noch der Vulkangipfel bestiegen werden soll. Vom Kratersee ist dieser in etwa 4,5 Stunden zu erreichen. Von oben bietet sich eine **prächtige Aussicht** nicht nur auf den Kratersee und über die ganze Insel Lombok, sondern auch bis zu Balis heiligem Berg, dem Gunung Agung. Außerhalb der Regenzeit kann man vom Kraterrand in gut drei Stunden zum Kratersee hinabsteigen.
Vom See führt ein Weg in etwa 1,5 Stunden zu den stark schwefelhaltigen und bis zu 70 °C heißen Quellen, aus denen der kleine Fluss Kali Putih (= Weißer Fluss) entsteht. Hier wie auch am Rand des Kratersees gibt es einfache Lagermöglichkeiten, die es erlauben, den Aufenthalt auf mehrere Tage auszudehnen.

Gili Islands

Beliebte Ausflugsziele für Lombok-Urlauber

Die drei kleinen Inseln Gili Air, Gili Meno und Gili Trawangan liegen nur wenige Kilometer vor der Nordwestküste von Lombok. Man erreicht sie mit dem Boot von dem Hafenstädtchen Pemenang; die Überfahrt dauert zwischen 20 Minuten und einer Stunde.
Die Gilis – wie sie seit langer Zeit von Wassersportenthusiasten aus aller Welt genannt werden – bieten **herrliche Strände** und eine noch **weitgehend intakte Unterwasserwelt**. Jede Art von motorisiertem Verkehr ist untersagt, als Transportmittel dienen die traditionellen Cidomos (Ponykutschen). Die meisten Unterkünfte bieten nur einen bescheidenen Komfort, sind jedoch preisgünstig. Die besten Möglichkeiten zum Tauchen und Schnorcheln findet man übrigens auf Gili Trawangan, der mit 300 ha größten Insel der Gilis; die Ausrüstung kann ausgeliehen werden.

★★ Mengwi

L 7

Region: Südwestbali
Höhe: 95 m ü.d.M.
Regierungsbezirk: Badung
Entfernung: 16 km nordwestlich von Denpasar

Einst war Mengwi Mittelpunkt eines gleichnamigen Fürstentums. Dessen Herrscher spielten eine Rolle in der Geschichte Balis, da sie sich wiederholt mit anderen Mächten zu arrangieren wussten – so zunächst im Machtkampf mit den Fürsten von Klungkung und Gianyar, später auch mit den niederländischen Kolonialherren, denen sich die Fürsten Mengwis alsbald fügten. 1891 eroberten die Herrscher von Tabanan bzw. Badung das Fürstentum Mengwi, teilten es unter sich auf und setzten damit seiner Eigenständigkeit ein Ende.

Sehenswertes in Mengwi und Umgebung

✶✶ Pura Taman Ayun

Einer der sechs Reichstempel und damit einer der bedeutendsten Tempel auf Bali ist der Pura Taman Ayun (= Gartentempel im Wasser). Die imposante Anlage **erhebt sich auf einer Flussinsel**; das Tempelinnere ist ebenfalls von einem Wassergraben umgeben. Vor dem Zugang liegt hinter einem Gespaltenen Tor (Candi Bentar) eine große Brunnenanlage, die den Herrschern der Unterwelt geweiht ist. Im innersten Hof, den man durch ein Gedecktes Tor (Candi Korung) betritt, erheben sich nicht weniger als 27 Bauwerke unterschiedlicher Bedeutung und Bestimmung.

Der Pura Taman Ayun ist in das Netz von Tempeln integriert, das Bali überzieht. Seine Bedeutung lässt sich daraus erkennen, dass in ihm nicht nur Gottheiten verehrt werden, für die der Tempel gebaut wurde, sondern auch solche, die während der Festlichkeiten aus anderen Heiligtümern zu Besuch kommen. Dazu gehören etwa die Götter, die auf dem Gunung Agung bzw. dem Gunung Batur wohnen. Ein Meru nahe der Umfassungsmauer ist der Reisgöttin Dewi Sri geweiht; das dritte Bale auf der linken Seite gilt als Sitz gleich mehrerer Götter. Erbaut wurde der Pura Taman Ayun unter dem Raja Gusti Agung Anom 1634; um 1937 erhielt die Anlage ihr heutiges Aussehen.

Der Taman Ayun wirkt wie eine kleine Insel, denn er ist von breiten, mit Seerosen bewachsenen Wassergräben umgeben.

Mit einer kleinen Fähre erreicht man zwei Museumspavillons, in denen Bilder und Modelle über die Manusia-Yadnya-Zeremonien informieren.

Museum Manusia Yadnya

Wie so vieles auf Bali ist auch der Affenwald von Sangeh, ca. 20 km von Denpasar bzw. 10 km von Mengwi entfernt, zu einem vom Tourismus geprägten Ort geworden. Bevor man in den Wald kommt, in dem **Hunderte von Affen in freier Natur** leben, muss man vom Parkplatz einen Weg nehmen, der von Souvenirläden gesäumt ist. Der Legende nach gelten die Affen als heilig, sind sie doch die lebenden Nachfahren des Affenkönigs Hanuman, einer der zentralen Figuren des indischen Epos »Ramayana« (► Literatur). Zu ihrer Verehrung dient der Pura Bukit Sari, ein Tempel inmitten des Waldes, der wohl im 17. Jh. entstanden ist. Eindrucksvoller als der Tempel sind sicher die mächtigen und sonst nirgendwo auf Bali wachsenden Bäume in seiner Umgebung. Ihre Herkunft ist ungeklärt.

Vorsicht: Manchmal sind die Affen ziemlich angriffslustig; das gilt besonders für Affenmütter mit Jungen. Man sollte Kamera- und Handtaschen während eines Spazierganges durch den Wald verschlossen halten; Brillenträger sollten wissen, dass die Affen gern mit »geraubten« Sehhilfen ihren Spieltrieb befriedigen. Wie auch im Affenwald von Ubud können die Tiere Aggressionen zeigen; um nicht gebissen zu werden, hält man deshalb besser Abstand. Problematisch ist es auch, die Tiere zu füttern. Nähert man sich mit einer Tüte Nüsse oder Bananen, reißen die Affen den Besuchern das Futter aus der Hand, und besonders beherzte Tiere verfolgen die Touristen, um schnell an die Leckerbissen zu gelangen.

✶ Affenwald von Sangeh

In Marga (15 km nordnordwestlich von Mengwi) erinnert das **Margarana-Nationaldenkmal** an die Schlacht vom 20.11.1946 im Unabhängigkeitskampf gegen die Niederländer; daneben liegt der Friedhof für die 1371 gefallenen Indonesier und ein Gedenkmuseum.

Marga

✶✶ Negara

D 5

Hauptstadt des Regierungsbezirkes Jembrana
Entfernung: 33 km südöstl.v. Gilimanuk

Region: Westbali
Höhe: 120 m ü.d.M.

In Negara, inmitten einer der am dünnsten besiedelten Gegenden Balis, leben die meisten Muslime, was sich aus der relativen Nähe zur großen Nachbarinsel Java mit ihren überwiegend islamischen Bewohnern erklärt. Die Stadt besitzt kaum Sehenswürdigkeiten, ist aber aufgrund der zwischen Juli und Oktober stattfindenden Wasserbüffelrennen weithin bekannt.

NEGARA ERLEBEN

AUSKUNFT

Jembrana Government Tourist Office
Jl. Dr. Setia Budi 1, Negara
Tel. (03 65) 410 60

VERKEHRSVERBINDUNGEN

Von Denpasar geht es 97 km westwärts in Richtung Gilimanuk.
Busse fahren regelmäßig von Denpasar-Tegal. Es ist nicht ratsam, Bemos ab Denpasar zu nehmen; besser ist es von Gilimanuk bzw. Pulukan.

ESSEN

► **Preiswert**
Makan Wirapada
Jl. Ngurah Rai 107
Tel. (03 65) 411 61
Im Hotelrestaurant werden gute einfache indonesische Gerichte serviert.

Sehenswertes in Negara und Umgebung

Das Städtchen ist sauber und hat einige hübsche Häuser, die typisch sind für den in diesem Inselteil verwendeten Baustil. Es gibt mehrere Moscheen, die außerhalb der Gebetszeiten besucht werden können; man sollte jedoch vorher um Erlaubnis fragen.

✶✶ Wasserbüffelrennen

Seit etwa hundert Jahren kommt einmal im Jahr richtiges Leben in das sonst etwas verschlafene Städtchen Negara. Nämlich zwischen Juli und Oktober, wenn die Wasserbüffelrennen veranstaltet werden. Den genauen Termin muss man entweder an der Hotelrezeption oder bei den Touristenbüros in Denpasar erfragen. Dann strömen Tausende von Besuchern in die Stadt, darunter viele wettfreudige. Während des Rennens zieht jeweils ein Büffelpaar einen zweirädrigen Karren, auf dem ein »Jockey« versucht, zum einen die Balance zu halten, zum anderen die plump wirkenden Tiere zu einer schnelleren Gangart zu bewegen. Erstaunlich ist, dass Wasserbüffel in der Lage sind, auf der ca. 2,5 km langen Renndistanz **bis zu 50 km/h** schnell zu rennen.

Bewertet werden Schnelligkeit, Rennstil, Kraft und Farbe der Tiere.

Ein kleines privates **Gamelan-Museum** mit einer schönen Sammlung regionaler Gamelans kann man in **Sangkar Agung** aufspüren, wenn man Hinweisschildern mit der Aufschrift »Jegog Suar Agung« folgt. Der Ort liegt nur wenige Kilometer von Negara entfernt; dafür muss man die Hauptstraße nach Denpasar bei Jambrana verlassen.

Pulukan

Folgt man der Straße nach Denpasar weiter, kommt man durch das kleine Städtchen Pulukan, das v. a. Reisenden gefällt, die sich abseits des großen Touristenrummels aufhalten wollen. Es gibt allerdings nur Unterkünfte mit bescheidenem Komfort; Surfer werden sich aber über die zum Wellenreiten gut geeigneten Bedingungen freuen.

** Peliatan

M 7

Region: Zentralbali
Höhe: 66 m ü.d.M.
Regierungsbezirk: Gianyar
Entfernung: ca. 2 km südlich von Ubud

Beliebt bei Bali-Besuchern, die ländliche Idylle eher zu schätzen wissen als Touristenrummel, ist Peliatan, auf halbem Weg zwischen Ubud und Mas gelegen. Zwei der bekanntesten balinesischen Tanzgruppen sind hier zu Hause: Ihre Proben im einstigen Fürstenpalast Puri Agung sind zu bestimmten Zeiten auch der Öffentlichkeit zugänglich.

Peliatan hat kein anziehendes Ortsbild; auch die hiesigen Tempel haben kaum kulturhistorische Bedeutung. Eine Ausnahme bildet der **Pura Pande**, der »Tempel der Schmiede«. Der Pura Pande besitzt ein außerordentlich reizvolles Gedecktes Tor (Candi Korung) aus roten Ziegeln und weißem Tuffstein. Dahinter findet man eine Garuda-Figur auf der Dämonenschutzmauer. Ein weiteres Aling-Aling steht vor dem Treppenaufgang zum inneren Tempelhof.

PELIATAN

VERKEHRSVERBINDUNGEN

Die Straße nach Peliatan führt von Denpasar nordostwärts in Richtung Ubud bzw. Tampaksiring bzw. von Ubud südwärts in Richtung Denpasar.
Mit Bus und Bemo gibt es von Denpasar-Kereneng oder von Ubud regelmäßig gute Verbindungen.

**** Galerie Agung Rai**

Eine Sehenswürdigkeit besonderer Art ist die Gemäldegalerie des **Agung Rai** (geb. 1955), die größte ihrer Art auf Bali. Agung Rai, ein Nachkomme aus fürstlicher Familie, ist seit vielen Jahren engagierter Sammler balinesischer Kunst. Ihm ist es zu verdanken, dass viele einheimische Künstler die Gelegenheit erhielten, ihre Werke einem breiteren Publikum vorzustellen und von dem anschließenden Verkauf auch leben zu können. Der Besitzer reinvestiert die Erlöse aus den Bilderverkäufen in der angeschlossenen Verkaufsausstellung in neue

Künstler im Agung Rai Museum

Bilder, wodurch seine Sammlung einen beträchtlichen Umfang erreicht hat (Öffnungszeiten: tgl. 8.00 – 17.00 Uhr). Heute gehören zu der an der Jalan Pengosekan gelegenen Fine Art Gallery (www.agungraigallery.com), das **Agung Rai Museum of Art** (ARMA, www.arma-museum.com; Öffnungszeiten: tgl. 9.00 – 18.00 Uhr) mit Werken von Walter Spies, Rudolf Bonnet und Le Mayeur (►Baedeker Special S. 218), das Café Arma sowie das Kokokan Hotel mit Restaurant.

Museum Rudana

Ein weiteres Kunstmuseum mit dem Schwerpunkt auf moderner Kunst ist das Museum Rudana in der Jl. Cok Rai Pudak 44. Auf zwei Etagen kann man moderne balinesische Malerei kennenlernen, im dritten Stockwerk werden zahlreiche Klassiker gezeigt (Öffnungszeiten: Mo. – Sa. 9.00 – 17.00, So. 12.00 – 17.00 Uhr, www.museumrudana.com).

★ Penelokan

N 4

Region: Nordbali
Höhe: 1452 m ü.d.M.
Regierungsbezirk: Bangli
Entfernung: 40 km nördlich von Ubud

Wörtlich übersetzt bedeutet der Name Penelokan so viel wie »schöne Aussicht«. Wer dem kleinen Dorf diesen Namen gab, hat nicht übertrieben: Von hier genießt man Ausblicke in eine faszinierende Landschaft, in der sich der Batur-Kratersee mit dem darüber thronenden Gipfel des Vulkans Batur ausbreitet.

Penelokan lag einst – wie auch das Dorf Batur (►S. 212) – unmittelbar am Fuß des Vulkans. Geduldig nahm die Bevölkerung die durch Ausbrüche in den Jahren 1917 und 1926 verursachten erheblichen Schäden hin, bevor sie sich nach dem letzten Ausbruch (1963; etwa

PENELOKAN ERLEBEN

VERKEHRSVERBINDUNGEN

Um nach Penelokan zu gelangen, nimmt man ab Denpasar die Nr. 27 bis Bedulu, dann die Nr. 31 bis zum Batur-See. Mehrmals täglich verkehren Busse von Denpasar-Kereneng. In allen größeren Orten bieten Bemos und Busse Fahrten nach Penelekon bzw. Kintamani an.

ESSEN

► **Erschwinglich**

Lake View Restaurant
Lake View Hotel, Penelokan, Kintamani
Landestypische Küche in spektakulärer Umgebung mit Blick auf den Vulkan und den Kratersee. Sehr zu empfehlen.

ÜBERNACHTEN

► **Komfortabel**

Lake View Hotel
Penelokan, Kintamani
Tel. (03 65) 513 94
www.lakeviewhotelandrestaurant.com
Fantastische Lage am Kraterrand, stilvoll eingerichtete Zimmer mit Blick auf Vulkansee und Gunung Batur. Im Hotel buchbar sind zahlreiche geführte Wanderungen und Exkursionen in die Umgebung. Regelmäßig finden kulturelle und musikalische Veranstaltungen statt.

zeitgleich mit jenem des Gunung Agung) entschloss, das Dorf an einer weniger gefährdeten Stelle, nämlich am Rand des Kraters, wieder aufzubauen.

Sehenswertes in Penelokan und Umgebung

Der Ort Penelokan besitzt außer dem prächtigen Blick auf den Vulkan Gunung Batur und über den Batur-See keine ausgesprochenen Sehenswürdigkeiten mehr; diese wurden bei den letzten Ausbrüchen von 1926 und 1963 gänzlich zerstört. Darunter befand sich auch der Tempel, in dem ein der Göttin Dewi Danu geweihter und wegen ihrer Funktion als Schutzgöttin des Meeres und der Gewässer im Batur-See hoch verehrter Schrein untergebracht war; wie durch ein Wunder wurde er allerdings von den Lavamassen verschont (heute im Pura Ulun Danu Batur). ◄ Abb. S. 155
Penelokan ist wegen seiner strategischen Lage reich bestückt mit Souvenirläden und -ständen, dazu gesellen sich ungezählte ambulante Andenkenhändler, die die Besucher mitunter etwas bedrängen. Zahlreiche Restaurants bieten verschiedene Buffets.

★★ **Gunung Abang**

Penelokan ist ein guter Ausgangspunkt für die etwa vierstündige **Bergwanderung auf den Vulkan** Gunung Abang, der mit 2153 m ü.d.M. gut 400 m höher ist als der am gegenüberliegenden Ufer des Batur-Sees aufsteigende Gunung Batur, den man gleichfalls gut von Penelokan besteigen kann.

★★ Danau Batur (Kratersee)

Mit einer Ausdehnung von etwa 140 km² ist der Batur-Krater **einer der größten Vulkankessel der Erde**. Er entstand vor Millionen von Jahren durch den Einsturz der Magmakammer, nachdem sich das Innere des Vulkanschlots durch eine Eruption teilweise entleert hatte. Etwa im Zentrum der Caldera füllte sich der Batur-See, der heute eine Tiefe von bis zu 100 m aufweist.

★★ Gunung Batur

Eine Bergtour auf den Gunung Batur (auch Gunung Lebah = »Berg in der Tiefe«) bietet großartige landschaftliche Eindrücke. Sie ist auch für wenig Geübte in höchstens drei Stunden zu bewältigen; gutes Schuhwerk ist wegen des lockeren Lavagesteins angeraten. Da der Berg oft bereits in den Vormittagsstunden mit dichten Wolken verhüllt ist, sollte man nicht zu spät aufbrechen. Von Penelokan benutzt man zunächst die Straße hinab nach Kedisan und folgt ihr bis zu dem für seine heißen Schwefelquellen bekannten Ort **Toya Bungkah** am westlichen Ufer des Kratersees.

Südlich von Toya Bungkah führt ein **gut ausgeschilderter Weg** auf den Gunung Batur. Während des Aufstiegs durch eine grandiose Landschaft ist es ratsam, den Weg nicht zu verlassen, da abseits Gefahren durch Fumarolen lauern. Vom Gipfel hat man einen schönen Ausblick auf die karge, von bizarrem Lavagestein gebildete Landschaft, das Tal und den gegenüberliegenden Gunung Abang.

Vorsicht ist geboten, wenn man um den Gunung Batur herumwandert: An einigen Stellen erfordern Felsgrate absolute Schwindelfreiheit; links und rechts des Weges blickt man in tiefe Abgründe.

Der Aufstieg zum Gunung Batur ist alternativ von dem Dorf Pura Yati ebenfalls in etwa drei Stunden möglich. Die Wanderung auf den Vulkan sollte aus Sicherheitsgründen **mit ortskundiger Begleitung** durchgeführt werden. Es finden sich genügend Balinesen, die daran interessiert sind, Besucher auf der ca. dreistündigen Tour zu führen.

Kintamani

Verlässt man Penelokan auf der Straße Nr. 35 in nordwestlicher Richtung, so erreicht man nach 6 km kurz vor dem lang gestreckten, belebten Marktort Kintamani das Nachbardorf Batur.

★ Batur (Dorf) ►

Sehenswert ist die Tempelanlage **Pura Ulun Danu Batur**. Die Bauten gruppieren sich um einen der Göttin der Seen und Flüsse, Dewi Danu, geweihten Schrein in Form eines elfstufigen Merus, der von den Vulkanausbrüchen 1926 und 1963 verschont geblieben ist. Weitere Merus bilden vor allem in den Morgen- und Abendstunden eine eindrucksvolle Kulisse.

Die Anlage aus schwarzem Lavagestein wird seit Jahren laufend erweitert und soll nach ihrer endgültigen Fertigstellung fast 300 Bauwerke umfassen. Bemerkenswert sind die dargestellten Dämonen im Eingangsbereich, die als Wächter und Beschützer vor bösen Geistern gelten. Von der Tempelanlage hat man einen herrlichen Blick auf die umliegende Bergwelt.

Das Dorf Batur wurde schon 1917 von Vulkaneruptionen bedroht und neun Jahre später durch Lavamassen teilweise zerstört. Darauf-

Blick vom Tempel zu den Vulkanen Batur und Ayung

hin verließen die Einwohner ihren Heimatort und bauten neue Häuser an einer höhergelegenen Stelle, die ihnen ungefährdeter schien. Als der Gunung Batur 1963 erneut ausbrach, bewährte sich diese Umsiedlung: Das Dorf wurde vom Lavastrom nicht erreicht. Es bietet einige preiswerte Übernachtungsmöglichkeiten.

★ **Pura Tegeh Koripan**

Etwa 5 km nördlich von Kintamani erreicht man auf dem Berg **Penulisan** (1745 m ü.d.M.) die Tempelanlage Pura Tegeh Koripan, das höchstgelegene Heiligtum auf Bali. Zu ihm führt ein Weg mit ca. 350 Stufen; an den Aufstieg sollten sich deshalb nur Besucher mit entsprechender Kondition wagen. Empfehlenswert ist es, dafür die frühen Vormittags- oder die späten Nachmittagsstunden zu nutzen.
Die Tempelanlage, von der man einen guten Blick über die umliegende Landschaft genießt, stammt aus dem 11. Jh. und diente vermutlich als Reichstempel der Warmadewa-Dynastie aus Pejeng. Man betritt die Anlage durch zwei Gespaltene Tore; vor dem Eingang belinker Hand ist ein **Stein in Würfelform** interessant, der zusammen mit einem nur noch fragmentarisch erhaltenen Lingam hoch verehrt wird. Im Inneren des Tempels stehen etliche Bale, in denen steinerne Figuren aufbewahrt werden; einige stammen vermutlich aus der hindu-javanischen Zeit auf Bali. Beachtenswert sind Figuren des Götterpaares Vishnu und Lakshmi, die in ihren Händen eine vierblättrige Lotosblüte halten. Des Weiteren bemerkenswert sind Figuren, die Shiva, Parvati, Ganesha und einen vierköpfigen Brahma zeigen. In der Mitte des Hofes steht ein Thron, auf dem Shiva, der Herr der Berge, Platz nimmt, wenn er kultischen Handlungen beiwohnt.

Trunyan Das Dorf Trunyan am Ostufer des Batur-Sees ist von Toya Bungkah mit dem Motorboot in 20 Minuten zu erreichen. Es wird von **Alt-Balinesen** (Bali Aga) bewohnt, die relativ traditionell leben und erst seit jüngster Zeit am Tourismus teilhaben. Besucher sind in dem Dorf willkommen.

✶✶ Penida (Nusa Penida)

O–Q 9/10

Regierungsbezirk: Klungkung
Höhe: 0 – 529 m ü.d.M.
Fläche: 322 km²
Einwohner: 49 000

Rund 8 km vor der Südostküste Balis liegt die 22 km x 16 km große Insel (Nusa) Penida, bei der es sich eigentlich um eine Inselgruppe handelt, denn zu ihr gehören auch die beiden wesentlich kleineren, nordwestlich vorgelagerten Nebeneilande Ceningan und Lembongan. Ihre Bewohner sind überwiegend Muslime.

Das Kalksteinmassiv, das den Inselkern von Penida in nord-südöstlicher Richtung durchzieht, steigt bis zu einer Höhe von 529 m ü.d.M. auf. Wirtschaftliche Bedeutung besitzt keine der drei Inseln; der wasserdurchlässige Karstboden eignet sich kaum zur landwirtschaftlichen Nutzung. Der bescheidene Haupterwerb ist daher die **Fischerei**. Früher diente Penida als **Verbannungsort für in Klungkung verurteilte Verbrecher**. Die geistergläubigen Balinesen stehen der Insel Penida recht misstrauisch gegenüber. Auf ihr vermuten sie nämlich den außerordentlich bösen **Riesen Jero Gede Mecaling**, dem es schon einige Male gelungen sein soll, mit seinem Geistergefolge die Badungstraße zu überwinden und Angst, Schrecken und Zerstörung über Bali zu bringen. Erst nachdem die Balinesen eine ähnlich aussehende Dämonenfigur angefertigt und an der Küste aufgestellt hatten, habe der Riese das Weite gesucht. Wenn die Balinesen auch heute noch am Abend vor dem Nyepi-Neujahrsfest (► Baedeker-Special S. 88) riesige Dämonenfiguren durch die Orte und dann zur Küste tragen, um sie dort zu verbrennen, so gilt das nicht zuletzt dem furchterregenden Riesen Jero Gede Mecaling. Penida-Besucher zieht es hauptsächlich an die Nordküste, die ein **ideales Revier für Surfer und Taucher** ist.

Auslegerboote bringen Touristen nach Nusa Lembongan.

PENIDA · LEMBONGAN ERLEBEN

VERKEHRSVERBINDUNGEN

Schnellboote (»Speedboats«) fahren von Padang Bai (südwestlich von Amlapura) mehrmals täglich in ca. 40 Minuten nach Toyapakeh. Von Kusamba (südöstlich von Klungkung) benötigen die Auslegerboote, die jeden Morgen verkehren, ca. 2,5 Stunden nach Sampalan bzw. Toyakapeh.

ESSEN / ÜBERNACHTEN

▸ **Komfortabel**

Nusa Lembongan Resort
Tel. (03 61) 72 58 64
Fax 72 58 66
www.nusalembonganresort.com

Neben einem Strand der Sanghiang Bay und mit enem Blick auf den Vulkan Agung bietet das Haus Ruhe, Erholung und viel Wassersport. Sehr gute indonesische und internationale Gerichte kann man auf der Terrasse mit einer wunderbaren Aussicht auf Strand und Meer genießen. In der Nähe gibt es auch eine nette Bar.

Bungalows Pemda
Sampalan (östliches Ende gegenüber der Polizeistation)
14 einfach ausgestattete Zimmer, jedoch mit grandiosem Meerblick

Sehenswertes auf der Insel Penida

Sampalan

Erreicht man die Insel Penida von Kusamba her, so betritt man beim Inselhauptort Sampalan wieder festen Boden. Hier gibt es allerdings – sieht man von einem täglich in der Nähe des Hafens stattfindenden regen Markt ab – keine Sehenswürdigkeiten.

Toyapakeh

Westlich von Sampalan befindet sich bei dem Hafendorf der Pura Ped. Der heilige Tempelschrein steht in einem künstlich angelegten viereckigen Teich etwa 50 m vom Strand entfernt.

✶✶ Goa Karangasari

Etwa 5 km südöstlich von Sampalan liegt die Höhle Goa Karangasari mit einem **unterirdischen Süßwassersee.** Der Zugang zu dem Höhlensystem ist etwas versteckt; die Höhlenöffnung selbst misst nur 2,5 m im Durchmesser. Im Inneren beeindruckt die 15 m höhe Höhle, von der wiederum eine Reihe kleiner Seitenhöhlen abgehen (leuchtstarke Taschenlampe nicht vergessen bzw. bei den Einheimischen, die sich an der Straße vor der Höhle als Fremdenführer anbieten, ausleihen). Durchmisst man die ganze Höhle, so gelangt man zu dem gegenüberliegenden Ausgang in einer steilen Felswand.

Badestrände

An der Westküste der Insel Penida gibt es einige schöne Badestrände; namentlich der Strand von Toyakapeh verlockt zum Schwimmen, Schnorcheln und Tauchen. Allerdings sind hier die Gezeiten recht stark ausgeprägt. Es gibt zeitweise gefährliche Unterwasserströmungen und zudem werden manchmal Haie gesichtet.

Brandungsklippen An der Inselsüdküste ist das Baden hingegen nicht möglich; dafür beeindruckt hier die starke Brandung an den bis zu 200 m hohen, jäh ins Meer abfallenden Steilklippen.

Nebeninsel Lembongan

Anreise Man erreicht Nusa Lembongan (Anlegestelle bei Jungutbatu) entweder von Toyakapeh (auf Penida) oder von Sanur (auf Bali) mit Ausleger- bzw. kleinen Motorbooten (Fahrpreis aushandeln!).

✶ Badestrände Die Insel (3500 Einw.) lebt von Tagesgästen, die zum Schnorcheln, Schwimmen, Surfen und Tauchen kommen und ab 17.00 Uhr nach Bali zurückkehren. Es gibt nur wenige Autos, man fährt mit dem Dreirad-Taxi. Hauptort der etwa 4 km x 2 km großen Insel ist **Desa Lembongan**. Dekorierte Steinmauern umgeben die Häuser. In den Gärten sieht man Mangos und Bananen. Die Frauen der Insel ernten im Meer Algen, die zur Düngung, fein zerrieben für kosmetische und medizinische Behandlungen eingesetzt und an chemische Fabriken verkauft werden.

Auf einem 50 m hohen Hügel liegen die Ruinen des hinduistischen Tempels **Pura Pancak**. Von dort hat man einen guten Blick über die Insel, das Meer sowie auf Bali und den Vulkan Agung. Hauptsehenswürdigkeit ist jedoch das **»Underground House«**, das ein Mann 15 Jahre lang in den Untergrund meißelte, mit Kammern, Gängen, Treppen, Küche und Bad; Schächte bringen Luft und Licht. Preiswerte Unterkünfte findet man an der Sanghiang Bay und das Nusa Lembongan Resort bietet Komfort und Entspannung. Eine Hängebrücke führt zur Nachbarinsel Nusa Ceningan.

Sanur

M 9

Region:: Südbali
Höhe: Meereshöhe
Regierungsbezirk: Badung
Entfernung: 7 km südöstl. v. Denpasar

Etwas ruhiger als in Kuta oder Legian geht es in Sanur zu, auch wenn dieser südöstlich von Denpasar gelegene Ort in letzter Zeit ebenfalls einen Boom erlebt hat.

Die Grundlagen dafür wurden allerdings schon in früheren Jahren geschaffen, als 1967 das erste Hotel mit internationalem Standard, das »Grand Bali Beach Hotel«, entstand. Dieser exponierte Betonklotz war Anlass dafür, die Baurichtlinien auf Bali zu ändern, und zwar dergestalt, dass kein neues Bauwerk höher sein darf als die höchste Palme in der Umgebung. Vor dem Strand liegt ein Korallenriff, zu dem Auslegerboote (jukung) fahren. Außer bei Ebbe kann man in der Lagune von Sanur schwimmen; hinter dem Riff ist die

Strömung sehr stark. Sanur gilt heute im Vergleich zu Kuta bzw. Legian als **der etwas noblere Badeort**. Entlang des Strandes reihen sich entsprechende Luxusherbergen. Vielleicht ist deshalb auch der Sand etwas sauberer. Keinesfalls versäumen sollte man die **spektakulären Sonnenaufgänge über Nusa Penida**! ◄ Hinweis

Le-Mayeur-Haus

Unweit vom Grand Bali Beach Hotel steht das Haus des 1958 verstorbenen belgischen Malers Le Mayeur, das täglich außer Sa. von 10.00 bis 14.00 Uhr besichtigt werden kann (► Baedeker-Special S. 218).

SANUR ERLEBEN

AUSKUNFT

Denpasar Tourist Office
Jl. Surapati 7, Denpasar
Tel. (03 61) 22 36 02
Fax 23 45 69

VERKEHRSVERBINDUNGEN

Regelmäßige Busverbindungen gibt es von Candi Dasa, Kuta, Lovina, Padangbai und Ubud.
Bemos kann man entlang der Jl. Danau Tambligan und der Jl. Danau Poso anhalten.

WASSERSPORT

Sanur ist Zentrum für vielerlei Wassersportarten. Außer den am Strand gelegenen Hotels bieten auch kleine Firmen und Privatpersonen Tauch- und Schnorcheltrips sowie Windsurfkurse an. Beliebt ist auch eine mehrstündigeBootsfahrt mit einem der vielen Auslegerkanus (Sonnenschutz nicht vergessen). Verliehen werden zudem Jetskis und Paddelboote. Aufgrund der Nähe zur Hauptstadt herrscht an Wochenenden recht viel Betrieb am Strand; dann ist das Angebot der zahlreichen Stände, die Snacks, Batiken und Kunstgewerbe anbieten, noch größer als an den anderen Tagen. Empfehlenswerte Adressen für Surfunterricht und Tauchkurse bzw. Exkursionen sind: Ena Dive Centre & Marine Adventure (Jl. Tirta Ening 1, Blajong, Tel. 03 61/ 28 88 29, www.enadive.co.id).

ESSEN

► Fein & teuer

Lotus Pond
Jl. Raya Sanur
Tel. (03 61) 28 93 98
www.lotus-restaurants.com
Gerichte aus allen Regionen Asiens, auch Fischspezialitäten. Köstlich ist Bebek Betutu (geräucherte Ente). Oft finden Tanzvorführungen statt.

► Erschwinglich

Pergola
Jl. Danau Toba 2
Tel. (03 61) 28 84 62
Modernes Design und Ausstattung, Spezialität ist gegrillter Fisch; oft Livemusik.

Liebevoll bemaltes Boot

Junge Legong-Tänzerin

EINE LIEBE AUF BALI

Eine der berühmtesten Liebesgeschichten zwischen einem Ausländer und einer Balinesin war die zwischen dem belgischen Maler Le Mayeur und der Legong-Tänzerin Ni Pollok. Das Paar residierte in einer Villa in Sanur, die nach dem Tod von Ni Pollok zum Museum umgewandelt wurde.

Es geschah 1933: Ni Pollok, die beste Legong-Tänzerin Balis und eine Berühmtheit auf der Insel, wurde 16 und damit bald zu alt, Legong zu tanzen, da nach einer herrschenden Auffassung die besten Tänzer aus der Altersgruppe der 12- bis 17-Jährigen stammen. Als die grazile Schönheit durch Zufall den belgischen Maler Adrien Jean Le Mayeur traf, der ein Jahr zuvor auf die Insel gekommen war, verliebten sich die beiden ineinander. Ni Pollok wurde Le Mayeurs Modell, und aus dem einen Jahr, das der weit gereiste Maler auf der Insel bleiben wollte, wurden viele Jahrzehnte. Zwei Jahre später heirateten die beiden.

Sorgfältige Planung und Gestaltung der Villa

In Sanur erwarb Ni Pollok Land, und sie beschlossen, ein Haus zu errichten. Ni Pollok und Le Mayeur, Absolvent einer Technischen Schule und, wie er selbst sagte, hoffnungslos romantisch veranlagt, entschieden sich dafür, das Anwesen im traditionellen balinesischen Stil zu errichten. Ihnen hilfreich zur Seite stand der berühmte Bildhauer Ida Bagus Made Pantri, und mit viel Muße gingen sie daran, das Bauwerk zu errichten. **Zeit spielte keine große Rolle**, und erst nach zwei Jahrzehnten waren sich die Beteiligten darüber einig, dass ihr Projekt vollendet sei.

Traumvilla inmitten eines tropischen Gartens mit Hibiskus und Bougainvillea

Teakholz und herrliche Schnitzereien prägen das Innere. Einige hölzerne Fensterläden zeigen geschnitzte Szenen aus dem Ramayana, dem ge-

waltigen indischen Hindu-Epos. Allein die Fertigstellung eines verzierten Tisches, so heißt es, nahm über ein halbes Jahr in Anspruch. **Le Mayeur war Perfektionist**: Die Fenster richtete er so aus, dass jedes wie ein Gemälde wirkt und den Blick freigibt auf eine von ihm im Garten geschaffene Szenerie, zum Beispiel einen besonderen Blütenbaum, ein Kunstwerk oder den mit Lotos bewachsenen Teich.

Internationale Achtung und viele begeisterte Besucher

Mayeur wurde zu einem renommierten und hoch geachteten Maler, dessen Ruhm weit über die Grenzen Indonesiens reichte. Die Ausstellungen seiner Gemälde in Singapur (1937), Kuala Lumpur (1941) und Singapur (1941) waren außergewöhnlich große Erfolge. 1951 widmete das National-Geographic-Magazin Le Mayeur eine Geschichte und bemerkte verwundert, **dass die Gastfreundschaft des belgisch-balinesischen Paares außergewöhnlich sei**. In der Tat gingen Besucher, darunter auch viele ausländische Bali-Urlauber, in der Villa des Paares ein und aus und wurden von der Dame des Hauses und ihren Bediensteten mit Tabletts voller Köstlichkeiten bewirtet. Sogar Sukarno, erster Präsident Indonesiens, und den indischen Premierminister Nehru konnten Le Mayeur und Ni Pollok 1956 in Sanur begrüßen. Es soll Sukarno gewesen sein, der das kinderlose Paar zu der Idee inspirierte, nach ihrem Tod auf ihrem herrlichen Anwesen ein Museum zu errichten.

Kunstschätze und Werke Mayeurs

Zwei Jahre später starb der Maler, und wurde in Brüssel begraben. Ni Pollok blieb bis zu ihrem Tod im Alter von 70 Jahren in Sanur wohnen. Die am Strand gelegene Le-Mayeur-Villa fiel an den Staat, der daraus ein Museum machte. Neben zahlreichen indonesischen Kunstschätzen und Antiquitäten sind **88 der farbenfrohen Bilder von Le Mayeur** ausgestellt. Die zwei berühmtesten zeigen sein bevorzugtes Sujet, nämlich seine Frau.
Das Le-Mayeur-Museum liegt 200 m nördlich des Grand Bali Beach Hotel in der Jl. Hang Tua in Sanur.

Restaurant Penjor
Jl. D. Tamblingan 141 (200 m nördlich des Hyatt-Hotels)
Tel. (03 61) 28 85 67
Hier werden auch mehrmals in der Woche abends um 20.00 Uhr traditionelle Tänze aufgeführt.

► Preiswert
Warung Mamarita
Jl. Danau Tamblingan 152
Tel. (0361) 28 79 69
Köstliche Tintenfisch (cumi)-Gerichte, dazu fangfrischer Fisch vom Grill, auf Bestellung auch der balinesische Klassiker Spanferkel (Babi Guling) und Reistafel-Gerichte.

ÜBERNACHTEN

► Luxus
Bali Hyatt Hotel
Jl. Danau Tamblingan
Tel. (03 61) 28 12 34, Fax 28 76 93
www.bali.resort.hyatt.com
Eine gelungene Synthese aus Luxus, tropischem Ambiente und balinesischem Dekor, dazu eine Atmosphäre, die wohltuend auf Körper und Geist wirkt (389 Z.).

Inna Grand Bali Beach Hotel & Spa
Jl. Hang Tuah
Tel. (03 61) 28 85 11, Fax 28 79 17
www.innagrandbalibeach.com
An diesem Hotel kommt kaum ein Besucher vorbei: Es ist Sitz von mehreren Fluggesellschaften. Das im einzigen Hochhaus der Insel untergebrachte Hotel (574 Z.) wurde grundlegend modernisiert; komfortable, leider etwas sterile Zimmer, zahlreiche Restaurants, Cafés, Bars und Shops.

Tandjung Sari Hotel
Jl. Danau Tamblingan
Tel. (03 61) 28 84 41, Fax 28 79 30
www.tandjungsari.com
Boutique-Hotel (26 Bungalows) im Stil eines privaten Hideaways mit dem Charme des alten Bali, Strandrestaurant und anspruchsvolle Bibliothek.

► Komfortabel
Sanur Beach Hotel
Jl. Danau Tambligan
Tel. (0361) 28 80 11, Fax 28 75 66
www.sanurbeachhotelbali.com
Eines der ältesten Hotels Balis: Luxusresort am Südstrand von Sanur inmitten eines wunderschönen tropischen Gartens, der nach Sonnenuntergang romantisch illuminiert wird.

Paradise Plaza
Jl. Hang Tuah 46
Tel. (03 61) 28 17 81, Fax 28 41 66
www.sanurparadise.com
Die von viel Wasser umgebene Anlage ist besonders familienfreundlich: Kinder mögen das »Camp Splash« mit Wasserrutschen und Spielmöglichkeiten; für die Erwachsenen gibt es ein vorzügliches Spa und gute Restaurants.

Baedeker-Empfehlung

Segara Village
Jl. Segara Ayu
Tel. (03 61) 28 84 07, Fax 28 72 42
www.segaravillage.com
Steinerne Götter, Blumenarrangements, der Duft nach Lotusblüten: im Stil eines balinesischen Dorfes errichtete Anlage (30 Z.), reetgedeckte Bungalows mit modernem Interieur und indonesischen Antiquitäten.

► Günstig
Puri Mango Guesthouse
Jl. Danau Toba 15
Tel. (03 61) 28 12 93, Fax 28 85 98
www.purimango.com
Preiswert und mit dem Wichtigsten ausgestattet: Strandlage, Pool, nettes Restaurant.

Von Sanur ist die Insel Lembongan (► Penida) mit Ausleger- bzw. Motorbooten gut zu erreichen. Die Überfahrt vom nördlichen Ende des Strandes dauert ca. eine Stunde. **Überfahrt zur Insel Lembongan**

Am südlichen Ortsrand, hinter dem Pura Belangjong, kann man **das älteste Kunstwerk Balis** finden: einen steinernen Pfeiler mit Inschriften auf Sanskrit, dessen Alter auf mehr als 1000 Jahre geschätzt wird. **Steinpfeiler**

Ein wunderbarer Ausflug führt zum Bali Orchid Garden (3 km nördlich), wo man Tausende dieser eleganten Pflanzen bewundern und in einem Laden Orchideen sowie Bücher zum Thema erwerben kann (Öffnungszeiten: tgl. 8.00 – 16.00 Uhr). **Orchideengarten**

Umgebung von Sanur

Der Ort Padang Galak liegt nur wenige Kilometer nördlich von Sanur. Padang Galak bildet jedes Jahr im Juli einen Hauptanziehungspunkt für Einheimische und Touristen, wenn der große **Drachenflugwettbewerb** »Kite Festival« stattfindet. War zunächst die Absicht, mit dieser Veranstaltung einen Anreiz zur Wiederbelebung der balinesischen Drachenbaukunst zu geben, so entwickelte sich der Wettbewerb inzwischen zu einer besonderen Touristenattraktion. Der schwarze Strand ist ein beliebter Treffpunkt von Surfern. **Padang Galak**

★★ Singaraja

K 2

Hauptstadt des Regierungsbezirkes Buleleng
Einwohner: 100 000

Region: Nordbali
Höhe: 15 m ü.d.M.
Entfernung: knapp 80 km nördlich von Denpasar

Singaraja, Verwaltungssitz des Regierungsbezirkes Buleleng und zweitgrößte Stadt auf Bali, liegt an der Nordküste der Insel. In der fruchtbaren Umgebung gibt es ausgedehnte Kaffeeplantagen. Der neue Seehafen weiter westlich spielt eine wichtige Rolle für den Warenverkehr mit anderen indonesischen Inseln.

Die Gegend um das heutige Singaraja (= Löwenkönig) war wohl schon im 10. Jh. besiedelt. Doch erst gegen Ende des 16. Jh.s erlangte die Siedlung unter dem damaligen Regenten Raja Panji Sakti größere Bedeutung. Sie erhielt ihren Namen Singaraja nach der Residenz, die der Raja 1604 dort erbauen ließ. Der Bezirk Buleleng ist benannt nach einer Getreidesorte, die hier schon im ausgehenden Mittelalter angebaut wurde. Bei den Bestrebungen der Niederländer, Bali unter ihre Herrschaft zu bringen, spielte Singaraja eine nicht unwesentliche Rolle. Nachdem mehrere Versuche fehlgeschlagen waren, gelang es **Geschichte**

Singaraja Orientierung

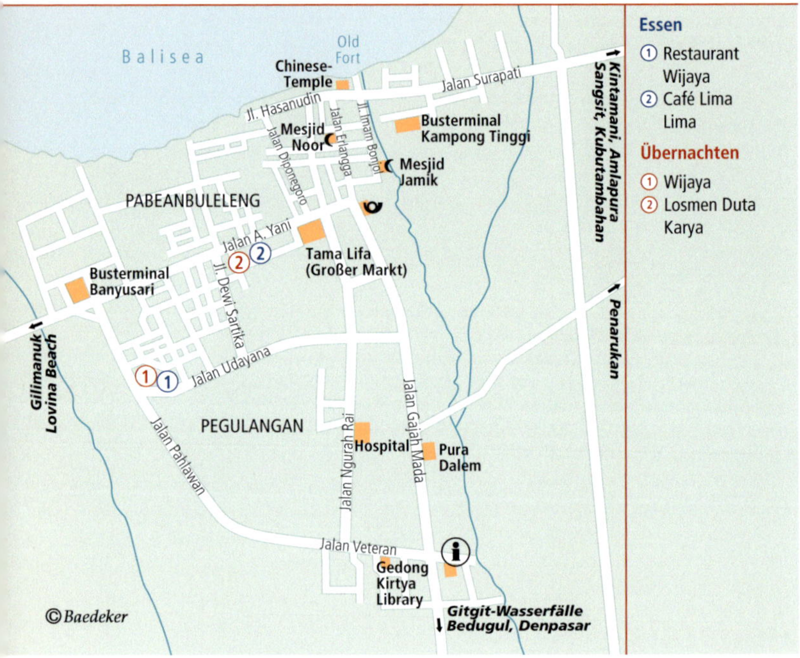

ihnen 1849, die Festung zu erobern. Später wurde die Stadt Sitz der niederländischen Kolonialverwaltung auf Bali und blieb bis 1946 Inselhauptstadt (seither ►Denpasar).

Sehenswertes in Singaraja

Das ursprüngliche Singaraja **mit zahlreichen Häusern im niederländischen Kolonialstil** liegt etwas landeinwärts; nördlich schließen die Stadtteile Pegulangan und Pabeanbuleleng an. Der Ort macht einen deutlich ruhigeren Eindruck als die heutige Inselhauptstadt Denpasar. Erwähnenswert sind in Pabeanbuleleng ein reizvoller chinesischer Tempel (meist verschlossen) am Alten Hafen, zwei kleine Moscheen und der täglich beschickte lebhafte Große Markt (Tama Lila) an der Jalan Ahmad Yani.

★★ **Pura Dalem**

Den Pura Dalem, **einen der interessantesten Hindutempel in Nordbali**, findet man an der Jalan Gajah Mada. Man betritt die Anlage durch ein kleines Gespaltenes Tor (Candi Bentar) und befindet sich dann im ersten Tempelhof. Dann wendet man sich nach links und passiert ein weiteres, überaus reich verziertes Tor, das den Blick in den überraschenderweise etwa 2 m tiefer gelegenen zweiten Hof frei-

SINGARAJA · LOVINA ERLEBEN

AUSKUNFT

Buleleng Tourist Office
Jl. Veteran 23, Singaraja
Tel. (03 62) 611 41

VERKEHRSVERBINDUNGEN

Die Straße nach Singaraja führt von Denpasar nordwärts über Sempidi, Mengwi und Bedugul oder – ungleich reizvoller – von Denpasar zunächst bis Kapal, dann westwärts über Antosari nach Pengastulan und weiter entlang der Küste über Lovina Beach. Von Denpasar-Ubung gibt es täglich Busverbindungen.
Bemos fahren entlang der Küstenstraße nach Lovina Beach.

NACHTLEBEN

Obwohl viel ruhiger als das »Bermudadreieck« von Kuta, gibt es in Lovina ausreichend Möglichkeiten, abends Livemusik zu hören. Neben den Restaurants bieten auch Bars und Cafés wöchentlich wechselnde Musik-Events.

EINKAUFEN

Der Nachtmarkt an der Banyusari-Busstation (Jl. J. A. Yani) bietet u. a. zahlreiche Imbissstände, auch Fischgerichte.

ESSEN

Die meisten Restaurants Singarajas liegen an der Hauptstraße Jl. J.A. Yani und bieten chinesische Küche.

► Erschwinglich

① ***Restaurant Wijaya***
Singaraja
Jl. J. Sudirman 74
Tel. (03 62) 219 15
Auch Nicht-Hotelgäste speisen gern im besten Haus der Stadt. Neben indonesischen Gerichten werden Sandwiches, Suppen und Salate angeboten.

Kwizien
Lovina, Jl. Raya Kaliasem
Tel. (03 62) 420 31
www.balikwizien.com
Der Schwerpunkt liegt auf europäischer Küche: von norwegischem Lachs über griechische Salate und Lammgerichte bis zu Pasta und französischen Pasteten. Anspruchsvolle Bildergalerie.

► Preiswert

Bali Apik
Lovina, Jl. Bina Ria, Kalibukbuk
Tel. (03 62) 410 50
Treffpunkt von jüngeren Individualreisenden, die das köstliche Frühstück und die günstigen Snacks hier schätzen.

② ***Café Lima Lima***
Singaraja, Jl. J. A. Yani
Tel. (03 62) 217 69
Frische, einfache Gerichte.

ÜBERNACHTEN

► Luxus

Die meisten Besucher bevorzugen die Hotels in Lovina, da sie ruhiger, komfortabler und preiswerter sind.

Puri Bagus
Lovina, Jl. Raya Kalibukbuk
Tel. (03 62) 214 30
Fax 226 27
www.bagus-discovery.com
Erstes luxuriöses Hotel der Gegend: 40 Villen im balinesischen Stil, mit Palmblättern gedeckten Dächern. Open-Air-Restaurant in einem weitläufigen tropischen Garten am Ortsrand am Meer, zudem ein vielfältiges Ausflugsprogramm.

Damai Lovina Villas
Lovina, Kayuputih, Jl. Damai
Tel. (03 62) 410 08, Fax 410 09
Treff anspruchsvoller Individualreisender, die die ruhige und exquisite Atmosphäre in einer der acht Villen mit kolonialem Mobiliar zu schätzen wissen. Ambitionierte Küche, die balinesische und australische Elemente vereint. Einziges Manko: strandferne Lage in den Hügeln oberhalb des Meeres.

► Komfortabel

① ***Wijaya***
Singaraja, Jl. J. Sudirman 74
Tel. (03 62) 219 15, Fax 258 17
26 Zimmer (mit Bad und Klimaanlage) liegen um einen Innenhof; auch preiswertere Räume.

Rambutan Cottages
Lovina, Kalibukbuk, jl. Mawar
Tel. (03 62) 413 88, Fax 416 21
www.rambutan.org
Beliebte, familiär geführte Anlage (30 Z.), tropische Vegetation, nur wenige hundert Meter vom schwarzen Sandstrand entfernt, Zimmer mit Klimaanlage oder preiswerter mit Ventilator. Schöner tropischer Garten mit zwei Pools, Restaurant mit balinesischen Abenden und Tanzvorführungen.

► Günstig

② ***Losmen Duta Karya***
Singaraja, Jl. J. A. Yani 59
Tel. (03 62) 214 67
12 Zimmer mit Bad und Klimaanlage oder Ventilator, kleiner Innenhof, aufmerksamer Service.

Aditya Beach Resort
Lovina, Kaliasem
Tel. (03 62) 410 59, Fax 413 42
www.adityalovina.com
Kleine Bungalows (80 Z.) direkt am Strand. Gepflegte, einfache Ausstattung, ruhige Atmosphäre, Swimmingpool. Beliebtes Restaurant mit Meerblick. Zahlreiche weitere günstige Unterkünfte (sog. Homestays, Losmen) liegen im Zentrum von Lovina.

gibt. Auf der linken Seite steht das Bale Gong, rechts das Bale Pemalaiyagan, in dem während der Tempelfeste die Götter von den Menschen willkommen geheißen werden. An der rechten Seite der Mauer zwischen dem ersten und dem zweiten Hof befindet sich ein Hochsitz für die Priester, daneben ein Opfergestell. Am Ende der Anlage führen Stufen auf eine Steinterrasse, auf der sich die Gedongs für die verschiedenen Gottheiten erheben. Beachtenswert sind die fein gestalteten **erotischen Reliefs** im gesamten inneren Tempelbezirk.

★★ **Gedong-Kirtya-Bibliothek**

Öffnungszeiten: Mo. – Fr. 8.00 – 14.00, Sa. 8.00 – 12.00

Einen Besuch der Gedong-Kirtya-Bibliothek am östlichen Ende der Jalan Veteran im Sasana-Budaya-Komplex, dem alten Palast des Königreichs von Buleleng im Süden der Stadt, kann man demjenigen empfehlen, der nicht nur großes Interesse an der balinesischen Geschichte, sondern möglichst auch Niederländisch-Kenntnisse hat.
In der 1928 von den Niederländern gegründeten Bibliothek befinden sich nämlich außer **etwa 3000 auf Lontar-Palmblättern geschriebenen Manuskripten** zahlreiche Tagebücher, Zeitungen und Zeitschriften sowie 8200 historische Bücher aus der Zeit der niederländischen

Besatzung. Die zuletzt Genannten sind allerdings in schlechtem Zustand. Nur die Palmblatt-Manuskripte werden in Blechschachteln aufbewahrt; alles andere steht – im Übrigen ziemlich ungeordnet und ohne jegliche Systematik – in Regalen. Wer aber die nötige Zeit mitbringt oder einen verregneten Tag zu einem Ausflug in die Geschichte der Insel Bali nutzen will, dürfte in der Gedong-Kirtya-Bibliothek die eine oder andere aufschlussreiche Entdeckung machen; das Aufsichtspersonal gewährt Einblick in fast den ganzen Bestand. Vor dem Verlassen des Gebäudes wird ein Eintrag in das Gästebuch erwartet; die Entrichtung einer Spende ist obligatorisch.

Umgebung von Singaraja

Lovina Beach

Knapp 10 km westsüdwestlich von Singaraja erstreckt sich an der Balisee-Küste der Badestrand Lovina Beach mit etlichen Hotelneubauten. Wenngleich die Qualität des hier **recht schmalen und dunklen Sandstrandes** nicht sonderlich hoch ist, kann sich ein Badeaufenthalt lohnen, weil es in dieser Gegend wesentlich ruhiger zugeht als an den stark frequentierten Stränden im Süden der Insel.

Lovina

Lovina besteht aus mehreren Dörfern. Diese werden **überwiegend von Individualreisenden besucht**, die sich für mehrere Tage in den günstigen Unterkünften einquartieren. An der Hauptstraße Jl. Raya Singaraja im Zentrum und an der zum Strand führenden Straße Jl. Rambutan reihen sich Gästehäuser, kleine Hotels und Restaurants aneinander. Östlich schließt sich das Dorf Banyualit an; dort drängen sich die Unterkünfte in der Jl. Lovina. An den Stränden liegen bunte Fischerboote, »Beach boys« drängen die Touristen zum Souvenirkauf, zu Touren übers Wasser und zu Ausflügen in die Berge. Das klare Wasser des vorgelagerten **Korallenriffs** verlockt zu Schnorcheltouren, die am Strand angeboten werden. Weitere Bootsbesitzer bieten **Dolphin Watching**; nach einer etwa einstündigen Tour auf das Meer trifft man in der Regel auf Delfine, die dann das Boot begleiten.

Taucher und Schnorchler zieht es zum vorgelagerten Korallenriff.

Wer von Lovina Beach kommend kurz vor Singaraja die Hauptstraße verlässt, nach rechts abbiegt und dem Wegweiser folgt, der gelangt nach wenigen Kilometern zu der reizvoll im Wald gelegenen Anlage **Komala Tirtha** mit heißen, schwefelhaltigen Quellen; gegen eine Gebühr darf man in den Quellbecken baden.

★ **Gitgit-Wasserfall**

Bei dem Dorf Gitgit, von Singaraja etwa 10 km südöstlich landeinwärts in Bedugul gelegen, befindet sich **im dichten Dschungelwald** der Gitgit-Wasserfall. Man geht vom Parkplatz etwa 800 m auf einem Weg mit mehreren Stufen, vorbei an Reisfeldern, Nelkenbäumen und durch tropische Vegetation. Verkaufsbuden bieten Futter für die zahlreichen Affenfamilien, außerdem Patchworkdecken und Kunsthandwerk. Kurz nach dem Bezahlen des Eintritts an einem Kassenhäuschen spürt man schon die Sprühgischt des Wasserfalls, der aus etwa 35 m Höhe in eine Schlucht mit einem Bach stürzt. »Duschen« und Baden sind erlaubt.

Sangsit

Bei dem Dorf Sangsit, ca. 6 km nordöstlich von Singaraja, steht der üppig geschmückte **Pura Beji**, ein der Fruchtbarkeits- und Reisgöttin Dewi Sri geweihter Tempel. Er gehört einer Gemeinschaft von Reisbauern (Subak) und weist **neben hinduistischen auch chinesische**

Gläubige bei einer Zeremonie zu Ehren der Meeresgötter, bei der das Wasser heilig gesprochen wird.

Stilelemente auf. Das aus drei Teilen bestehende Gespaltene Tor, das zum Innenhof der Anlage führt, ist überaus prächtig ornamentiert. An seiner Außenseite erkennt man mehrere von fein geformten Lotosblüten umrahmte Dämonenfratzen. Dahinter steht eine Geisterschutzmauer (Aling-Aling), die von zwei Schlangen flankiert wird. Im Inneren setzt sich die für Nordbali typische Vielfalt der Bauornamentik fort. Über der Anlage erhebt sich der Gedong für die Göttin Dewi Sri. Beim Verlassen des Tempels sieht man an der Außenmauer die jeweils drei Ramayana-Figuren zur Rechten und zur Linken.
An dem ansonsten schlichten **Pura Dalem** von Sangsit sind vor allem die fein ausgearbeiteten Steinreliefs erwähnenswert.

Sawan

Nimmt man von Sangsit die im Ort südwärts abzweigende Straße, so gelangt man nach ca. 10 km zu dem Dorf Sawan, das für seine Fertigung von **Gongs**, einem Musikinstrument für das Gamelan-Orchester, bekannt ist.

Sukawati

M 8

Region: Zentralbali
Höhe: 95 m ü.d.M.
Entfernung: ca. 17 km nordöstlich von Denpasar
Regierungsbezirk: Gianyar
Einwohner: 12 000

Bei Sukawati handelt es sich um eine Doppelstadt, denn es ist mit dem nördlich gelegenen Nachbarort Batuan seit vielen Jahrhunderten so eng zusammengewachsen, dass eine Grenze zwischen beiden nur für Einheimische erkennbar ist. Ein Dekret, das Fürst Marakata 1022 erließ, befahl zwar die Trennung der Orte; sie wurde jedoch nie recht vollzogen. Heute leben hier viele Chinesen, die dem Ortsbild ihren Stempel aufdrücken.

Alte Tradition

Sukawati und Batuan sind **bekannt für ihre zahlreichen Kunsthandwerker**, die ihre Erzeugnisse in den Geschäften entlang der Durchgangsstraßen anbieten. Deren Herstellung hat hier Tradition: Der fürstliche Palast von Sukawati war in früheren Zeiten Aufenthaltsort namhafter Künstler. Ein für Touristen interessanter Anlaufpunkt ist der **»Art Market«** (Pagar Seni) im Zentrum von Sukawati, wo viele Händler Skulpturen, Puppen, Schnitzarbeiten, Fächer, Kostüme und allerlei mehr anbieten.

SUKAWATI

VERKEHRSVERBINDUNGEN

Von Denpasar geht es nordostwärts in Richtung Gianyar. Es gibt regelmäßige Busverbindungen von Denpasar-Kereneng. Bemos findet man entlang den Straßen von Denpasar bzw. von Gianyar.

Sympathisches Sammelsurium an kunsthandwerklichen Objekten

Batuan-Stil Der Ort Batuan hat eine gewisse Berühmtheit erlangt für den eigenständigen Malstil, der nach ihm benannt ist. Bei dieser Stilrichtung, die um 1920 zunehmend an Bedeutung gewann, stehen weniger mythisch-religiöse Bildinhalte, sondern vermehrt **expressionistische Darstellungen** aus dem Leben der balinesischen Bevölkerung im Mittelpunkt. Dabei veränderten die Künstler, die bis dahin das Objekt nur als Staffage für den eigentlich viel wichtigeren Hintergrund gesehen und gemalt hatten, die Gewichtung und wandten ihre Aufmerksamkeit immer mehr der darzustellenden Person oder Landschaft zu. Als Ursache für diesen Stilwechsel, der in die Zeit der niederländischen Kolonialherrschaft fällt, nimmt man an, dass es vornehmlich die neuen Herren waren, die Aufträge an die lokalen Künstler vergaben und ihnen auch das Wissen um europäische Maltechniken und Malutensilien zugänglich machten.

Der Batuan-Stil gewann später weiter an Einfluss, als mit den ersten Touristen auch malende Künstler aus aller Welt nach Bali kamen und die Einheimischen unterrichteten; unter ihnen waren die heute noch hoch geschätzten Maler Walter Spies (► Berühmte Persönlichkeiten) und Rudolf Bonnet.

Umgebung von Sukawati/Batuan Weitere Orte mit vielen Handwerksbetrieben liegen rings um Sukawati bzw. Batuan, wie beispielsweise **Puaya**.

★★ Tabanan

K 7

Hauptstadt des Regierungsbezirkes Tabanan
Einwohner: 12 000

Region: Südbali
Höhe: 105 m ü.d.M.
Entfernung: 24 km nordwestlich von Denpasar

»Balis Reiskammer« wird die fruchtbare Region nördlich von Denpasar genannt, in der Tabanan, die Hauptstadt des gleichnamigen Regierungsbezirkes, liegt.

Sehenswertes in Tabanan und Umgebung

Geschichte

Tabanans Regenten spielten eine wichtige Rolle während der Zeit der niederländischen Okkupationsversuche. Seit der Gründung ein starkes Fürstenreich, bewahrte Tabanan seine Macht über Jahrhunderte hinweg und zählte v. a. unter seinem Herrscher Gusti Pandji Sakti (um 1700) zu den einflussreichsten Fürstentümern auf Bali. Als die Niederländer am 22. Juni 1846 an der Küste landeten, reichte die Verteidigungskraft der Balinesen nur für wenige Tage; die Herrscher allerdings hatten sich in den Bergen versteckt. Überliefert ist der Satz eines Rajas: »Solange ich lebe, wird dieser Staat die Souveränität Hollands niemals anerkennen! Besser wäre es, der Kris würde entscheiden.« Als es den Niederländern schließlich gelungen war, Tabanan einzunehmen, und sie vor dem Palast standen, griffen die Mitglieder der Fürstenfamilie tatsächlich zum Kris (Dolch) und begingen rituellen Selbstmord (Puputan).

TABANAN ERLEBEN

AUSKUNFT

Tabanan Tourist Office
Jl. Gunung Agung
Tel. (03 61) 81 16 02, Fax 81 27 03

VERKEHRSVERBINDUNGEN

Nach Tabanan fährt man von Denpasar in Richtung Gilimanuk und Negara. Mit Bus und Bemo gibt es von Denpasar-Ubung täglich gute Verbindungen.

ESSEN

► Preiswert

Einige einfache Warungs liegen im Zentrum und um den Markt.

ÜBERNACHTEN

► Komfortabel

Puri Anyar
Kerambitan (westlich v. Tabanan)
Regelmäßig werden den Gästen und Besuchern des Puri Anyar, eines Palasts aus dem 17. Jh., sogenannte »Palace Nights« geboten mit traditionellen Tänzen und kulinarischen indonesischen Spezialitäten.

Tempel, Markt und Musik

Die Stadt besitzt einige Tempelanlagen; besondere Sehenswürdigkeiten befinden sich eher in der Umgebung. Besuchen sollte man den geschäftigen Markt (Pasar) unweit der Bemostation. Tabanan ist im Übrigen bekannt für ein **gutes Gamelan-Orchester**; zudem gibt es auch eine christliche Missionsstation. Am östlichen Ortsrand liegt das kleine, sehenswerte **Museum Subak**, in dem die Reiskultivierung auf Bali mit Modellen und landwirtschaftlichen Geräten anschaulich dargestellt wird (nur unregelmäßig geöffnet).

✶✶ Landschaft

Fährt man von Tabanan nordwärts in Richtung Singaraja, so kommt man durch eine wahrhaft **atemberaubende Bergwelt**. Der Blick schweift über kunstvoll angelegte Reisterrassen; man passiert kleine Dörfer mit gastfreundlichen Einwohnern. Es lohnt sich, sich für diese Fahrt ein wenig Zeit zu nehmen und die vielfältigen Eindrücke dieser höchst reizvollen Landschaft auf sich wirken zu lassen.

✶✶ Kerambitan

Fährt man von Tabanan in die entgegengesetzte Richtung, also meerwärts, so gelangt man nach wenigen Kilometern in das ansehnliche Dorf Krambitan. Hier lohnen zwei einstige Fürstenresidenzen den Besuch: Puri Anyar und Puri Gede; beide Paläste liegen unmittelbar an der Dorfstraße. Beim **Puri Anyar** handelt es sich um die originalgetreue Rekonstruktion des ursprünglich im 17. Jh. erbauten, zu großen Teilen jedoch während eines Erdbebens zerstörten Palastes. Heute ist hier ein Hotel eingerichtet, aus dessen Zimmern man in einen prächtigen Tropengarten blickt. Unter Umständen darf man die in mehrere Höfe gegliederte Anlage betreten, auch ohne dort Quartier genommen zu haben.

Gegenüber vom Puri Anyar steht der zweite Palast von Kerambitan, der im zweiten Drittel des 18. Jh.s im typisch balinesischen Architekturstil erbaute **Puri Gede** (Besichtigung nach Voranmeldung Tel. 03 61 / 81 26 68).

! *Baedeker* TIPP

Zu Besuch im Gewürzgarten

Pfeffer, Vanille, Ingwer, Zimt und Kakao: Die balinesischen Gewürzgärten entführen in eine Welt der Düfte. Man spaziert vorbei an exotischen Sträuchern und Gewächsen, schnuppert hier und da, probiert unbekannte Früchte, deren Namen man noch nie gehört hat, trinkt ein Tässchen frisch zubereiteten Kakaos, und anschließend kann man schön verpackte Gewürze, Kaffee und Tee auch käuflich erwerben.

✶✶ Pura Luhur Batukau

Am Fuß des Gunung Batukau, des mit 2276 m ü.d.M. zweithöchsten Berges auf Bali, liegt einer der sechs Reichstempel der Insel, nämlich der Pura Luhur Batukau. Die Entfernung von Tabanan beträgt ca. 28 km; man erreicht die heilige Stätte über eine recht gut ausgebaute Straße. Die weitläufige Anlage befindet sich in einer **romantischen Dschungellandschaft**; das zentrale Heiligtum ist zum Gunung Batukau hin ausgerichtet.

Links vor dem Eingang zum ersten Tempelbezirk steht der kleine Pura Dalem; bemerkenswert ist hier der steinerne Thron für die Göttin

Batari Uma (hier in der Erscheinungsform als Durga) mit einer Vishnu-Figur, die auf dem Göttervogel Garuda reitet. Im ersten Teil der in zwei Höfe gegliederten Tempelanlage stehen links und rechts mehrere Bale, die der Vorbereitung der Blumen- und Früchteopfer dienen. Den Zugang zum zweiten Teil bildet das traditionelle Gespaltene Tor (Candi Bentar) mit kunstvollen Reliefs. Im Inneren des zweiten Hofes erheben sich mehrere Merus mit einer unterschiedlichen Anzahl von Pagodendächern (Tumpang), die verschiedenen Gottheiten geweiht sind. Der höchste (mittlere) Meru besitzt sieben Stufen und gehört Batara Panji Sakti. Links davon steht ein Meru mit drei Tumpangs; er ist den fünf Richtungsgottheiten Shiva, Vishnu, Ishvara, Brahma und Mahadevi gewidmet. Der Pura Batukau ist alljährlich im März Ziel Tausender Pilger, die von der ganzen Insel Bali kommen und während mehrerer Tage den Göttern Opfer darbringen. Dann wird der ansonsten recht abgeschieden wirkende Tempel farbenprächtig geschmückt.

*** Heiße Quellen Yeh Panas**

Etwa 7 km südlich der kleinen Ortschaft Wangayegede sprudeln die heißen, schwefelhaltigen Quellen Yeh Panas. In der erst vor wenigen Jahren **großzügig gestalteten Badeanlage** lädt ein großes Becken zum Baden und Schwimmen; darüber hinaus können umzäunte »Separees« mit Sprudelbädern gemietet werden.

**** Pura Tanah Lot**

Wenn es unter der Vielzahl von Sehenswürdigkeiten auf Bali eine gibt, die der Besucher der Insel auf keinen Fall versäumen sollte, dann ist es der Pura Tanah Lot. Allerdings bahnen sich Abend für

Auf dem Fußweg ist das »Land inmitten des Meeres« – ohne dabei nass zu werden – nur bei Ebbe zu erreichen.

Am Ende der Monkey Forest Road leben mehrere Gruppen von Langschwanzmakaken in einem Freilandgehege.

Petulu

Vogelfreunde sollten unbedingt einen Abstecher nach Petulu, nur ca. 3 km nördlich von Ubud, machen. Auf den Bäumen der Umgebung lassen sich gegen Abend große Scharen von (den Balinesen) heiligen weißen Reihern nieder.

Mas

Rund 4 km südlich von Ubud erreicht man das kleine Dorf Mas, das in erster Linie für seine handwerklich außerordentlich begabten Einwohner bekannt ist. Die Geschäfte und Ausstellungsräume zahlreicher **Holzschnitzer**, Bildhauer und anderer Kunsthandwerker befinden sich entlang der Hauptstraße. Die Werkstätten sind oft gleich nebenan, wo man den Künstlern über die Schulter sehen kann. Einige Holzschnitzer veranstalten Lernkurse für Anfänger und Fortgeschrittene.
Zum Ortsende hin liegen die Läden der Möbelhersteller, die u. a. Tische, Stühle und Sitzgarnituren aus Bambus oder Rattan anfertigen.

★★ Tenganan

P 6

Region: Ostbali
Höhe: 242 m ü.d.M.
Entfernung: 4 km nördlich von Candi Dasa
Regierungsbezirk: Karangasem
Einwohner: ca. 450

Innerhalb der balinesischen Bevölkerung stellen die Einwohner des Dorfes Tenganan eine ethnische Besonderheit dar; bis in die 1980er-Jahre lebten sie in völliger Abgeschiedenheit. Tenganan liegt am Südfuß des zentralen Vulkangebirgsstockes, dessen höchste Erhebung der Gunung Agung ist.

Besondere Einwohnerschaft

Die Einwohner Tenangans betrachten sich als vom Gott Indra selbst geschaffene und auserwählte Menschen. Zum Beweis dafür verweisen sie auf die auf Palmblätter geschriebene balinesische Schöpfungsgeschichte »Usana Bali«, in der schon im 14. Jh. berichtet wird, dass es sich bei den im Dorf lebenden exakt 30 Familien um **Nachfahren der Götter** handle. Die **Bali Aga** (Alt-Balinesen) von Tenganan bilden – ähnlich wie jene in Trunyan (►Penelokan, Umgebung) – eine eigenständige Gemeinschaft, die aus einer Anzahl von nach strengen Regeln organisierten Gruppen besteht.
Es gibt dort keinen individuellen Besitz, alles gehört der Gemeinschaft. Knaben und Mädchen müssen schon im Alter von etwa acht Jahren nach einem Übergangsjahr in eine Gruppe (Truna bzw. Daha) eintreten. Von da an spielt das Elternhaus nur noch eine untergeordnete Rolle; die Erziehung zum vollwertigen Mitglied der Gemeinschaft (Krama Desa) übernimmt dann die Gruppe. Später sind die Kriterien Alter, Geschlecht, Beruf und Fähigkeiten ausschlaggebend für eine Eingliederung in die »richtige« Gruppe, in der man bis zu seinem Lebensende bleibt. Als »Lieblinge der Götter« sehen die Tengananer ihren Lebenszweck nicht in körperlich anstrengender Arbeit, sondern eher im Müßiggang – aber auch in der Bewahrung alter Traditionen und handwerklicher Künste. Die Leute von Tenganan lassen für sich arbeiten; die Reisfelder rings um das Dorf werden von ortsfremden Bauern bestellt, die dann einen Teil der Ernte als Pachtzins abgeben müssen. Dadurch gewinnen die Tengananer Zeit, um sich etwa dem Gamelanspiel, dem Weben kunstvoller Textilien – nur hier wird noch die **Kunst des Doppel-Ikats** gepflegt (►Kunst und Kultur: Textiles Kunsthandwerk) – oder dem Kopieren alter Schriftstücke hingeben zu können.
Wer sich von der Gemeinschaft lossagt (z. B. eine Person aus einem anderen Dorf heiratet), verliert alle

TENGANAN

VERKEHRSVERBINDUNGEN

Von Candi Dasa fährt man in nordwestlicher Richtung. Mit Bus oder Bemo gibt es keine regulären Verbindungen. An der Straße warten meistens Motorradtaxis (Ojek).

Weltweit bekannt und bei Sammlern sehr geschätzt sind die im Doppel-Ikat hergestellten Stoffe aus Tenganan.

Rechte, die er sich als gebürtiger Tengananer erworben hat. Er wird zwar noch als Dorfbewohner geduldet, muss aber in den östlichen Teil des Dorfes, das Banjar Pande, umziehen. Auch darf er nicht mehr an den religiösen Feierlichkeiten teilnehmen.

Sehenswertes in Tenganan und Umgebung

★★ **Ortsbild** War Tenganan noch zu Anfang der 1980er-Jahre ein Dorf, in dem Besucher höchst ungern gesehen waren, so haben die Bali Aga mittlerweile erkannt, dass sich mit Tourismus trefflich Geld verdienen lässt, mit dem man den schon vorhandenen Wohlstand noch steigern kann. Das Dorf kann nur mit einem Führer besichtigt werden, der kein Geld bekommt, oft aber versucht, Ikat-Tücher oder beschriebene Palmblätter zu verkaufen. Für die Besichtigung des Dorfs wird eine Spende erwartet. Das Betreten der sakralen Einrichtungen im Dorf ist Besuchern untersagt. Eine Besichtigung von Tenganan ist ohne Führer nicht möglich; eine kleine Spende (donation) wird dafür erwartet und in ein offizielles Spendenbuch eingetragen. Im Anschluss an die Führung besteht die Möglichkeit, in eines der Hofhäuser zu gehen und Stoffe (darunter auch die berühmten Doppel-Ikatstoffe) sowie Korbflechtarbeiten zu erwerben

Tenganan ist **frei von Autoverkehr**. Der Ort besteht aus drei parallel zueinander verlaufenden, in einer gedachten Linie vom Gunung Agung zum Meer hin ausgerichteten Straßen, an denen die Gehöfte mit den reisstrohgedeckten Wohnhäusern und Zweckbauten aufgereiht sind; möglicherweise wird

! *Baedeker* TIPP

Die Kunst der Doppel-Ikats

In Tenganan beherrschen Frauen die Kunst, Stoffe zu fertigen, bei denen vor der Verarbeitung die Fäden so gefärbt wurden, dass später auf dem Webstuhl ein traditionelles Muster entsteht. Stellen, die keine Farbe annehmen sollen, werden mit Knoten (Ikat) fest umbunden. Ikat-Tücher sind kostbare Meisterwerke, deren Herstellung viele Monate, bei rituell genutzten Tüchern mit kompliziertem Muster mehrere Jahre in Anspruch nimmt. Auf dem Markt sind sie in einfacheren Qualitäten zu kaufen.

man von den Bewohnern zur Besichtigung eingeladen. Im westlichen Teil des Dorfes befinden sich jene Gebäude, die den Versammlungen der Jungen- und Mädchengruppen dienen, sowie das Bale Agung, in dem sich die verheirateten Vollmitglieder der Dorfgemeinschaft versammeln.
Oberhalb des Dorfes stehen der dem altbalinesischen Fürsten Pangus geweihte Pura Sembangan und der Pura Santi, Sitz der Gottheiten des Gunung Agung.

Dau Tenganan

Westlich des Flusses liegt das Dorf Dau Tenganan, das Tenganan ähnelt und mit dem Auto besucht werden kann. Von dem Weg zwischen Hauptstraße und Tenangan zweigt man nach 1,5 km links ab und folgt der Straße weitere 1,5 Kilometer.

✶✶ Ubud

M 7

Region: Zentralbali
Höhe: 92 m ü.d.M.
Entfernung: 25 km nordnordöstlich von Denpasar
Regierungsbezirk: Gianyar
Einwohner: 16 000

Ubud, Balis »künstlerisches Herz« im Zentrum der Insel, liegt inmitten einer sehr reizvollen tropischen Landschaft mit satten grünen Reisterrassen sowie unwegsamen Wäldern und wilden Schluchten. Die Bewässerung des Bodens, zum größten Teil über ein ausgeklügeltes Kanalsystem, ermöglicht es der Bevölkerung schon seit Jahrhunderten, von den Erträgen der Landwirtschaft zu leben. Heute ist es jedoch zunehmend der Fremdenverkehr, der die Einwohner ernährt.

✶ Kunst- und Kulturzentrum Balis

Ubud gilt als das Kunst- und Kulturzentrum der Insel Bali; nicht wenige Künstler leben auch heute noch hier und lassen sich von der schönen Landschaft rings um die Stadt inspirieren. Einige von ihnen, u.a. Maler, Bildhauer, Holzschnitzer, haben sich zu **Künstlergemeinschaften** (»Communities«) zusammengeschlossen. Ubud und seine Umgebung gelten auch als das »Einkaufszentrum« für traditionelles balinesisches Kunsthandwerk. Mit etwas Glück kann man hier auch noch die eine oder andere echte Antiquität erwerben und sie – nach Einholung der notwendigen Ausfuhrgenehmigung – mit nach Hause nehmen. Außer den vielen künstlerischen Attraktionen hat Ubud nur wenige kulturhistorische Sehenswürdigkeiten aufzuweisen, es bietet sich jedoch wegen der zahlreich vorhandenen Unterkunftsmöglichkeiten als **sehr guter Standort für Ausflüge** in die Umgebung an, wie z. B. zum Affenwald, zu den Reihern von Petulu oder den Kunsthandwerkern von Mas.

UBUD ERLEBEN

AUSKUNFT

Ubud Tourist Office
Jl. Raya, Ubud
Tel. (03 61) 97 32 85

VERKEHRSVERBINDUNGEN

Von Denpasar verläuft die Straße nach Ubud nordostwärts über Kesiman und Sukawati.
Es gibt täglich mehrere Busverbindungen von Denpasar-Kereneng; auch Bemos verkehren von Denpasar regelmäßig.

VERANSTALTUNGEN

Ubud ist das Zentrum traditioneller kultureller Veranstaltungen. Jeden Abend findet an einem der zwölf großen in Ubud und Umgebung liegenden Tempel, in einem Park oder prächtig hergerichteten Hotel eine Zeremonie oder Aufführung unter Sternenhimmel statt: Kekac, Feuer- und Trance-Tänze, Gamelan-Musik, Ramayana-Ballett oder Legong-Tanz. Die Vielfalt ist beträchtlich, die dargebotenen Veranstaltungen von anspruchsvoller künstlerischer Qualität. Eine Liste hält das Touristenbüro in der Jalan Raya bereit.

Batubulan: Ungeheure Auswahl an Skulpturen

WELLNESS

Balinesische Massagen
In Ubud bieten zahlreiche Hotels, Gästehäuser und auch eigens dafür eingerichtete Spas balinesische Massagen. Wenn man durch die Straßen des Zentrums läuft, entdeckt man zahlreiche Hinweise und Adressen. Einige der schönsten und teuersten Spas sind in den Fünf-Sterne-Hotels untergebracht. Frühzeitige Reservierung empfiehlt sich, da manche Behandlungen nur gebucht werden können, wenn keine Nachfrage seitens der Hotelgäste besteht.
Lange im Geschäft ist Ketut Arsana, ein auf Bali berühmer »Heiler«. Neben dem Meister selbst arbeiten zahlreiche von ihm ausgebildete Angestellte bei *Ubud Body Works* (Jl. Hanoman 25, www.ubudbodyworkscentre.com), wo man auch Cremes, Seifen, Massageöle sowie die in Indonesien verbreiteten Jamu-Kräuterarzneien kaufen kann.

SHOPPING

Viele Kunsthandwerker
Die Gegend ist ein wahres Eldorado für Liebhaber von Kunsthandwerk: Ubud ist berühmt für die hohe Qualität der hier ausgestellten Gemälde, im Dörfchen Celuk sind hervorragende Silberschmiede zu Hause, in Mas wiederum gibt es Holzschnitzer und Batubulan ist das Dorf der Steinmetze.

ESSEN

► Erschwinglich

② ***Casa Luna***
Jl. Raya Ubud, Tel. (03 61) 97 74 09
www.casalunabali.com
Lieblingsplatz vieler Ausländer und Einheimischer, das durch Ambiente und Speisenqualität besticht. Auf zwei großen, zum Tropenwald hin geöffneten Etagen, ausgestattet mit Antiquitäten und indonesischen Teakholzmöbeln, werden frisch aus dem Backofen stammende Kuchen und Pies, Obstsäfte und indonesische und westliche Gerichte serviert. Kostenfeier WLAN-Zugang, regelmäßig stattfindende Musik-Events und Dichterlesungen.

► Preiswert

③ ***Pesto Café***
Monkey Forest Rd. (neben Tama Gal.)
Tel. (03 61) 97 58 84
An der Monkey Forest Road werden balinesische Spezialitäten und mediterrane Gerichte serviert. Außerdem gibt es gute vegetarische Snacks.

① ***Sweet Komang's Gallery Café***
Jl. Bisma 102, Tel. (0361) 97 71 04
Ein deutsch-balinesisches Unternehmen in einer Seitenstraße nahe des Zentrums: Adi's Gallery bietet Verkaufsausstellungen moderner balinesischer Kunst und seine Frau Komang bereitet indonesische Gerichte, Süßigkeiten, Tee und Kaffee zu.

Ubud Orientierung

Essen
① Sweet Komang's
② Casa Luna
③ Pesto Café
④ Murni's Warung

Übernachten
① Bagus Jati
② Pita Maha Resort & Spa
③ Tjampuhan
④ Ulun Ubud
⑤ Puri Saren Agung

④ ***Murni's Warung***
Jl. Raya Campuhan
Tel. (0361) 97 52 33, www.murnis.com
Unweit des Tjampuan-Hotels liegt an der Brücke über den Fluss ein traditionsreiches Café-Restaurant mit bezauberndem Blick in den Tropenwald.

ÜBERNACHTEN

► Luxus

① ***Bagus Jati***
Br. Jati, Desa Sebatu
Kecamatan Tegallalang
Tel. (03 61) 97 88 85, Fax 742 58 63
www.bagusjati.com
In der hinduistischen Mythologie ist Jati ein heiliger, von der Welt getrennter Ort. Dieses Spa Retreat (8 Villen) setzt alles daran, diesem Anspruch gerecht zu werden. Inmitten atemberaubender Natur, mit Blick auf tropische Wälder, Vulkane und liebliche Täler, wohnt man in privaten Villen, die nicht nur großzügig und luxuriös gestaltet sind, sondern auch einen eigenen Spa-Bereich besitzen. Dort erhält man auf Wunsch Massagen oder man geht in das Health Centre des Hotels.

② ***Pita Maha Resort & Spa***
Jl. Raya Sanggingan
Tel. (03 61) 97 43 30, Fax 97 43 29
www.pitamaha-bali.com
24 Villen im traditionellen Bali-Stil, ausgestattet mit exquisitem Kunsthandwerk aus Ubud. Bezaubernde und ruhige Lage in den Hügeln oberhalb des Ortes.

Four Seasons at Sayan
Sayan, Gianyar 80571
Tel. (03 61) 97 75 77, Fax 97 75 88
www.fourseasons.com/sayan
Spektakuläre Architektur in den Bergen am Rand des Dorfes Sayan in der Nähe von Ubud. Über eine Brücke betritt man die offene Lobby des Hotels (18 Suiten und 36 Villen) mit Blick auf Reisterrassen und Kokospalmen; die übrigen Etagen des terrassenförmig erbauten Gebäudes liegen in den unteren Stockwerken. Ein kreisrunder Pool scheint über dem Tal des Ayung-Flusses zu schweben.

► Komfortabel

Baedeker-Empfehlung

③ ***Tjampuhan***
Jl. Raya Campuhan
Tel. (03 61) 97 53 68, Fax 97 51 37
www.tjampuhan.com
Denkmal der lokalen Hotellerie: Das in fürstlichem Besitz befindliche Anwesen ist zwar schon etwas in die Jahre gekommen, doch nach wie vor eine der stilvollsten und traditionsreichsten Unterkünfte des Dorfes. Zahlreiche Steintreppen erschließen die inmitten dichten Grüns liegende Anlage mit 63 Cottages; berühmtes Spa mit Naturstein-Grotte und Quellwasser-Pool.

④ ***Ulun Ubud***
Jl. Raya Sanggingan
Tel. (03 61) 97 50 24, Fax 97 55 24
www.ulunubud.com
Charmantes Hotel im Stil eines balinesischen Dorfes inmitten der üppigen Natur. Dramatischer Blick auf den tief unten fließenden Tjampuhan-Fluss, koloniales Ambiente mit Himmelbetten, Moskitonetz, Antiquitäten.

► Günstig

⑤ ***Puri Saren Agung***
Jl. Raya Ubud, Tel. (03 61) 97 50 75
Stilvoll und günstig zugleich: Im Fürstenpalast im Zentrum Ubuds logiert man in einfachen, teilweise mit antikem Mobiliar ausgestatteten Zimmern, lebhaft und nicht immer ruhig – dafür garantiert unvergesslich.

Sehenswertes in Ubud und Umgebung

Tempel

Im Ort stehen mehrere reizvolle Tempel. Das ganze Jahr über finden Zeremonien und Tempelfeste statt.

★★ **Neka Museum**

Öffnungszeiten: Mo. – Sa. 9.00 – 17.00, So. 12.00 – 17.00
www.museumneka.com

Das nach dem balinesischen Maler Suteja Neka (geb. 1939) benannte Museum (Jl. Raya Campuhan, Kedewatan) wird denjenigen gefallen, die besonderes Interesse an der Entwicklung der **Malerei auf Bali** haben. Neka erwarb seine künstlerischen Fähigkeiten zum Teil durch seinen Vater, der zwar ein begabter Bildhauer und aktives Mitglied in Balis erster Künstlervereinigung war, jedoch erst im hohen Alter eine gewisse Bekanntheit erlangte. Suteja Nekas Durchbruch erfolgte 1966, als anlässlich einer Hoteleröffnung in Sanur Werke von ihm und seinem Vater gezeigt wurden. In der Folgezeit vermittelte er jungen Balinesen die Grundbegriffe des Malens. Darüber hinaus sammelte er auf Bali entstandene Kunstwerke, darunter auch Bilder von **Walter Spies** (►Berühmte Persönlichkeiten), Rudolf Bonnet und Miguel Covarrubias sowie zahlreiche Werke einheimischer Künstler.
Das Neka Art Museum hat eine Ausstellungsfläche von insgesamt 6900 m², verteilt auf vier Gebäude, die in einem schönen Garten stehen. In einem fünften Gebäude finden Wechselausstellungen statt. An der Kasse ist ein reich bebilderter Museumsführer erhältlich, der nicht nur Auskunft über die gezeigten Werke, sondern auch über die Künstlerbiografien gibt.

! *Baedeker* TIPP

Yoga, Tanz oder balinesische Küche

Ubud ist die Hochburg für spannende Kurse, Workshops und Seminare zur Kultur Balis. Die Veranstaltungen werden von der örtlichen Touristeninformation aufgelistet, die auch in Cafés und Restaurants aushängen. Die Palette reicht vom einstündigen Vortrag zur mehrtägigen Veranstaltung bzw. dem wöchentlich besuchten Kurs.

★ **Blanco Museum**

Öffnungszeiten: tgl. 9.00 – 17.00
www.blancomuseum.com

Kunstfreunde sollten einen Besuch im Haus des 1999 verstorbenen Malers **Antonio Maria Blanco** (► Berühmte Persönlichkeiten) nicht versäumen. Es befindet sich unweit westlich vom Ortszentrum inmitten eines prächtigen Tropengartens. In den Räumen gewinnt man einen Einblick in das vielseitige Schaffen des exaltierten Künstlers, der es zu Lebzeiten hervorragend verstand, sich einem kunstsinnigen Publikum aus aller Welt zu präsentieren.
Blancos Anwesen, das ihm von einem balinesischen Fürstensohn zur Verfügung gestellt wurde, ist heute das Kernstück der Stiftung **»The Blanco Art Foundation«**. Sie unterstützt viele begabte junge Künstler u. a. durch die Organisation von Gemeinschaftsausstellungen.

Museum Puri Lukisan

Das private Museum Puri Lukisan (Palast der Malerei) in der Hauptstraße Jl. Raya Ubud entstand 1954 unter Mitwirkung des niederländischen Malers Rudolf Bonnet (gestorben 1978), der auch dessen erster Kurator wurde. Es ist der Geschichte und Tradition der baline-

sischen Malerei und Holzschnitzerei gewidmet. Das Haus mit Museumsladen und Café ist nur unregelmäßig geöffnet (www.mpl-ubud.com).

Monkey Forest Zu Fuß gut zu erreichen ist der südlich vom Ortszentrum gelegene Affenwald (Monkey Forest), der zwar bei Weitem nicht so groß ist wie jener von Sangeh (► Mengwi, Umgebung), jedoch in einer schöneren Landschaft liegt. Wenn man die unvermeidlichen Erdnuss- und Souvenirverkäufer hinter sich gelassen hat, gelangt man zu einem riesigen Waringin-Baum, unter dem ein steinernes Äffchen sitzt.

Im Pura Dalem Agung Padang Tegal, dem **Heiligtum** im Affenwald, tummeln sich Hunderte kleiner Affen, die sich leicht füttern lassen, bisweilen aber angriffslustig sind. Vor allem Brillenträger sollten sich vorsehen; die Affen greifen sogar in die (Hosen-)Taschen. Am Tempel, der ein gutes Beispiel für die südbalinesische Sakralarchitektur ist, sind das Gedeckte Tor (Candi Korung) und der auf einem gestuften Sockel ruhende und reich reliefierte Glockenturm (Kulkul) mit einem Klöppel in Phallusform beachtenswert.

Marktszene (Neka-Museum Ubud)

31 Wasserspeier speisen die Badebecken des Pura Tirtha Empul.

schluss hielt, gab es eine große Dürre. Dies rief Indra auf den Plan, der dort, wo heute der Tirtha Empul liegt, eine Lanze in den Boden stieß und damit die Quellen wieder öffnete. Indra gilt seither als der »Hüter der Gewässer«.

Kernstück des Quelltempels ist ein See, mit dessen Wasser vier Badebecken gespeist werden, in die es durch insgesamt **31 kunstvoll gestaltete Speier** fließt. Das linke Becken ist den Männern vorbehalten, das rechte dient den Frauen zur rituellen Reinigung. Einmal im Jahr waschen die Bewohner der umliegenden Dörfer in den Becken symbolisch ihre Töpfe, Schalen und Wasserkannen. In dem kleinen Becken ganz rechts sammeln sich die »fünf heiligen Wasser« Pari Suda, Panglukatan, Sudamala, Tirtha Teteg und Bayan Cokor; in der Beckenmitte erhebt sich ein Gedong, das dem Gott des Quellheiligtums vorbehalten ist. Aus den Quellen schöpfen viele Besucher; das heilige Wasser findet Anwendung u. a. bei den Durchgangsriten.

Wisma Negara (Sukarnos ehem. Sommerresidenz)

Oberhalb der Anlage des Quelltempels steht die ehemalige Sommerresidenz Wisma Negara, die der indonesische Staatsgründer und langjährige Präsident Sukarno (► Berühmte Persönlichkeiten) in den 1950er-Jahren erbauen ließ. Der Palast besteht aus zwei Teilen, die durch einen schmalen Taleinschnitt voneinander getrennt, jedoch durch einen Steg miteinander verbunden sind. Heute dienen die in modernem Stil errichteten Gebäude als **Gästehaus der indonesischen Regierung**. Die Besichtigung ist zeitweise möglich; man benötigt dazu jedoch seine Ausweispapiere. Von den weitläufigen Parkanlagen bietet sich ein guter Überblick über das Quellheiligtum im Tal.

✶ Taro

Eine der ältesten Siedlungen auf Bali ist Taro (10 km nordwestlich von Tampaksiring) mit seinem beeindruckenden Tempel **Pura Gunung Raung**, dessen Form an den gleichnamigen ostjavanischen Berg erinnern soll. Bekannt ist der Ort auch für **Albinokühe**, die für religiöse Zeremonien entliehen werden. Sie weiden südlich des Dorfes kurz vor dem **Elephant Safari Park**, in dem man die Umgebung vom Rücken eines Sumatra-Elefanten aus betrachten kann.

Begriffe aus Mythologie, Religion, Kunst und Alltagsleben

Die nachstehenden Fachausdrücke sollen eine kleine Hilfestellung für den Bali-Besucher sein. Aus der Vielzahl bestehender Begriffe konnte jedoch nur eine begrenzte Auswahl häufig vorkommender Termini getroffen werden.

Adat Altüberliefertes Gewohnheitsrecht

Aling-Aling Dämonenschutzmauer. Eine solche halbhohe Mauer steht meistens hinter einem Gedeckten Tor (►Candi Korung); ihr fällt die Aufgabe zu, Dämonen und böse Geister fernzuhalten.

Atap Palmblattdach

Bade Transportsarg. In einem Bade wird der Leichnam eines Verstorbenen zum Verbrennungsplatz gebracht.

Bahasa Indonesia Nationalsprache Indonesiens

Bale Pavillonartiges Gebäude innerhalb eines Gehöftes oder Tempels. Ein Bale ist meist nach allen Seiten hin offen; das Dach wird von Pfeilern getragen. Meist gibt es in einem Tempel nicht nur ein, sondern mehrere Bales.

Bale Agung Pavillon, in dem sich die Ältesten bzw. die verheirateten Männer eines Dorfes versammeln.

Bale Banjar Pavillon, in dem sich die Mitglieder eines ►Banjar treffen.

Bale Gong Großer Pavillon im mittleren der (üblicherweise) drei Tempelhöfe. Darin spielt bei Tempelfesten das ►Gamelan; hier werden auch die Musikinstrumente aufbewahrt.

Bale Pesamyangan Pavillon innerhalb eines Tempels. Hier werden am Beginn eines Tempelfestes die Götter willkommen geheißen. Da die Gläubigen nie wissen, wie viele Götter zu Besuch kommen, ist das Bale Pesamyangan in den meisten Tempelanlagen entsprechend großzügig ausgelegt.

Bale Pesimpangan Aufenthaltsort für Götter, die nicht ständig im Tempel wohnen, sondern nur zu Besuch kommen (►Gedong Penimpanan).

Bale Piasan Pavillon, in dem die Opfergaben aufgestellt oder vorbereitet werden.

Bali Aga Alt-Balinesen

Banjar Teil eines Dorfes (►Desa). Mitglieder eines Banjar sind alle verheirateten Männer eines Dorfteils.
Bei den regelmäßigen Versammlungen werden alle wichtigen Dinge, die das Banjar betreffen (darunter auch Streitigkeiten unter den Mitgliedern), beraten und entschieden. Die im Normalfall mehrheitlich gefassten Beschlüsse des Banjar sind für jedes Mitglied bindend.

Banyan Weit ausladende heilige Bäume mit Luftwurzeln

Baris Ritueller kriegerischer Gemeinschaftstanz der Männer

Barong Fabeltier aus der hinduistischen Mythologie. Im Gegensatz zur Hexe ►Rangda verkörpert der Barong das die Welt heilende Prinzip.

Basuki Schlangengott der Unterwelt

Bayu Indische Gottheit (Gott des Windes)

Bedawang Schildkröte als Symbol für die Unterwelt; eine der zehn Verkörperungen des Gottes Vishnu. Sie wird von einer oder zwei Schlangen umwunden und bildet stets die Basis eines Lotosthrones (►Padmasana).
Bemo öffentlicher Minibus
Brahma Weltenschöpfer, einer der drei ►Trimurti
Buddha Siddharta Gautama Shakya, Stifter des Buddhismus; »Erleuchteter«, der aus eigener Kraft die Nichtigkeit der Welt erkannt hat.
Bukit Hügel
Candi Tor
Candi Bentar Gespaltenes Tor. Seine Entstehung wird auf folgende Legende zurückgeführt: Als der indische Götterberg Mahameru auf die Insel Bali transportiert wurde, fiel er in zwei Teile auseinander, und zwar in den Gunung Agung und den Gunung Batur. Das Gespaltene Tor steht symbolisch für diese heiligen Berge auf Bali. Seine sich nach oben verjüngende Gestalt erinnert an einen Berg, der in der Mitte durchschnitten und so in zwei gleich große Teile getrennt wurde.
Candi Korung Gedecktes Tor. Es bildet meist den Zugang zum innersten Tempelbereich und ist gewöhnlich überaus reich verziert. An den Seiten eines Candi Korung oder Kori Agung sind oft Wächterhexen und Dämonenfratzen (►Raksasa) angebracht, die die Geister der Unterwelt vom Tempelbezirk fernhalten sollen. Das Gedeckte Tor steht aber auch symbolisch für die drei Durchgänge im Leben eines Hindu: Geburt – Tod – Wiedergeburt.
Chakra Scheibe, Symbol Vishnus; Rad der Lehre Buddhas
Cidomo Pferdewagen
Cili Fruchtbarkeitssymbol für die Reisgöttin ►Dewi Sri; meist aus Blüten gesteckt, aus Reiskörner dargestellt oder gemalt
Danau See
Desa Dorfgemeinschaft. Ein Desa besteht aus mehreren ►Banjar.
Dewi Danu Schutzgöttin des Wassers
Durga hinduistische Muttergottheit in vielerlei Gestalten (meist gütig und strafend)
Dewi Sri Schutzgöttin der Reispflanzen
Eka dasa rudra Größtes und heiligstes Fest auf Bali; wird als Reinigungsritual für das Universum alle 100 Jahre in Besakih durchgeführt.
Gamelan Orchester mit bis zu 40 Musikanten. Zum Musizieren werden vorwiegend Gongs und Schlagzeuge, zuweilen auch Streichinstrumente benutzt.
Ganesha Hinduistischer Gott mit Elefantenkopf; Sohn Shivas
Garuda Sonnenvogel, Reittier Vishnus; ebenfalls Wappentier Indonesiens und der staatlichen Fluggesellschaft
Gedong umzäunter Pavillon
Gedong Agung Gebäude zur Verehrung der Ahnen
Gedong Penimpanan Kleines Gebäude, in dem alles aufbewahrt wird, was geeignet ist, Göttern und Gottheiten bei ihrem Besuch auf der Erde Unterschlupf zu gewähren.
Goa Höhle
Ganung Berg, Vulkan
Hanuman (Hanoman) Sohn des Windgottes, Affengeneral aus dem Ramayana

Ikat Bezeichnet die Webarbeiten, die auf Kette und/oder Schuss vorgefärbt werden, wobei abgebundene Stellen keine Farbe annehmen. Durch Verweben von Kett- und Schuss-Ikat entsteht ein Doppel-Ikat.
Indra Indische Gottheit (Gott des Windes)
Jaba Erster Hof einer Tempelanlage
Jaba Tengah Zweiter Hof einer Tempelanlage
Jamu Traditionelle Medizin auf Kräuterbasis (►Baedeker Special S. 122)
Jalan (Jl.) Straße
Jeroan Dritter, innerster Hof einer Tempelanlage
Jukung Auslegerboot
Kali Furcht erregende Erscheinunsform der ►Devi
Kampong Gehöft; eigentl. einstöckige Strohhütte der Javaner
Karma Summe aller guten und schlechten Taten; Wirkung des Schicksals
Kecak Tanzdarbietung des Ramayana in der Mitte eines vom Chor gebildeten Kreises
Kori Agung ►Candi Korung
Kris Mythischer Dolch (vgl. S. 65)
Krishna Achte Inkarnation Vishnus
Kulkui Glockenturm. Als »Glocken« werden hölzerne Klangkörper verwendet (oft ein ausgehöhlter Baumstamm). Ein Kulkul dient nicht nur dem Ruf der Gläubigen zu einem Tempelfest oder einer bedeutsamen Versammlung, sondern ist auch wichtiger Teil eines ausgeklügelten Alarmsystems. Mit ihm wird u. a. vor Feuer gewarnt.
Laut Meer
Legong Klassischer Tanz, der von drei jungen Mädchen aufgeführt wird und als Inbegriff der Grazie gilt.
Linga(m) Phallusförmiges Symbol aus Stein oder Holz. Das Wort stammt aus dem Sanskrit und bedeutet »Zeichen«. Das Lingam symbolisiert den Gott ►Shiva.
Losmen Preisgünstige Übernachtungsmöglichkeit; Gasthaus
Lumbung Reisspeicher
Mahabharata Indisches Epos. Eine Art ritterliche Dichtung in 110 000 Doppelversen; erzählt wird die Geschichte des Kampfes der Pandava und Kaurava um die Herrschaft über das Gebiet um das heutige Delhi.
Meru Weltenberg; auf einem Sockel stehende Pagode mit stockwerkartig übereinandergetürmten Dächern
Nyepi Balinesisches Neujahrsfest (►Baedeker-Special S. 122)
Odalan Tempelgeburtstag
Oggo-Oggo Monster aus Pappmaschee, die am Neujahrsfest die bösen Geister vertreiben sollen (►Baedeker-Special S. 122).
Padmasana Lotosthron, auf dem sich der Gott Shiva in seiner Erscheinungsform als Sonnengott Surya niederlässt. Die Rückenlehne eines Padmasana ist stets zum Gunung Agung hin ausgerichtet; als Basis dient die Unterweltschildkröte ►Bedawang.
Padur Raksa Sonderform des ►Candi Korung
Panca Sila Fünf Prinzipien, die die gesellschaftspolitische Grundlage der Republik Indonesien bilden (Glaube, Nationalismus, Demokratie, Menschlichkeit, eine gerechte und wohlhabende Gesellschaft).

Pelinggih Schrein für eine Gottheit, die ständiges Wohnrecht im Tempel genießt. Göttern, die nur zu Besuch kommen, steht das ►Bale Pesimpangan zur Verfügung.
Prasada Eine Sonderform des ►Candi. Ein Prasada hat Ähnlichkeit mit einer Pagode und steht als Symbol für die Verehrung der Ahnen eines Fürstengeschlechtes.
Puputan Ritueller Selbstmord
Pura Tempel (Sanskrit)
Pura Dalem, Pura Desa, Pura Puseh Die drei Tempel eines Dorfes. Der Pura Dalem ist dem Gott Shiva geweiht, der Pura Desa dem Gott Vishnu und der Pura Puseh dem Schöpfergott Brahma. Der Pura Desa (Tempel des Lebens) ist der wichtigste Tempel. Im Pura Dalem, dem Unterweltstempel (manchmal auch dem Tempel der Ahnen), finden die Feierlichkeiten zur Totenverbrennung statt.
Pura Subak Kleiner Tempel. Opferstätte für die Mitglieder eines ►Subak.
Puri Palast einer Adelsfamilie
Raja König, Fürst
Raksasa Dämonenfigur, Dämonenmaske
Rama Eine der Hauptgottheiten des Hinduismus und die siebte Inkarnation des Gottes Vishnu. Rama gilt wegen seiner moralischen und ethischen Vollkommenheit als der idealste aller Herrscher.
Ramayana Indisches Epos. Das »Ramayana« (= »Zum Ruhme Ramas«) entstand möglicherweise schon im dritten vorchristlichen Jahrhundert und erzählt in 24 000 Vierzeilern die Geschichte vom Gott ►Rama.
Rangda Hexenfigur. Sie verkörpert das Prinzip der Zerstörung und ist eine der Erscheinungen des Weltenzerstörers Shiva.
Saka Balinesischer Kalender, der auf dem Mondjahr basiert.
Samsara Zyklus des Seins, Kreislauf von Werden und Vergehen (Wiedergeburt)
Sangyang Basuki Schlange der Unterwelt
Sangyang Widi Das oberste göttliche Prinzip. Entstanden im Zuge der Veränderung des Hinduismus auf Bali hin zum Monotheismus, dem Glauben an einen einzigen Gott, der die Eigenschaften aller Götter des Hinduismus in sich trägt.
Sarong Aus gebatikten Bahnen bestehendes Hüfttuch
Sawah Künstlich bewässerte Reisanbaufläche, meist in Terrassenform angelegt
Shiva Weltenzerstörer; einer der drei ►Trimurti
Selendang Hüfttuch, das beim Besuch eines Tempels umgelegt wird, bzw. über den Schultern getragene Schärpe
Subak Genossenschaftsähnlicher Zusammenschluss. Der Subak ist eine Vereinigung von Reisbauern, deren Felder vom selben Hauptkanal bewässert werden. Der Subak hat die Aufgabe, die Arbeiten auf den Reisfeldern zu organisieren und das Bewässerungssystem funktionsfähig zu halten. Im Subak erwirtschaftete Gewinne werden unter den Mitgliedern gleichmäßig aufgeteilt, eine Reserve wird für schlechte Zeiten zurückgehalten.
Sungai Fluss
Taman Park, Garten
Tirt(h)a heiliges Wasser

Trimurti Göttliche Trinität der höchsten hinduistischen Gottheiten ►Brahma, ►Vishnu und ►Shiva
Tumpang Stufe im oberen Teil einer Pagode, Dach
Vishnu Welterhalter; einer der drei ►Trimurti
Wada Transportsarg. Wie das ►Bade dient auch das Wada dem Transport von Leichnamen zum Verbrennungsplatz, ist jedoch den Mitgliedern der Reisbauernkaste Jaba vorbehalten.
Waringin-Baum Heiliger Baum (meist innerhalb eines Tempels)
Warung Café, Restaurant, Drogerie, Lebensmittelladen
Wayang Spiel, Theater
Wayang Kulit Schattenfigurentheater. Der Spieler sitzt oder kniet hinter einer Leinwand, die von hinten mit einer Lampe angestrahlt wird, und hantiert mit bis zu zehn Figuren gleichzeitig.
Wayang Topeng Maskenspiel. Die Akteure tragen aus Holz gefertigte Masken, die sie während des Spiels (häufig Szenen aus der Zeit, als Bali noch von Fürsten regiert wurde) mehrfach wechseln.
Wetu-Telu-Religion Islamischer Glaube mit hinduistischen und animistischen Einflüssen; hat viele Anhänger auf Lombok
Yoni Symbol der Vagina; Gegenstück des ►Lingams
Yonilingam ►Lingam mit ►Yoni; in Form eines Beckens mit Ablauf für das Opferwasser

REGISTER

a

b

c

d

e

BILDNACHWEIS

akg-images S. 44, 47, 72, 75
BA Huber/Aldo S. 210
BA Huber/Orient S. 13 ob., 80, 196
BA Huber/Picturefinders S. 14 ob., 68, hintere Umschlagaußenseite
BA Huber/Schmid S. 84, 144/145
Baedeker-Archiv S. 11, 77, 107
Bilderberg/Ellerbrock S. 18
Dumont Bildarchiv S. 19 unt. re., 23, 32, 34, 37, 39, 96, 98, 100, 127, 128, 133, 136, 147, 159, 162, 164, 201, 214, 229
istck/D. Palmer S. 170
laif/Back S. 14 unt., 112
laif/Emmler S. 12, 13 Mitte, 15, 85, 109, 137 re. unt., 141 li. ob., 145, 166, 195, 208, vordere Umschlaginnenseite
laif/Fechner S. 31, 124, 141 re. ob., 163 re. unt., 172, 226
laif/Gamma/Dugas S. 41
laif/Gamma/Xinhua S. 52
laif/hemis/R. Cintract S. 169
laif/Hemispheres S. 1, 2, 4 ob., 6, 8 ob., 9, 10/11, 13 unt., 16, 19 unt. li., 22, 43, 54, 59, 65, 87, 134, 135 unt. li., 154, 155, 163 unt. li., 193, 202, 204, 213, 217, 219, 228, 238, hintere Umschlagklappe
laif/Henseler S. 119
laif/Heuer S. 7, 123
laif/Hoa-Qui S. 135 re. ob., 137 li., 243
laif/Klein S. 89
laif/Le Figaro S. 29
laif/Malherbe S. 185
laif/Modrow S. 135 re. unt., 163 li. ob., 190
laif/Reporters S. 5, 236
mauritius-images/age fotostock S. 64
mauritius-images/Imagebroker S. 26
mauritius-images/Kirchherr S. 139 re., 175
mauritius-images/Mehlig S. 8 unt., 56, 67, 206, 231
mauritius-images/Pacific Stock S. 14 Mitte, 19 re. ob., 114, 132/133, 163 re. ob., 242
mauritius-images/Photononstop S. 179
mauritius-images/Paysan S. 61
mauritius-images/Superstock S. 141 unt., 182
mauritius-images/Truffy S. 139 li., 189
mauritius-images/Vidler S. 62
Mielke S. 4 unt., 120, 137 ob., 225
Okapia S. 19 li. ob., 135 li. ob., 150
picture-alliance/dpa S. 49, 51, 70
Schapowalow/Harding S. 20, 76/77, 91, 234
Schapowalow/Heaton S. 19 Mitte li.

Titelbild: Bildagentur Huber/R. Schmid

VERZEICHNIS DER KARTEN & GRAFISCHEN DARSTELLUNGEN

IMPRESSUM

Ausstattung:
142 Abbildungen, 20 Karten und grafische Darstellungen, eine große Inselkarte
Text:
Heiner F. Gstaltmayr
Überarbeitung und Aktualisierung:
Birgit Müller-Wöbcke
Bearbeitung:
Baedeker Redaktion (Beate Szerelmy)
Kartografie:
Franz Huber, München
MAIRDUMONT, Ostfildern (Reisekarte)
3D-Illustrationen:
jangled nerves, Stuttgart
Gestalterisches Konzept:
independent Medien-Design, München (Kathrin Schemel)

Sprachführer in Zusammenarbeit mit Ernst Klett Sprachen GmbH, Stuttgart, Redaktion PONS Wörterbücher

Chefredaktion:
Rainer Eisenschmid, Baedeker Ostfildern

9. Auflage 2011

Urheberschaft:
Karl Baedeker Verlag, Ostfildern

Nutzungsrecht:
MAIRDUMONT GmbH & Co KG; Ostfildern

Anzeigenvermarktung:
MAIRDUMONT MEDIA
Tel. 0049 711 4502 333
Fax 0049 711 4502 1012
media@mairdumont.com
http://media.mairdumont.com

Printed in China
Gedruckt auf 100% chlorfrei gebleichtem Papier

i atmosfair

nachdenken • klimabewusst reisen
atmosfair

Reisen bereichert und verbindet Menschen und Kulturen. Jedoch wer reist, erzeugt auch CO_2. Dabei trägt der Flugverkehr mit bis zu 10% zur globalen Erwärmung bei. Wer das Klima schützen will, sollte sich somit nach Möglichkeit für die schonendere Reiseform entscheiden (wie z. B. die Bahn). Wenn keine Alternative zum Fliegen besteht, kann man mit atmosfair handeln und klimafördernde Projekte unterstützen.
atmosfair ist eine gemeinnützige Klimaschutzorganisation unter der Schirmherrschaft von Klaus Töpfer. Die Idee: Flugpassagiere spenden einen kilometerabhängigen Beitrag für die von ihnen verursachten Emissionen und finanzieren damit Projekte in Entwicklungsländern, die dort den Ausstoß von Klimagasen verringern helfen. Dazu berechnet man mit dem Emissionsrechner auf **www.atmosfair.de** wieviel CO_2 der Flug produziert und was es kostet, eine vergleichbare Menge Klimagase einzusparen (z.B. Berlin – London – Berlin 13 Euro). atmosfair garantiert die sorgfältige Verwendung Ihres Beitrags. Auch Karl Baedeker Verlag fliegt mit *atmosfair*. Unterstützen auch Sie unser Klima. Alle Informationen dazu auf www.atmosfair.de.

BAEDEKER VERLAGSPROGRAMM

- Ägypten
- Algarve
- Allgäu
- Amsterdam
- Andalusien
- Argentinien
- Athen
- Australien
- Australien • Osten
- Bali
- Baltikum
- Barcelona
- Bayerischer Wald
- Belgien
- Berlin • Potsdam
- Bodensee
- Brasilien
- Bretagne
- Brüssel
- Budapest
- Bulgarien
- Burgund
- Chicago • Große Seen
- China
- Costa Blanca
- Costa Brava
- Dänemark
- Deutsche Nordseeküste
- Deutschland
- Deutschland • Osten
- Djerba • Südtunesien
- Dominik. Republik
- Dresden
- Dubai • VAE
- Elba
- Elsass • Vogesen
- Finnland
- Florenz
- Florida
- Franken
- Frankfurt am Main
- Frankreich
- Frankreich • Norden
- Fuerteventura
- Gardasee
- Golf von Neapel
- Gomera
- Gran Canaria
- Griechenland
- Griechische Inseln
- Großbritannien
- Hamburg
- Harz
- Hongkong • Macao
- Indien
- Irland
- Island
- Israel
- Istanbul
- Istrien • Kvarner Bucht
- Italien
- Italien • Norden
- Italien • Süden
- Italienische Adria
- Italienische Riviera
- Japan
- Jordanien
- Kalifornien
- Kanada • Osten
- Kanada • Westen
- Kanalinseln
- Kapstadt • Garden Route
- Kenia
- Köln
- Kopenhagen
- Korfu • Ionische Inseln
- Korsika
- Kos
- Kreta
- Kroatische Adriaküste • Dalmatien
- Kuba
- La Palma
- Lanzarote
- Leipzig • Halle
- Lissabon
- Loire
- London
- Madeira
- Madrid
- Malediven
- Mallorca
- Malta • Gozo • Comino
- Marokko
- Mecklenburg-Vorpommern
- Menorca
- Mexiko
- Moskau
- München